사회복지개론

김정기 · 김진원 · 문영규 · 신후경
이상주 · 이은혜 · 최우진 · 한재원
공저

청목출판사

머리말

사회복지는 우리 생활에 전부를 말하는 것이라 해도 과언이 아닐 것이다.

1950년 이후 나타나기 시작한 사회복지는 시설중심의 서비스에서, 공공부조의 토대마련, 사회보험시대의 도래 등 많은 변화과정을 거치면서 2008년에는 장기요양보험제도의 탄생을 맞이하게 되었다.

우리사회의 다양한 변화, 평균수명의 연장, 가족 기능의 변화, 가치관의 변화는 앞으로 우리사회의 더 많은 복지서비스를 요구하게 될 것이고 이러한 요구는 앞으로도 지속적으로 사회의 변화과정을 반영하면서 제도적으로 발전할 것이다. 이러한 변화는 사회복지의 관심과, 학문적 확대가 지속적으로 이루어질 것으로 본다. 따라서 사회복지에 대한 기본적 토대를 제공하고자 다음과 같이 구성하였다.

제 1 부는 사회복지의 이론적 토대를 제시하고 있다. 제1장 사회복지의 개념, 제2장 사회복지의 이념과 가치, 제3장 사회복지의 역사로 구분하여 정리하였다.

제 2 부는 사회복지 방법에 대한 이해 증진을 위하여 제4장 사회복지실천의 이해, 제5장 사회복지의 미시적 실천방법, 제6장 사회복지의 거시적 실천방법, 제7장 사회보장, 제8장 아동복지, 제9장 가족복지, 제10장 노인복지, 제11장 장애인복지, 제12장 자원봉사, 13장 사회복지 윤리, 제14장 사회복지의 변화와 과제로 구성하였다.

부족한 지식과 경험으로 집필하게 되어 송구하나 사회복지를 공부하는 학생들과 실천현장의 사회복지에 관심을 가지고 있는 모든 분들께 조금이나마 사회복지의 기본적 토대를 마련하는 데 도움이 되었으면 하는 바람이다.

본서가 나오기까지 각별한 관심을 가지고 도움을 주신 청목출판사 유성렬 사장님과 편집부 여러분께 감사드리며, 앞으로 부족한 부분은 계속 보완하여 최선을 다해 노력할 것을 약속드린다.

2009년 2월

저자 일동

차 례

제 2 부 사회복지 방법

제1부

사회복지 이론적 기반

1 chapter 사회복지의 개념

제1절 사회복지의 정의

'사회복지(social welfare)'의 정의는 다양하나 어원을 살펴보면 사회(society)라는 명사의 파생어인 '사회적(social)'이라는 형용사에 '복지(welfare)'라는 명사를 합하여 만들어진 복합명사로서 'social welfare'라는 영어로 사용된다.

영어로 'welfare'의 'well'과 'fare'의 복합명사로서 '평안히 잘 지내는 상태' '만족스러운 상태' '건강과 번영' '복락(福樂)의 의미'로 한자로는 복지(福祉)이며 복(福)은 '물질적인 풍요'를 나타내고 지(祉)는 '정신적인 안녕'으로서, 사회적이라는 'social'을 붙이면 '사회적으로 행복한 생활상태' '사회적으로 만족한 생활상태'를 뜻하며 행복(wellbeing)은 사회적으로 평안히 잘 지내는 상태로 이는 즉 개인의 행복만이 아닌 사회구성원 모두의 안녕을 추구하기 위한 노력을 의미하는 것이다

그러므로 사회복지는 산업사회로 인하여 가족이나 사회가 제 기능을 발휘하지 못하여 발생하는 사회적 병리현상인 사회문제를 복지의 상태로

전환시키기 위한 노력을 개인이 아닌 집합적 차원의 활동을 하는 것으로 사회적 욕구 충족의 기능을 수행하는 사회제도(social institution)이며 경제적(economic) 의미와 대비된다.

즉 행복이라는 의미는 물질적인 풍요만을 뜻하는 것이 아니라 정신적·지적·신체적 기능을 향상시키고 유지하는 기회를 누구나 가질 수 있는 상태를 의미하기도 한다.

미국사회복지사협회(NASW)의 정의에 따르면 '사회복지는 사회유지에 필수적인 사회적·경제적·교육적·보건의료적 욕구를 충족시키는 것을 돕는 국가의 프로그램·급여·서비스체계이다'고 했고(NASW, 1999), Loewenbberg(1974; 44)는 사회복지를 "인간의 정서적·지적·신체적·사회적 기능을 유지하는 것을 일차적 임무로 하는 제도"라고 정의했다.

오늘날 사회복지를 정의함에 있어 그 정의 속에 사회복지의 목적, 가치, 주체(auspices), 객체(populations), 방법 등을 모두 포함하는 등 정의가 점점 길어지고 구체화 또는 세분화되어 가는 경향에 있다. 그래서 결과적으로 설명이 정의로 바뀌고, 때로는 사회복지에 대한 설명과 토론에서 용어에 대한 정의를 분명히 하려는 시도는 오히려 하지 않게 된다. 그것은 새롭게 용어를 정의한다는 것은 적어도 완전하거나 아니면 다른 누구보다도 더 정확한 정의를 규정할 수 있어야 할 텐데 사실 이것이 쉬운 일이 아니기 때문이다(전인호, 2007).

로마니쉰(Romanyshyn)은 '사회복지는 개인과 사회 전체의 복지를 증진시키려는 모든 형태의 사회적 노력을 포함하며, 사회문제의 치료와 예방, 인적 자원의 개발, 인간생활의 향상에 직접적 관련을 갖는 일체의 시책과 과정을 포함한다. 또 사회복지는 개인이나 가정에 대한 사회적 서비스 제공 외에도, 사회제도를 강화시키거나 개선시키려는 노력을 포함하는 것'이라고 말하고 있다(Romanyshyn, 1971; 3).

사회복지의 개념은 인간이 행복한 상태를 지향하는 실천과학이라고 볼 때에 시대와 나라에 따라 서로 다르게 사용되고 있어 문화에 대해 높은 의존성을 가지고 있다고 하겠다. 또 동시에 상이한 정치적 문화적 배경에 따라 사회서비스(social services), 사회복지(social welfare), 사회사업(social work) 등 서로 다른 용어를 쓰는 경향이 있다.

우리나라의 사회복지 개념의 출현은 빈곤, 질병, 고통, 사회해체와 같은 사회문제는 전 인류의 역사를 통해서 존재했으며, 이런 문제의 위협으로부터 생존 보존을 위한 투쟁이라 할 것이다. 모든 인간사회의 제도 즉 정치, 가족, 경제, 종교 등은 결국 인간사회의 고통을 줄이려고 존재한다 하겠다. 19세기 전에는 가족, 교회(서구의 경우), 부락, 두레, 품앗이 등 한국의 전통적인 사회제도에 의해 인간사회의 문제가 주로 취급되었다. 그 후 사회가 산업화되면서 공식적 사회복지제도(system of social services)가 필요하게 되었다.

사회복지의 개념이 오늘날 과학적, 체계적인 제도로써 쓰이게 된 것은 산업사회에서 사회문제의 해결, 예방과 관련되어 현대의 산업사회가 안고 있는 사회문제의 예방과 해결의 주도권을 정부 및 공공기관이든, 민간기관에 속하건 간에 보호를 필요로 하는 국민들에게 제공해야 하는 사회적 서비스를 조직화할 수밖에 없으므로 사회복지라는 개념이 나타났다고 보는 것이다.

제 2 절 사회복지의 관점

사회복지란 사회를 유지하는 데 기본적인 사회, 경제, 교육, 건강의 욕구를 사람들에게 충족시키고 지역사회와 전체 사회의 집단적인 복지상태를 유지하기 위한 국가적 프로그램, 급여, 서비스체계를 말한다. 윌렌스키(Wilensky, 1958)는 사회복지의 개념을 잔여적 개념(residual concept)과 제도적 개념(institutional concept)으로 구분하여 설명하고 있다(김기태 외, 2003).

현대적 사회복지의 개념은 사회구성원인 개인이 최소한 생활을 영위할 수 있는 소득 수준을 유지시킬 수 있으며 보건위생과 주택 및 교육을 받을 수 있는 복지사회를 건설하려는 데서 사회복지의 의미를 찾을 수 있다고 볼 수 있다.

Dunham은 "경제적 여건과 보건위생을 개선하려는 체계적 활동"이라고 하였다.

또한 Friedlander는 "사회 복지는 사회 구성원인 개인과 집단이 그들의 생활과 건강상태를 만족할 만한 수준에 이를 수 있도록 도울 수 있는 사회적 서비스와 조직적 활동"이라고 하였다.

(1) 잔여적 사회복지 기본 개념

잔여적 개념은 가족(family system)과 시장체계(market system)에서 제 기능을 하지 못하는 사람 또는 탈락한 사람들을 일시적, 한정적, 보완적으로 보호하고, 지원하는 공공근로, 한시적 생활보호사업, 무료급식, 노숙자 보호 등의 보완적, 보충적, 한시적 복지개념이다.

개인들의 욕구는 가족과 시장이라는 자연스런 제도에 의해 충족되는 것이 정상이라고 본다. 일시적으로 개인들이 욕구충족을 못하게 되는 경우도 발생하게 되는데 이 경우들에 대비해서 사회복지는 필요하다. 정형화된 사회복지적인 노력과 활동들은 일시적인 위기가 지나가면 존재할 필요가 없다는 생각이다. 잔여적 개념에서는 사회적 의존인구들은 비정상적인 집단으로 간주되기 때문에 서비스 대상 인구들에게는 사회적으로 낙인 찍혀 거래나 교류를 거부당하는 즉 스티그마 현상이 발생되기도 한다.

잔여적 복지제도의 장점은 사회적 약자들에 대하여 최소 생존권만을 보장하며, 또한 복지혜택 수혜자들에게는 사회적 스티그마를 줌으로써 수혜자가 현재 처한 상황에서 벗어나도록 유도하는 데 있다. 이로 인하여 국가의 복지부분 재정 지출이 상당부분 줄어드는 효과가 있다. 즉 잉여 여력을 여타 다른 산업이나 국가 경쟁력 강화 부분으로 돌릴 수 있다.

개인의 능력을 중시하기 때문에 능력에 따라서 얻을 수 있는 재화들이 차이가 나게 된다. 이로 인하여 개인들간의 자연스런 경쟁을 유도할 수 있고, 이는 사회적 약자를 자연스럽게 도태시키게 되며 사회구성원들의 능력 개발을 촉진시키는 동기가 된다. 이것은 곧 국가 경쟁력 강화로 이어지게 되며 단점은 인간본성에 대해 지극히 부정적인 입장을 취하고 있기 때문에 사회 구성원들간의 화합이나 이해의 관계조정이 쉽지 않다.

잔여적 복지제도의 이론적 배경이 자유방임주의·시장경제체제이므로 과잉 경쟁에 의한 노동자 계층의 근무여건 악화 및 노동 착취현상 등이 발생할 수 있으며 사회적 약자로 전락하게 되는 이유의 대부분을 개인에게 전가시켜 버림으로써, 자본가나 회사측에서 근로자들에 대한 대우 향상이나 근무조건 개선에 소홀할 수 있는 단서를 제공하게 된다. 이는 노동시장에서도 경쟁의 원리가 도입되어, 능력에 따라 연봉 및 여러 혜택이 능력이 뛰어난 소수에게 집중되게 되고, 대부분의 노동자들은 이러한 혜택의 수혜자가 되기를 고사하고, 오히려 이러한 혜택의 피해자로 전락해 버리게 된다.

그러므로 구성원들간의 빈부의 격차가 심하게 벌어지게 되어 부익부 빈익빈 현상이 두드러지게 나타나게 되고 사회적 약자에 대하여 이러한 사회는 관대하지 않으며 오히려 가혹할 수 있다. 즉, 사회적 낙오자에 대하여 최소한의 생존권 보장이라는 복지혜택을 제공한다는 것은 역설적으로 제도적으로 재취업, 재교육의 기회를 보장한다거나 경쟁의 무대에 다시 올라가기 전까지의 충분한 실업수당은 제공하지 않는다는 것이다. 이로 인하여 한번 사회적 약자로 전락하게 되면 그 상태에서 벗어나는 노력이 매우 힘들다는 것을 의미하게 된다. 반대로 자본가나 중산층 이상에 대해서는 사회 통념적으로 형평성을 크게 강조하지 않음으로 인하여 부를 계속하여 축적하는 기반을 마련해 주게 된다.

또한 노동시장의 유연성이 제도적 복지모델보다 상당히 떨어져 경제상황 악화 혹은 기업에서 구조조정 시 노조나 노동단체들의 강력한 저항에 부딪치게 됨을 의미한다. 노동자들의 입장에서는 구조조정 대상자에 해당되게 된다는 것은 충분한 재취업 및 재취업을 위한 교육의 기회나 실업수당 지급 등이 미흡한 상황에서 자신들의 생활 영위 수단을 박탈당하게 된다는 것을 의미한다.

(2) 제도적 사회복지 기본 개념

이는 현대사회의 구조적인 문제로 대두된 사회적 위험에 대해 국가가 개입하여 항상적으로 사회복지제도(사회보장제도, 조세제도 등)를 마련하여 소득의 재분배기능을 수행하여 전체국민들이 최적의 삶을 영위할 수 있는 권리차원의 보편적인 복지개념이다. 현대 산업사회에서는 가족과 시장의 기능만으로 대부분 개인들의 욕구가 충족되지 못하며 이러한 상태가 오히려 정상이라는 것이다. 현대 산업사회의 개인은 전체 사회적 구조와의 밀접한 관련으로 인해 개인이나 가족의 잘잘못에 관계없이 전체사회의 흐름에 의해 강하게 영향을 받는다. 사회복지는 현대 산업사회의 복잡성이 증가함에 따라 나타나는 당연한 제도로서 인식되며 개인들의 신체적, 심리적, 사회적 욕구와 문제들이 전 영역을 다루고 있다. 이는 개인들의 사회적 및 경제적 의존성이 집합적인 책임이라는 의식을 수용하는 것이다. 개인들이 사회복지 서비스 대한 필요성을 가지는 것은 정상적이며, 따라서 스티그마의 개념도 존재하지 않는다. 시장과 가족제도를 포함한 제반 사회구조적 측면들의 근원적인 결함들을 문제의 초점으로 삼으며 이 제도들을 보충하고 대체하는 역할과 예방적 기능까지도 행정의 목표로 하게 된다.

제도적 사회복지의 장점은 보편주의에 입각한 복지정책을 펼치기 때문에 구성원들이 전체적으로 삶의 질 개선이 이루어지므로 최소 생존권만의 보장이 아니라 가능한 최대한의 복지혜택을 누리게 함으로써 구성원들 개개인들이 보다 인간다운 삶을 누릴 수 있게 한다.

또한 노동시장의 유연성이 뛰어나며 구조조정 대상자 미취업자에게 충분한 실업수당 및 재취업과 교육의 기회를 국가가 제도적으로 보장하고 있기 때문에 기업에서도 자유로운 구조조정이 가능하고 노동자들 역시 제도적 보완장치가 있기 때문에 강성노조 출현 등이 유보되게 된다.

소득의 상당한 부분을 국가에서 세금으로써 징수하고, 이를 복지혜택의 개념으로서 되돌려 줌으로써 빈부의 격차를 상당부분 줄여주게 된다. 이는 사회적으로 계층간의 갈등을 예방하는 부수적 효과를 지니게 된다.

제도적 사회복지의 단점은 근로의욕 저하를 가져오게 된다.

- 적극적인 복지정책으로 인하여 대부분의 생활에서 복지혜택을 받을 수 있게 되고, 또한 적극적인 노동활동을 통하여 벌어들인 수입에 대해서도 상당부분을 세금을 통하여 국가가 환수하므로 굳이 힘들게 일하지 않아도 된다는 생각을 가지게 된다. 이는 곧 남과의 경쟁에서 승리하여 남보다 더 낳은 삶을 영위하려는 욕구를 감소시키게 되어 근로의욕을 저하시키는 결과를 만들게 된다. 산업혁명 이후 산업화 시대에 초점이 맞추어진 모델이다.
- 이 이론은 산업 혁명 이후 급속한 산업화를 겪으면서 포디즘(fordism)－표준화된 제품의 대량 생산과 대량 소비의 축적체제－에 입각한 생산체계를 통한 부의 획득이 기본 조건이다. 그러나 현재 사회가 다원화되면서 이러한 포디즘식 생산체계 기반이 무너져 내리고 있으며, 주요 지지기반이었던 노동자 및 농민들의 연대감마저도 급속도로 약화되고 있는 중이다. 계속적인 경제성장이 필요하다
- 두 가지 기본정책이 계속적인 경제성장과 완전고용 실현이다. 그러나 이것은 산업혁명 이후 1970년대 이전에 고도성장 시대에서 가능하였던 것이어서, 현재와 같이 저성장 기조가 계속될 경우 완전 고용을 목표로 하는 이 이론 자체가 흔들려 버리게 된다.

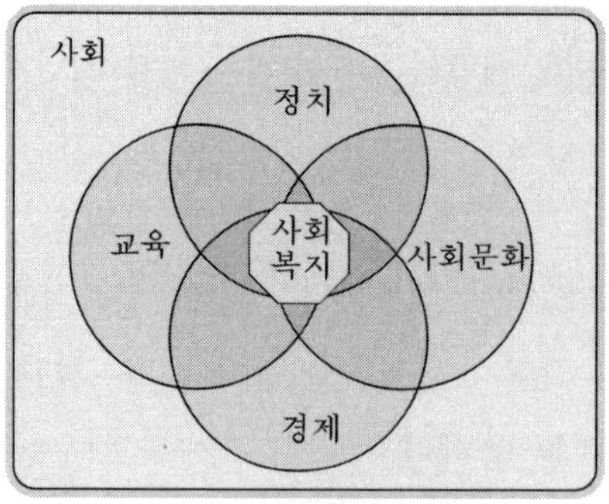

〈잔여적인 개념〉

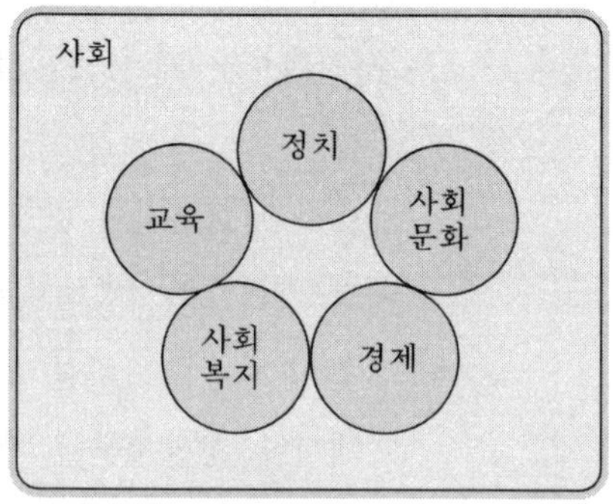

〈제도적인 개념〉

이외에도 미슈라(Mishra)는 보완적 제도적 모형에 더하여 규범적 모형을 추가하였다. 규범모형은 제도적 모형보다 진보적 입장을 취하는 것으로 자본주의 체제 아래서는 각자의 욕구가 충족될 수 없으므로 '각자의 욕구에 따라 각자에게'라는 명제와 같이 완전히 개인에 따른 배분을 말한다(윤철수 외, 2008).

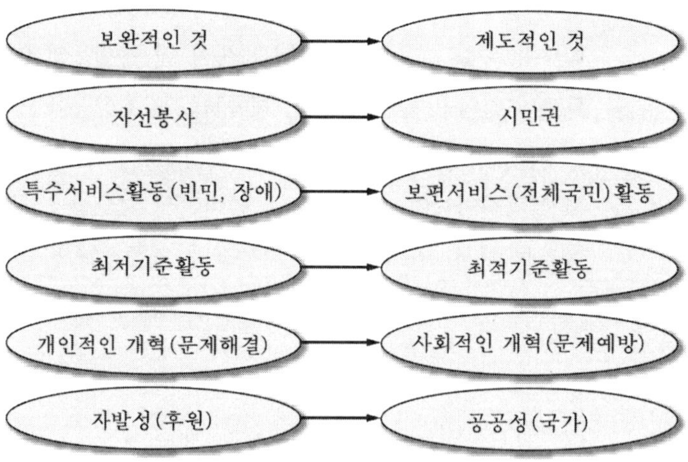

또한 사회복지의 일반적인 개념적 정의는 다양하다. 즉, 체계적 관점에서는 사회복지라고 표기하고, 구체적인 의미로 사용할 때는 그 구체적인 의미를 밝힐 수 있는 사회복지사업, 사회복지 프로그램, 또는 사회복지 서비스 등으로 명기함으로써 전문용어의 혼동을 감소시킬 수 있다.

① 사회복지는 인간의 욕구와 열망을 충족시키려는 사회적 노력이다.

② 사회복지는 인간의 욕구와 사회문제에 대한 사회적 서비스이다.

③ 사회복지는 사회적 욕구(social needs)를 해결하기 위해 자원집단, 행정집단 및 기능집단이 시행하는 집합적이고 의도적인 노력과 관련된 일체의 체계이다.

④ 사회복지는 인간의 행복을 증진시키기 위해서 정부나 민간이 제반 프로그램이나 서비스 또는 시설을 통해 사회적 장애를 예방하고 경감시키기 위한 체계적, 조직적 노력이다.

⑤ 사회복지는 모든 국민의 인간다운 생활을 보장하고 건강과 번영을 증진시키기 위하여 인간과 사회제도 및 사회체계간의 상호작용에서 파생되는 제반문제나 사회적 요구에 보다 효과적으로 대처해 나가도록 계획적인 사회정책과 사회적 서비스를 마련하여 제공하려는 공공 및 민간기관들의 조직적인 노력이며 체계적인 실천활동이다.

제 3 절 사회복지의 목적 및 접근방법

사회복지는 사회구성원 개개인이 인간다운 생활을 영위하도록 함으로써 '인간존엄성을 보장하는 것'에 있다. 즉 인간이 인간다움을 유지하며 살아갈 수 있도록 그들에게 필요한 도움을 주고 문제를 해결하거나 문제해결을 도와주는 것에 있다.

과거에는 국민의 세금으로 충당되는 국가 경비가 적으면 적을수록 좋다는 '값싼 정부(cheap government)'를 추구하였으나 오늘날에는 국내 치안유지와 대외 방위와 같은 최소한의 임무만이 아니라 국민 개개인에게 '인간다운 생활(decent life)'을 보장하기 위해 국가가 적극 개입할 것을 요청받는 이른바 '복지국가(welfare state)'로 바뀌었다.

1) 사회복지의 목적

오늘날의 사회복지는 사회적 약자나 낙오자에 대한 보호를 기본으로 하면서도 점차 일반 국민과 지역사회를 위한 보편적 욕구와 서비스 충족으로 그 영역이 확대되고 있다. 이러한 개념 하에서 사회복지가 추구하는 목적을 다음과 같이 요약할 수 있다(김기태 · 박병현 · 최송식, 2007).

① 인간다운 생활보장

사회복지의 목적은 무엇보다도 모든 국민의 인간다운 생활을 보장하는 것이다.

이는 곧 생존권적 기본권을 의미한다. 생존권적 기본권은 종래 자유권에만 머물러 있던 기본적인 인권을 확대하여 인간이 인간답게 살아갈 권리를 말하며, 또한 국가에 대하여 생존을 유지하는데 필요한 최소한의 요구를 할 수 있는 권리를 법적으로 확립한 것이다. 우리나라는 국민의 생존권을 보장하기 위해 헌법 제34조 제1항에 '모든 국민은 인간다운 생활을 할 권리를 갖는다'라고 규정하고 있다.

② 빈곤의 경감

인류역사에 있어 빈곤은 항상 존재해 왔고, 사회복지의 역사는 빈곤퇴치를 위한 역사라고 할 수 있다. 과거에는 상부상조나 자선사업 등에 의해 빈곤을 억제하고자 하였으나 현대 산업사회에서는 소득의 재분배를 목적으로 하는 사회복지제도를 통해서 빈곤을 경감시키려고 노력하고 있다.

③ 사회적 평등

소득이나 부의 불평등은 계층간의 갈등과 사회불안을 야기하는 등 여러 가지 이유로 바람직하지 못하기 때문에 국가가 개입하여 사회복지제도를 통해 그것들을 더 평등하게 만들고자 한다.

④ 자립성의 증진

사회복지의 목적은 보호를 필요로 하는 상태에 있던 개인이 사회나 국가에 대한 의존 상태에서 벗어나 삶을 스스로 영위하도록 하는 데 있다.

사회복지는 다양한 제도적 보장과 함께 개인 스스로 판단하고, 결정하며, 책임지는 능력을 기를 수 있도록 개인에게 내재되어 있는 잠재적 능력을 최대한 발휘되도록 도와주는 것을 포함한다.

프리들랜더(1980)라는 학자는 사회복지의 기본적 가치관으로써 개인존중의 원리, 자기결정의 원리, 기회균등의 원리, 사회연대의 원리를 제시하고 있으며 이 또한 사회복지의 자립적 생활추구의 가치를 잘 나타내고 있다.

⑤ 사회통합

사회통합이란 사회 구성원간 또는 인간사회 내의 여러 집단, 단체, 기관들 간에 서로 결속력을 갖도록 해주는 것을 말한다. 현대사회에서의 사회복지는 보호를 필요로 하는 개인을 사회에서 밀어내지 않고, 경제적인 자립과 신체적인 재활을 도와주고 그들과 더불어 살게 함으로써 사회통합을 이루려는 데 목적을 두고 있다.

2) 사회복지 접근 방법

(1) **정책적 접근** : 사회문제의 사회복지를 역사적·사회적 존재 형태로서 사회제도의 결함으로 생긴 사회문제를 사회경제제도를 바꾸어 해결하려는 사회정책으로 자본주의 제도 결함으로 생긴 빈민, 노동자 등을 위한 사회보험, 공적부조 등의 사회복지서비스를 뜻한다.

(2) **전문직 접근** : 인간관계의 조정 기술로 보는 견해로 인간이 욕구를 위기 또는 문제 상황으로 규정하고 문제의 소재를 부적응이나 욕구 불만에서 일어난다고 보고 이 관점에서 문제 해결은 환경 조건 개선, 성격 개발에 주로 관심, 개인의 탈선행위 등에서 원인을 찾아 개별사회사업, 집단사회사업, 심리요법이나 사회요법 등으로 치료하는 전문사회사업이다.

(3) **통합적 접근** : 정책적 접근법과 전문적 접근법을 병행하는 중간적 의미이며 주로 사회 해체의 결과로 생긴 사회문제(가출, 이혼, 빈민지역 등)를 예방·치료하는 데 있다.

참고문헌

권연옥(1997). 『지역사회개발론』, 서울: 학문사.

권오구(1998). 『사회복지발달사』, 서울: 홍익제.

김기태 · 박병현 · 최송식(2007). 『사회복지의 이해』, 서울: 박영사.

김상희(2003). “사회복지전달체계에 관한 연구”, 단국대학교 정책경영대학원 석사학위논문.

김수현(2004). “현행 사회복지 전달체계의 개선방안에 관한 연구”, 중앙대학교 행정대학원 석사학위논문.

김옥례(2003). “영유아보육사업의 전달체계에 관한 연구”, 전주대학교 대학원 박사학위논문.

김익균 · 조순철(1997). 『한국지역사회복지론』, 서울: 대학출판사.

김일순(1984). 「의료전달체계의 이론과 모형」, 한림대학세미나 보고서.

김태수 · 백종섭 · 신희영(1999). 『복지행정론』, 서울: 대영문화사.

남세진(1995). 『한국사회복지의 선택 - 쟁점과 대안』, 서울: 나남출판.

남세진 외(2006). 『한국사회복지론』, 서울: 나남출판.

문병집(1987). 『지역사회개발론』, 서울: 법문사.

박차상(2000). 「한국사회복지행정론」, 서울: 대학출판사.

박형준(2007). “사회복지서비스 전달체계 저해요인에 대한 실증분석”, 전주대학교 대학원 석사학위논문.

박홍균(2000). “우리나라 사회복지 전달체계의 개선방안에 관한 연구”, 경희대학교 행정대학원 석사학위논문.

배은영(1998). “사회복지행정의 개선방안에 관한 연구”, 인하대학교 행정대학원 석사학위논문.

백완기(2006). 『행정학』, 서울: 박영사.

보건복지부(2003). 『보건복지백서』.

서상목 외(1987). “사회복지전달체계의 개선과 전문인력의 활용방안에 관한 연구”, 한국개발연구원.

성규탁(1992). “사회복지서비스 전달체계의 개념적 틀과 분석 방법의 예”, 한국사회복지협의회.

성규탁(2000). 「사회복지행정론」, 서울: 법문사.

신상준(1982). 『복지행정학』, 대구: 대구대학교 출판부.

신윤창(2001). 「자본주의와 복지국가론」, 서울: 법문사.

안길웅(2006). "사회복지서비스 전달체계의 개선방안에 관한 연구", 조선대학교 정책대학원 석사학위논문.

오정수 · 류진석(2004). 『지역사회복지론』, 서울: 학지사.

이극찬(1999). 「정치학」, 서울: 법문사.

이성기 외(1996). 「보건복지사무소 모형개발 및 1차년도 운영평가」, 한국보건사회연구원.

이정호(1987). "한국 사회복지 행정조직체계의 개선방안에 관한 연구", 경희대학교 대학원 박사학위논문.

이준영(1998). "사회복지전달체계와 지방행정기구의 개편", 「도시행정연구」, 제13권, 서울시립대학교.

이춘기(1987). "지역사회복지의 전개방법". 대구대학교 박사학위논문.

인경석(1998). 『한국 복지국가의 이상과 현실 어떤 복지국가를 만들 것인가』, 서울: 나남출판.

장동일(2006). 『사회복지행정론』, 서울: 학문사.

장인협(1997). 『사회복지학개론』, 서울: 서울대학교출판부.

장인협 · 이혜경 · 오정수(1990). 『사회복지학』, 서울: 서울대학교 출판부.

전재일 외(2002). 『사회복지개론』, 대구: 형설출판사.

조창현(1993). 『지방자치론』, 서울: 박영사.

차용준(1998). 「사회복지학」, 전주: 도서출판 대명.

최성재 · 남기민(2006). 「사회복지행정론」, 서울: 나남출판.

최일섭(1993). "사회복지서비스 전달체계의 개선", 한국사회사업(복지)대학협의회편 서울: 한국복지정책연구소 출판부.

최일섭 · 류진석. 『지역사회복지론』, 서울: 서울대학교출판부.

표갑수(2003). 『지역사회복지론』, 서울: 나남출판.

한재랑(2001). "지역사회 조직화의 실천사례에 관한 연구", 서강대학교 석사논문.

현외성 외(1999). 『사회복지학의 이해』, 서울: 유풍출판사, 1999.

현정아(2000). "사회복지전달체계 개선에 관한 연구", 원광대학교 대학원 석사학위논문.

황진수(1993). 「현대복지행정론」, 서울: 대영출판사.

2
chapter

사회복지의 이념과 가치

제 1 절 사회복지의 목적

웹스터 사전에 의하면 복지는 "건강하고 행복하며 안락한 상태"라고 정의되어 있다. 즉, 복지란 건강하고 안락한 인간의 번영하고 있는 이상적인 상태를 의미하는 안녕(well being)의 수준을 나타내는 개념이다. 한편 사회적(Social)이란 의미는 '지역사회나 집단 속에서 같이 지내다'란 뜻을 지니며, 물질적이거나 영리적 요소보다는 인간적 결속을 위한 비영리적이며 이타적 속성의 공동체적 삶의 요소에 관심을 갖는 의미를 내포하고 있다고 하겠다. 따라서 사회복지의 언어적 의미는 "공동체 사회에서 내적인 관계를 기초로 구성원들의 전 생애에 걸쳐 건강하고 안락한 삶을 유지·증진시켜 바람직한 삶을 추구하는 사회적 노력"이라고 할 수 있다(류종훈, 2006; 20-21).

그러나 사회복지의 개념은 시대와 사회에 따라서 변화되어 왔기에 목적을 명확하게 정의하는 데 한계가 있다. 특히 사회복지를 추구하는 방법론에 따라 실현하고자 하는 목적이 다르게 설정될 수도 있다. 이들 목적을 실천론적 관점과 정책론적 관점에서 서술해 보자.

1. 사회복지실천론적 관점

밀포드(Milford) 회의에서 사회복지실천의 목적(purpose)을 언급한 이후 실천적 관점에서 사회복지 목적 개념은 구체화되었다. 실천론의 주요 특징은 자유민주주의적 개념에 내재하는 인간존엄성에 기초하여 인간행동에 대한 이해를 대상으로 한다. 아울러 실용주의 사상을 기초로 개별사업, 집단사회사업, 지역사회조직 등 사회사업의 전문기술을 종합화하며, 사회복지대상자에 관계하는 사회문제를 개인, 조직, 지역 단위의 시각에서 해결하는 과정을 중시한다. 특히 사회문제를 주로 인간관계적 관점에서 해결하는 기술체계적 시각을 취하고 있다. 사회복지의 본질적 요소를 주로 인간을 통한 최소단위적 시각에서 이해하는 것이 특징이다.

따라서 실천론적 관점에서 사회복지목적으로 검토하면 인간의 존엄성 확보, 잠재된 성장과 발전 가능성을 존중, 인간으로서의 기회평등, 사회적 통합으로 나누어 볼 수 있다(류종훈, 2006; 29-30).

1) 인간의 존엄성 확보

사회복지의 가장 중요한 목적은 인간의 인격을 인정하고 존중하는 것이다. 인간은 나이나 교육수준, 사회적 신분 등에 관계없이 인간으로서의 존엄성을 인정받아야 하는 존재로서 인권사상에 기반을 두고 있다. 즉 인간은 누구나 존엄하며 평등하다는 인식에 기초한다. 그리고 인간으로서의 가치, 품위, 존엄을 가지고 어떠한 경우라도 존중받도록 하는 것이 목적이다.

2) 잠재된 성장과 발전의 가능성을 존중

사회복지의 대상자들은 종종 일탈적 행동, 부정적, 파괴적 행동 등으로 자신과 사회에 부정적인 영향을 끼치는 존재로 각인되는 경우가 있다. 그러나 인간은 근본적으로 스스로에 대한 자기통제 능력을 지니고 있고 자정능력이 있기 때문에 주어진 여건에 대한 적절한 지원과 관심이 동반되면 긍정적으로 변화되고 성장할 가능성이 있는 존재이다. 따라서 모든 사람은 스스로 선택하고 결정을 내릴 수 있는 자유로운 권리와 욕구를 지니도록 하는 것이 목적이다.

3) 인간으로서의 기회균등

모든 사람들은 정상적인 생활을 영위할 권리를 가진다는 것이다. 인간은 인종, 성, 사회, 지위, 종교, 국적 등 여러 장애요인에 관계없이 동등하게 사회로부터 대우를 받아야 한다. 특히 사회복지 대상자는 상대적으로 정상적인 생활을 할 수 있는 일반인에 비해 상대적으로 더 많은 노력을 해야 하는 사회구성원으로서 인식되는 경우가 많다. 따라서 심신의 장애가 있는 사람, 노령으로 장애를 가지게 된 사람 등 모든 사회복지대상자들이 동일한 사회의 일원으로서 다른 사회구성원과 똑같은 생활을 누리고 일상생활에서 필요한 욕구를 충족시키는 것이 필요하다. 일반적으로 정상적인 사람들이 지닌 복지대상자들에 대한 편견이나 차별의식을 감소시켜서 정상적인 생활을 하도록 유지하고 관심을 지니는 것이 사회복지의 중요한 목적이다.

4) 사회적 통합

모든 개인은 사회의 구성원으로서 다른 사람과 마찬가지로 사회생활에 적극적으로 참여하고 살아갈 수 있게 보장하는 것이다. 사회가 연대해서 개인문제 해결에 공동으로 협조하자는 취지이다. 주로 대상자는 복지사각지대에 위치한 노인, 장애인, 여성 등이 대상이며 이들에게 최소한의 인간적 생활을 영위하도록 지원하는 것을 의미한다. 대상별로 관련 사회정책을 통해 이들의 문제를 해결함으로써 사회의 동등한 구성원임을 인식하도록 하여 사회통합화를 유도하는 것이다. 현대사회에서는 인권사상에 기초하여 보호를 필요로 하는 대상자들을 전체 사회체계 속에 적극 참여하게 하고 통합시키는 것이 전체 사회의 발전을 위해서 바람직하며 모든 국민의 인간다운 생활을 확보하는 지름길이 된다는 신념 하에서 사회적 통합을 사회복지의 중요한 목적으로 삼고 있다.

2. 사회복지정책론적 관점

사회복지를 자본주의 제도의 사회적 경제적 원리에 기초하여 이해하는 관점으로서 사회구조적으로 발생되는 필연적 부정적 결과, 즉 사회적 모순을 해결하는 데 초점을 두고 있다. 주로 빈곤을 포함한 다양한 사회문제들이 발생하는 것은 개인적 문제가 아니라 사회가 지닌 구조적 모순의 결과로 이해한다. 따라서 사회문제를 해결하기 위한 대책은 자본주의 국가 체제를 유지하고 발전시키기 위한 목적과 그에 대한 수단으로 정책적 수단을 강구하여 문제를 해결하려는 방식이다.

정책론적 관점에서 사회복지목적으로 검토하면 궁극적으로는 실천론적 관점과 동일하게 인간의 존엄성, 인간으로서의 자립성 지향, 사회통합과 경제성장 등을 고려할 수 있지만, 세부적으로 살펴보면 소득보장, 건강증진, 근로환경 개선과 삶의 질 보장 등을 추가로 검토해야 한다(김경우 외, 2008; 28-31).

1) 소득보장

복지정책의 세부적 목표로서의 하나인 소득보장의 경우, 주로 저소득층의 빈곤문제에 대하여 복지관련 자원을 투입하여 정상적인 생활을 누릴 수 있도록 빈곤문제를 탈피하는 데 목적을 두고 있다. 주로 빈곤문제에 대하여 정부차원의 국민연금제도와 국민기초생활보장제도 등 사회보장제도정책을 투입하여 소득보장을 지향하는 것이 주된 활동이다. 우리의 경우 2000년 국민복지기본선(national minimum)이 설정되는 국민기초생활보장제도가 마련된 이후 저소득층에게 있어 최후의 안정망 역할을 하기 때문에 이에 따라 저소득층의 소득보장이 중요한 정책적 목표로 제시되고 있다.

2) 건강 증진

양질의 노동력 확보와 국력 증진 제고를 위한 목적으로 건강증진은 복지정책의 목표로 중요하게 고려되고 있다. 건강증진은 개인이나 국가 모두에게 긍정적 지원을 가능하기 때문에 최소한의 인간다운 생활을 영위하기 위한 건강증진은 정책론적 관점의 중요 목적이 되고 있다.

우리의 경우, 1977년부터 실시된 건강보험제도는 건강이 개인의 문제가 아니라 사회가 공동으로 책임지고 위험분산의 효과를 공동으로 책임져야 하는 대상으로 인식하였다. 건강을 저해하는 질병이나 장애 등은 국민들이 일생동안 직면하는 중요한 사항이기 때문에 질병의 사회문제화와 이에 따른 의료제도 실시에 따른 사회화 과정은 정책론적 관점이 목표로서 중요하게 다루어지고 있다.

3) 근로환경 개선

산업재해나 고용불안 등 열악한 근로환경 개선을 위한 해결책의 하나로서 근로환경 개선은 중요한 목적이 되고 있다. 비정규직의 증가나 상시 구조조정, 신분의 불안정 등은 복지인프라를 취약하게 만드는 데 영향을 미치고 있으며, 산업현장에서 발생되는 작업상의 부주의나 실수, 숙련 미달 등으로 인해 나타나는 각종 사고는 개인과 조직 모두에게 사회문제가 되고 있다. 따라서 산업재해나 고용불안 등 열악한 근로환경개선을 위한 산재보험제도나 고용보험제도 등은 정책의 중요목표가 되고 있다.

3. 양자의 시각에 대한 관점

실천론과 정책론의 관점은 목적을 이해하는 과정에 차이가 나타난다. 실천론은 주로 개인과 사회를, 정책론은 국가와 사회를 중심으로 문제해결을 고려하기 때문에 목적별 차이가 발생된다. 그러나 사회복지 목적을 구현하는 과정에서 미시적으로는 인간적 요소를 고려해야 하고 거시적으로는 법이나 제도 등의 안정적 지원을 고려해야 하는 상황임을 감안한다면 이들 두 방법론의 적절한 융합이 사회복지 목적 이해에 필요한 상황이라고 고려된다. 즉 법이나 제도 등을 통해 전체 인간생활의 일정한 수준과 범위를 검토하고 이를 실행하는 과정에서 개인화, 개별화된 인간행동요소들을 배려한다면 참다운 사회복지 목적 구현이 가능하다. 〈표 2-1〉을 통해 이들 실천론적 관점과 정책론적 관점의 차이를 비교해 본다.

〈표 2-1〉 실천론과 정책론의 비교

구 분	실천론	정책론
대상자	개인, 가족, 집단	공식적 조직, 지역사회, 정부
목표	개인, 가족, 집단의 사회문제 부담 경감	조직, 지역사회, 정부의 부담 경감
활용 지식	개인변화(인간관계 지식)	체제변화(사회 및 정치 관련 지식)
변화 전략	상담, 클라이언트 대면 접근	지역사회조직 활동, 사회행동,

출처: 김기태 외, 2000: 18 내용 수정

제 2 절 사회복지의 이념

1. 이념의 정의

이념이란 한 개인이나 혹은 한 집단이나 계층의 성원들에 의해서 공통적으로 소유되는 이상적인 생각이나 견해를 의미한다. 이념은 신념을 통해 표현되는데, 이 때 신념이란 일종의 믿음이며, 믿음은 전반적인 과정과 구성요소에 영향을 미치게 된다.

사회복지 이념은 사회복지의 가치, 원리, 방법, 방향 등에 영향을 미치기 때문에 이념적 성격이 어떤 특성을 지니는가의 여부는 사회복지를 추구하는 모든 과정의 성격 규정에 중요한 역할을 하게 된다.

2. 이념에 따른 사회복지의 유형

사회복지 이념은 개인과 자유를 강조하는 자유주의형과 국가사회와 평등을 강조하는 사회주의형으로 크게 나눌 수 있다. 이들 유형들은 국가의 개입여부와 개인의 문제해결, 사회복지의 추구 목적과 실현하고자 하는 수준 등의 정도에 따라 구별되는데, 자유주의형의 대표이념에는 자유방임주의가 있으며 사회주의형의 대표이념에는 마르크시즘(Marxism)이 있다. 그리고 그 중간 이념에는 자유주의, 사회민주주의가 자리 잡고 있다. 김기태·박병현·최송식은 이념의 시각을 보수주의, 진보주의, 급진주의 시각으로 나누어 분석했으며, 이 과정에서 다위니즘과 진보주의, 보수주의, 페비안 사회주의, 마르크시즘으로 세분화하여 정리하였다. 이념에 따른 사회복지 유형화는 국가가 지닌 체제의 특성이나 이념과 연계되는데 본 절에서는 다위니즘, 보수주의, 진보주의를 중심으로 이념적 특성을 구별해 보면 다음과 같다(김기태 외, 2007: 61-63).

1) 다위니즘(Darwinism) 관점에서의 사회복지

다위니즘을 강조하는 사람들은 발전을 투쟁과 적응의 결과로 인식한다. 예를 들어 사회복지 대상자의 경우에도 병자와 약한 자, 적응하지 못하는 자들은 자연히 도태되고 강한 자만이 살아남는다고 보며, 공적(公的)이고 사려 깊지 못한 자선은 약자들의 사회적응과정을 방해한다고 주장하였다. 다위니즘에서의 사회질서는 주어진 환경에 대하여 얼마만큼 자연의 질서에 적응하는가의 여부로 형성된다고 하겠다. 시장경제에서 경쟁이란 자연적 선택의 법칙에 가장 잘 적응한 사람은 성공하고, 반대로 적응하지 못한 사람은 궁극적으로 패배하게 되는 것이라고 정리할 수 있다.

다위니즘은 인간의 본성은 게으르며 자극이 주어지지 않으면 행동하지 않는 존재로 보며, 인류의 발전은 강한 자는 살아남고 약한 자는 사라진다는 적자생존의 원칙에서 찾고 있으며, 이것은 매우 자연적이라는 '자연적인 혁명'(natural revolution)을 내세우고 있다. 그러므로 다위니즘 이데올로기에서는 사회복지가 자연혁명을 가로막는 장애물이라고 본다(김기태 외, 2007; 61). 결과적으로 사회복지는 개인과 사회의 성장과 발전에 저해요인이 된다는 시각이 강하며 철저하게 개인적 입장에서의 능력별 복지를 강조하고 있다.

2) 보수주의 관점에서의 사회복지

보수주의 관점의 사회복지는 다위니즘보다는 호의적이지만, 복지에 대하여 우호적인 입장을 취하는 것은 아니다. 기본적으로 보수주의자들은 사회복지는 현재 상태를 유지하는 데 공헌한다고 보고 있다. 즉 사회복지는 사회 내의 결속력을 유지하고 그렇게 함으로써 효율성과 안정, 질서에 공헌하는 것으로 인식한다. 또한 보수주의자들은 사회문제는 각 케이스별로 해결해야 하며 경제성장을 통해 소득의 재분배 없이 빈곤을 타파할 수 있을 것으로 보고 있다.

한편, 사회복지에 대한 보수주의적 해석은 "도덕적 책임"과 "자기이익의 개발"을 강조하고 있다. 우선 도덕적 책임이란 원초적으로 출생에 의한 것이며, 성취에 의해서 행운을 잡는 사람들이 그들보다 운이 덜 좋은 사람들에게 도움을 제공할 도덕적 의무를 지닌 것으로 이해한다. 이들 사상은 가부장적인 온정주의에 기초하고 있으며 복지란 운이 나쁜 사람들에게 대한 자선이라는 시각을 가지고 있으며 이에 따라 보호받을 가치가 있는 빈민과 보호받을 가치가 없는 빈민을 엄격하게 구분하여 보호받을 가치가 있는 빈민들에게는 보호를 제공하고 보호받을 가치가 없는 빈민들에게는 보호를 제공하지 말아야 한다고 주장한다. 아울러 "자기이익의 개발"의 경우도 현재의 상태를 유지하기 위해 너무 많은 비용이 들지 않는 범위 내에서, 그리고 사회가 분열되는 것을 예방할 수 있는 범위 안에서, 인도주의적 사회복지를 운영해야 한다고 시각에서 접근하고 있다. 즉 같은 사회 안에 공존하는 자기보다 낮은 계층 사람들의 이익을 위해 관심을 가져야 하는데, 이는 이타주의 때문만이 아니라 자신의 이익을 극대화하고 개발하기 위해서이다. 다시 말하면 보수주의자들은 다른 사람들을 돕는다는 것은 현대사회에서의 삶의 대가를 지불하는 것이며 그들 자신의 이익을 실현하는 것이라고 해석한다.

이러한 맥락에서 볼 때 보수주의적 사회복지모형은 윌렌스키가 소개한 잔여적 사회복지[1]기능을 수행하는 것으로 해석된다. 일차적으로 사회복지의 책임은 가족, 친척, 교회, 자원봉사 등과 같은 비공식적인 부문이 사회복지 수혜자의 의존문제를 해결하는 것이며, 만약 이들에 의해 복지문제에 대한 해결이 정상적인 기능을 수행하지 못할 때 국가에 의한 보완적 기능 수행이 가능하다고 보고 있다. 따라서 보수주의적 사회복지모형에서 사회복지는 권리보다는 자선으로 이해된다.

3) 진보주의 관점에서의 사회복지

진보주의자들은 사회의 변화를 바람직한 것으로 인식하며, 변화는 진보를 가져온다고 본다. 따라서 진보주의자들은 인간은 기본적으로 선하다고 보며, 긍정적 자극에 따라 스스로를 개발하고 발전해 나가는 역량을 지니고 있다고 이해한다. 그리고 자본주의 경제체제가 최선의 경제체제이지만 자기규제가 미약하기 때문에 정부가 효율적으로 공정하게 기능하기 위해서는 적절한 규제와 통제가 필요하다고 본다.

따라서 진보주의자들은 정부는 사회복지 프로그램을 통해 산업사회의 공통적인 사회문제에 대해 인도주의적으로 대응해야 한다고 주장한다. 즉 제도적 사회복지[2] 기능을 강조하고 있다. 사회복지에 대하여 진보주의자

1) 잔여적(residual) 개념의 사회복지는 가족, 시장, 종교, 정치제도가 본연의 기능에 실패할 때 임시적으로 보충적 기능을 수행하며, 반드시 사회복지가 사회를 유지·발전시키는 필수적 기능을 가지고 있다고 인식하지 않는다. 따라서 사회복지 영역을 사회 구성원들 중 낙오자들에게 최소한도의 보호를 제공하는 부분에 한정지으면서 잔존적이고 주변적, 예외적인 안전망 기능으로 이해하고 있다. 따라서 가능하면 가족이나 시장과 같은 기존 사회제도들이 제대로 기능해서 개인의 복지문제를 해결하는 것이 바람직하다고 이해한다.

2) 제도적(institution) 개념의 사회복지는 복지실패 요인을 일시적인 현상이 아니고 피할 수 없는 지속적인 것으로 제도적 모순에서 이해한다. 따라서 사회복지는 사회를 유지하는 데 필수적인 기능을 수행하며, 제도화되는 것이 당연하다고 인식한다. 사회복지의 필수적인 기능이란 사회 구성원간의 서로 돕는 정신이 필요하며, 이러한 기능은 다른 사회제도가 수행하는 기능과 구별되며 독립

들은 사회복지가 자선이 아니고 개인의 권리에 의한 것이라고 본다. 즉 보수주의적 관점에서는 가진 자들이 못 가진 자들을 돕는 것은 가진 자들의 도덕적 책임이기 때문에 사회복지의 수혜자는 가진 자들로부터 자선을 받는 것이지만, 진보주의적 관점 하에서 사람들은 원조를 받을 권리가 있기 때문에 원조를 받는 것이라고 해석하고 있다.

3. 우리나라 사회복지의 이념적 흐름

보수주의와 진보주의를 중심으로 복지이념 과정을 검토해 보면, 정부초기에는 초보적인 진보주의 성향을 취했지만, 최근에는 상대적으로 강화된 진보주의 성향을 띠고 있다고 판단된다. 과거 군사정권 시절에는 경제성장을 통한 부의 증대를 강조하였기 때문에 복지를 경제보다는 가치적으로 후순위적 입장에서 해석하였으나, 문민정부 이후 경제와 복지의 조화를 강조하는 시대적 요구를 반영하고 복지가 경제성장에 필수적 조건임을 인지한 이후에는, 복지예산이 증가되는 현상을 보이며 진보주의적 이념을 취하는 방향으로 이전하였다.

특히 IMF 이후 급속하게 중산층이 몰락하고 사회안전망의 필요성이 제기되고 사회문제 발생과 복지에 대한 재인식이 강조되면서 사회보험제도 운영과 국민기초생활보장법을 통해 국민생활의 최저수준에 대한 사회적 합의를 이끌어내는 활동을 하게 되었다. 결과적으로 최근의 이념적 흐름은 보수적인 관점보다는 진보주의적 성향을 보다 강하게 띠는 경향이 나타나고 있다. 이는 정부의 복지예산이 증가하고 있고, 복지관련 제도운영이 증가되며 복지에 대한 국민의 관심사와 권리행사 등이 점차 강화되고 있는 것도 이를 뒷받침하는 현상들이다.

적으로 수행된다. 예를 들어 사회복지대상자가 되는 사회적 약자나 아동, 노인, 장애인의 보호 및 그들의 사회화 과정에 대한 책임은 개인의 문제이기보다는 사회 흐름과 발전에서 나타나는 필연적인 것이기 때문에 국가가 처음부터 개인의 복지에 대한 일차적이고 기본적인 책임을 제도적으로 국가가 지는 것이 바람직하다고 이해한다.

제3절 사회복지의 가치

1. 가치의 정의

가치(value)는 현실세계에 대한 인간의 실천과 경험을 통해 형성되는 의식적인 관계가 축적된 결과로서 '역사적' 산물이라 할 수 있다. 가치는 인간과 대상의 관계를 통해 정착되며, 인간의 사고와 태도에 영향을 미치며 동시에 그들의 존재조건·욕구·이해관계 등을 보여주는 개념이 된다. 따라서 가치의 내용은 변화되는 의식구조를 반영하면서 시대적·사회적 여건에 따라 각기 다른 형태로 나타난다.

사회복지 가치의 경우 근원적 출발은 서구사회가 바라보는 인간과 사회에 대한 시각에서 찾아볼 수 있다. 기독교의 교리, 민주주의, 청교도적 논리, 사회진화론 등 서구역사의 흐름 속에 나타난 역사적 산물과 그에 따른 인간의 태도나 행동 등이 사회복지 가치를 형성한 것으로 판단된다.

2. 실천적 관점에서의 가치

우리나라 사회복지사 윤리강령의 서두에는 '사회복지이념은 사회의 안정과 번영을 위하여 정의, 평등, 자유, 민주의 가치를 바탕으로 모든 사회성원들의 인간의 존엄성을 유지하면서 자기실현을 할 수 있도록 사회 전체가 공동으로 책임을 진다는 철학을 기본으로 한다'고 되어 있다. 이는 실천론적 관점에서의 중요 가치에는 인간의 존엄성, 자기결정권, 균등한 기회, 사회적 책임 등을 고려할 수 있다(류종훈, 2006; 31-33).

1) 인간의 존엄성(개별성의 원리)

사회복지가 추구하는 중요한 기본가치 중 하나이며 근원적 성격을 지니고 있다. 개인은 그 이용가치와는 상관없이 존중되어야 하며, 어떤 조건에 의해서도 인간이 지닌 존재가 무시되거나 차별받아서는 안 된다. 따라서 인간으로서의 존엄성은 사생활에 있어서의 자유와 행복추구의 존중에 대한 중요성과 연관되어 있다.

2) 인간의 자기결정권(자기결정의 원리)

인간의 자기결정권(self determination)은 각자의 자기 능력과 판단에 따라 자기의 태도와 행동을 결정할 권리를 갖는 것이다. 그 어떤 경우에도 위협이나 일방적 관계에 의한 불평등적인 상황에서 결정을 강요받을 수 없으며, 반드시 스스로의 판단과 의지에 따라 결정을 할 수 있도록 기회를 만들어 주어야 한다.

3) 인간의 균등한 기회(기회균등의 원리)

인간의 균등한 기회(equal opportunity)란 인간은 누구나 평등하고 균등한 기회가 주어져야 한다는 의미이다. 즉 경제적, 또는 정체적 측면에서는 시장논리와 경쟁에 따라 누리는 혜택이나 보상에 차이가 있지만, 사회복지란 측면에서는 차별 없이 꼭 같은 기회가 주어져야 하는 기회균등의 원리가 있어야 하는 것이다.

4) 인간의 사회적 책임(상부상조의 원리)

사람은 개인, 가족 및 사회에 대하여 공동체의 중요성을 인식하고 상부상조의 원리를 수용해야 한다. 빈곤, 질병, 노령, 산업재해 등 사회문제에 대하여 사회적 위험을 인식하고 공동의 협력과 책임을 전제로 한 사회적 연대를 통해 이를 해결하려는 연대의식을 지녀야 한다.

3. 정책론적 관점의 가치

정책론적 관점의 가치는 사회복지정책 수립의 밑바탕을 이루는 가치로서 우리의 경우 1970년대 이후부터 중요한 부분을 차지하고 있다. 정책론적 관점의 가치는 시대적 특성에 따라 가치요소가 강조되어 왔으나, 일반적으로 자원배분을 통한 정의 실현이 중심을 이루고 있다. Gilbert와 Specht는 자원배분에 초점을 두고 평등, 공평, 적절 등을 중요 가치로 선정하였으며, 송근원 · 김태성은 정책이 추구하는 가치로 평등, 효율, 사회적 적절성, 자유 등을 고려했으며, 김경우 · 양승일 · 강복화는 자유, 평등, 민주주의, 연대의식, 공평성, 적절성, 효율성, 접근성 등을 제시하였다.

1) 자유

정책론적 관점의 자유(freedom)는 크게 두 가지 종류로 대별된다.

우선 본연의 의미를 지닌 자유이다. 흔히 구속이나 속박으로부터 해방을 의미하는 것으로서 이는 한 개인이 상대로부터의 압박이나 억압을 받지 않은 상태에서 자신의 의사를 자유롭게 표현하는 상태를 의미한다. 직업선택, 양심의 자유, 집회 결사의 자유, 거주 이전의 자유 등이 이에 해당한다. 주로 소극적 자유라는 의미로 사용하며 정부의 개입이 최소한을 적용되기를 기대하고 있는 것이 특징이다. 반면 적극적 자유는 개인의 자아실현에 장애가 되는 사회구조나 장애요인을 제거하기 위한 목적으로 국가가 적극적으로 개입하기를 요구하는 자유이다. 스스로 인간다운 삶을 살 권리가 있으며 개인의 무지나 빈곤 질병으로부터 탈피하기 위해 적극적으로 자신이 지닌 권리를 요구할 수 있는 상태를 의미한다. 따라서 적극적 자유는 국가에 의한 자유이며 현대복지국가가 지향하는 모든 가치를 함유한 포괄적이며 사회 모든 계층을 포용하는 범위를 지니고 있다.

2) 평등

정책론적 가치로서의 '평등'은 사회적 재분배를 통해 사회구성원들의 삶의 질을 골고루 향상시키는 데 초점을 두고 있다. '모든 사람들은 사회적 혜택을 획득할 평등한 권리와 사회적 책임을 감당할 의무를 지니고 있다'는 명제에서 출발되는 평등은 수량적 평등(numerical equality), 비례적 평등(proportional equality), 기회의 평등(equal opportunity) 등으로 나뉜다. 수량적 평등은 결과의 평등으로 불리는 것으로 모든 사람에게 그들의 욕구나 능력의 차이에는 관계없이 사회적 자원을 똑같이 분배하는 것을 말한다. 비례적 평등은 개인의 욕구, 능력, 노력, 공헌 등의 정도에 따라 사회적 자원을 상이하게 배분하는 것이며, 기회의 평등은 과정상 기회를 동일하게 부여하여 균등한 조건을 부여하는 것으로서 이 경우 결과의 불평등은 허용하는 특징을 지닌다. 체제상 사회주의적 시각에서는 수량적 평등을 중시하지만, 자본주의 사회에서는 비례적 평등이나 기회의 평등을 상대적으로 중요한 가치로 인식하고 있다(남기민, 2007; 31).

3) 사회적 연대의식

사회적 연대의식은 사회구성원들이 상호 교류를 통해 의존하는 과정에서 사회에 대하여 가지고 있는 소속의식과 연대감을 의미한다. 일반적으로 잔여적 개념의 복지 시각에서는 구성원의 능력이나 경쟁을 용인하거나 개인의 문제로 인식하지만, 이들이 지나치게 강조되거나 핵심가치화할 경우 사회적 불평등, 경제적 갈등과 대립, 인간소외 현상을 유발하는 계기가 되기 때문에 종종 연대감이 떨어지는 결과를 가져온다. 따라서 사회구성원들이 사회문제에 부딪치거나 또는 위험지역에 빠지는 상황을 대비하기 위해 사회적 합의를 거쳐 제도적으로 대비함으로써 사회적 안정을 유도하는 효과를 얻게 된다. 예를 들어 사회적 약자들이 처하게 되는 빈곤, 질병, 노령, 산업재해, 실업 등이 이에 해당되며 국가가 제도적 차원에서 공공부조나 사회보험을 마련하여 이들 위험에 대비하여 사회적 연대의식을 확보함으로써 사회복지의 가치를 실현하는 것이다.

4) 생존권의 보장

인간답게 살아가는 권리를 의미한다. 1919년 독일 바이마르 헌법에 의해 생존권의 중요성과 개념이 제시된 이후 자본주의 체제에서 발생되는 각종의 사회문제, 빈부격차와 경제적 피폐에 따른 각종 개인과 가족의 문제 등에 대해서 국가는 국민이 인간답게 살 수 있도록 관련 서비스를 제공해야 한다는 것이 생존권의 핵심이다. 따라서 생존권 보장이란 빈곤, 교통사고, 질변, 재해 등으로 인하여 최저생활수준에 미달하거나 생계위협을 받는 사람들에게 생활비를 지급하여 인간다운 생활을 보장하는 의미이다(남기민, 2007; 33). 인간다운 생활의 수준이란 노동력을 재생산할 수 있고 생산적 활동이 가능한 여건을 조성해 주는 수준을 의미한다. 단순히 최저생활 수준을 벗어나는 정도가 아니라 복지가 가진 목적에 부합하는 정도, 즉 생산적 활동이 가능한 수준 정도를 의미한다. 그러나 이들 수준을 규정하는 것은 국가와 경제, 사회적 합의가 전제되어야 하고 개인적 여건에 따라 가변적이며 상대적인 특성을 지니고 있다.

6) 효과성

효과성(effectiveness)은 욕구의 충족 또는 해결에 있어서 어느 정도 유효한가를 의미하거나 또는 의도하거나 기대한 것과 같은 소망스런 상태가 나타나는 정도를 의미한다. 욕구충족을 위해 선택된 서비스가 어느 정도 적합한가의 관점에서 판단된다. 즉 주어진 예산을 지침에 따라 필요로 하는 사람들을 위해 사용했다는 사실보다는 주어진 서비스를 받고 어느 수준 정도로 정책이 추구하는 근본적인 목적을 달성했는가 하는 측면을 고려한다.

7) 효율성

효율성(efficiency)은 최소의 자원으로서 최대의 효과를 어떻게 거둘 것인가 하는 것에 초점을 두며, 보다 적은 비용으로 서비스를 제공하는 의미를 가지고 있는 가치가 포함된 개념이다. 외부자원에 의존비중이 높은 사회복지서비스의 공급을 위해서 효율성이 적용되어야 하는데, 특히 자원이 제한될 수밖에 없는 현실이 효율성을 중시하도록 요구하고 있다.

그러나 사회복지 특성상 상대적으로 사회적 형평성을 제고하면서도 효율성을 고려해야 하는 이면적인 특성을 지니고 있기도 하다. 예를 들어 투입의 효율인가 아니면 배분의 효율인가의 여부에 대한 고민이다. 정책적 관점에서는 가능한 적은 투입을 통해 최대의 효율을 고려하는 관점을 선호하지만 반대로 수요자 입장에서는 최적의 자원배분을 통해 개인욕구와 사회적 욕구가 동시에 해결되는 수준을 원하는 것이다. 따라서 이들 두 기준 사이에서의 효율성을 어떻게 만족시킬 것인가의 여부는 사회복지 가치 확보에 중요한 조건이 된다.

8) 공평성

공평성(equity)이란 동일한 욕구를 가진 대상자는 동일한 혜택(service)을 받아야 한다는 개념이다. 사회복지서비스의 공급에 있어서는 공평성이 특별히 배려되어야 하는데, 이 때 공급받는 서비스에는 서비스를 받는 기회와 내용뿐 아니라 그 비용을 포함하여야 한다.

일반적으로 공평성이란 인간이 지닌 욕구, 능력, 노력 등 개인적 수준에 따라 다르게 보상 결과가 적용되어야 한다는 측면을 강조하는 공평한 불평등성을 강조하지만, 복지정책을 집행하는 과정에서 공평성이 확보하는 것이 쉬운 것은 아니다. 실제로 사회복지서비스의 공급은 필요한 서비스 또는 시책, 시설 등에서 불충분한 준비로 인하여 서비스의 수익자와 비수익자 간에 공평성을 저해하는 현상이 나타나기도 한다.

9) 접근성

편익성(convenience) 또는 접근성(accessibility)은 사회복지욕구 중 특히 비화폐적 욕구충족의 경우에 문제가 된다. 즉 클라이언트가 복지서비스를 쉽세 이용할 수 있도록 되어야 하는데, 비화폐적 욕구충족을 위한 수단은 금전급부와는 달리 현물 또는 상담서비스로 되기 때문에 이용자가 쉽게 이용되도록 하는 것이 핵심요소이다. 어떤 종류의 욕구충족에 있어서 시설서비스가 필요로 할 때 시설(institution)이 충분한 설비·기능을 갖추고 있어도 그 설비가 이용자에게 물리적으로 떨어져 있거나 또는 그 시설의 운영관리가 지나치게 관료적이면 그 서비스는 욕구충족의 기능을 다하지 못하게 된다.

10) 책임성

책임성(responsibility)은 사회복지정책의 목적달성에 충실하게 임했으며, 집행 과정에서 법규를 준수했는지의 여부를 검토하는 것이 핵심이다. 책임성을 제고하기 위해서는 정보가 공개될 뿐만 아니라 투명하게 집행되어야 한다. 사회복지정책을 통해 책임성이 제고되면 합목적성과 합법성을 향상시킬 수 있다. 또한 자격 있는 복지수혜자가 혜택을 받도록 함으로써 복지의존성(welfare dependency) 문제 및 복지남용(welfare abuse) 문제를 어느 정도 해결할 수 있게 된다.

4. 사회복지정책에 영향을 미치는 가치에 대한 갈등

사회복지정책이 올바로 수행되기 위해서는 사회적 가치가 수용되어야 한다. 그러나 사회적 가치란 사회주체들 간의 이해관계나 상호간의 역학관계 때문에 상호 대립을 유발할 가능성이 내포되어 있다(남기민, 2007: 35). 따라서 이들을 어떻게 수용하는가의 여부가 사회복지정책의 성공적인 목표 달성을 결정짓게 된다. 여기에서는 사회복지정책에 영향을 미치는 갈등요소들을 검토해 보자.

1) 개인주의와 집합주의

개인주의(individualism)는 개인과 개인의 권리를 우선시 하자는 가치에 비중을 둔다. 반면에 집합주의(collectivism)는 공동의 목표를 달성하기 위하여 공동의 행동을 우선시하는 가치를 지니고 있다. 이에 따라 이들 각각이 추구하는 가치의 지향점에 따라 갈등을 유발하게 된다.

우선 개인주의는 정치적으로 보수주의에 기반을 두고, 성선설적 입장에서 낙관적으로 사람을 이해하며, 자유방임주의를 강조하고, 가능한 국가는 국민 개인의 사생활 개입을 최소한으로 하는 것이 바람직하며 사회유지를 위해 정부 개입을 최소한으로 할 것을 요구하는 입장이다(박정호, 2001; 29-30). 반면에 집합주의는 정치적 바탕을 진보주의나 급진주의적 시각에 두고 있으며, 사회문제 발생을 자본주의가 지닌 사회경제적 역기능에서 출발된다고 보고 있으며, 시장중심의 개인주의가 사회문제의 원인이 되고 있다고 인식하며, 평등주의 실현과 사회 불평등 해소를 위해 정부는 광범위한 시장 개입을 통해 사회복지정책을 실현해야 한다고 요구하는 입장이다(박정호, 2001; 30-32)

개인주의에 바탕을 둔 자본주의는 긍정적인 측면의 발전도 있지만, 사회발전에 따라 반대로 사회문제를 발생시키는 역효과를 주기도 한다. 따라서 정부는 역효과를 일으키는 사회문제 해결을 위해 시장에 개입하게 되며 이를 정당화하는 데 기여하는 이념은 집합주의이며 이를 부정하는 것은 개인주의이다. 어떤 방식으로 효율적인 사회복지를 구현할 것인가를 고민하게 하는 가치적 갈등 중 하나이다.

2) 선별주의와 보편주의

누구에게 사회복지 급여와 서비스를 제공할 것인가를 결정하는 기준에 대한 갈등이다. 선별주의(selectivism)는 개인적 욕구에 기초를 두고 도움의 필요여부를 조사하여 반드시 필요로 하는 사람에게만 도움을 주자는 입장이다. 반면에 보편주의(universalism)는 사회복지 급여나 서비스는 전 국민을 상대로 하는 것이며 사회적 원리로서 누구나 받아야 하는 가치라고 이해한다.

선별주의는 도움이 필요한 사람들에게 집중적으로 자원을 배분하여 효율적인 집행과 배분이 가능하다는 장점을 강조하지만 대상 선정 과정에 불필요한 관리와 조사가 요구되는 한계가 있으며 오히려 수혜집단을 사회적으로 낙인화하는 역효과를 유발할 수 있다는 단점을 내포한다. 반면에 보편주의는 전 국민을 대상으로 사회적 합의를 거쳐 요구하는 수준만큼 지원하기 때문에 결과적 평등을 유도하고 이는 사회 안정과 공정성을 확보하는 정점을 지니지만, 반대로 자원 낭비와 의타심을 유발하고 도덕적 해이를 유발하는 단점을 지니기도 한다.

따라서 선별주의는 사회자원의 효율적 배분과 비용 효과성을 주장하지만, 보편주의는 인간의 존엄성과 사회연대감 확보라는 요소를 강조하고 있다. 최근에는 이들 두 가지 요소들을 적절하게 결합하여 정책적 가치를 극대화하는 방향으로 진행하고 있지만 전체적인 흐름은 선별주의에서 보편주의로 이전되는 현상을 보이고 있다(남기민, 2007; 38).

3) 효율과 평등

기본적으로 효율과 평등은 대립적 가치를 지니고 있다. 평등을 확보하게 되면 상대적으로 효율을 확보하는 데 한계가 나타난다. 평등을 추구하는 정책은 경제적 효율에 제약을 가하게 되는 효과를 부여한다. 반면에 효율을 추구하는 정책은 상대적으로 결과적 평등을 제약하게 된다. 예를 들어 공공부조를 통해 모든 국민에게 동등한 대우와 보상을 제시하는 정책을 사용하면 결과적 평등은 확보하지만, 반대로 경제적 재원 창출 때문에 상대적으로 개인주의를 선호하는 개인들의 근로의욕 저하, 수요자 선택의 불평등성 등이 제기되는 효율성은 저하될 확률이 높다.

사회복지정책을 통해 평등의 가치를 추구할 경우 특정한 사람들의 효용을 높이기 위해서는 다른 사람들의 효용을 줄여야 하기 때문에 재분배 과정에서 배분의 효율이 저해되고 이는 결과적으로 재분배 자원의 규모를 줄이는 결과를 유발시켜 결국은 사회구성원 모두가 피해를 볼 가능성이 높아진다. 따라서 항상 효율과 평등을 둘러싼 가치적 대립은 존재한다.

참고문헌

김경우 · 양승일 · 강복화(2008). 『사회복지정책론』, 서울 : 창지사.

김기태 · 박병현 · 최송식(2007). 『사회복지의 이해』, 서울 : 박영사.

김영종(2007). 『사회복지행정』, 서울 : 학지사.

남기민(2007). 『사회복지정책론』, 서울 : 학지사.

류종훈(2006). 『사회복지실천론』, 서울 : 청목출판사.

박정호(2001). 『사회복지정책론』, 서울: 학지사.

송근원 · 김태성(1996), 『사회복지정책론』, 서울: 나남.

장인협(1986). 『사회복지학개론』, 서울대학교 출판부

장인협 · 이정호(1993). 『사회복지행정』, 서울: 서울대학교출판부.

Hasenfeld, 성규탁 역(1985). 『사회복지행정조직론』, 서울: 법문사.

Hasenfeld, Y.(1992). The nature of human service organization. In Hasenfeld, Y. (Ed).1992. *Human Service as complex organization*. Newburry Park : Sage Publication.

Skidmore, R. A.(1995). *Social Work Administration : Dynamic Management and Human Relations*. Boston:Allyn and Bacon.

Weinbach, M.E.(1990). *Human Services management : Application*.(2nd ed.). San Francisco, CA : Wadworth.

3
chapter

사회복지의 역사

이 장에서는 사회복지의 역사적 발달과정에 대하여 살펴보고자 한다. 사회복지 역사를 연구하는 것은 현재와 미래의 사회복지를 위한 유용한 교훈을 과거의 역사적 경험으로부터 얻는다는 실천적 목적과 사회복지 발달에 관한 각 국가의 현상을 분석하여 일반적인 법칙을 찾아내고 미래의 사회복지를 예측한다는 이론적 목적이 있다(장인협 외, 2003; 43).

제 1 절 영국의 사회복지 역사

영국의 사회복지역사는 세계에서 가장 먼저 16세기에 산업화를 경험하고 빈민법을 제정하였으며 제2차 세계대전을 치르면서 국민의 사회적 통합을 위한 청사진인 베버리지 보고서를 근거로 사회복지제도를 만들어 복지국가 유지 발전에 크게 기여하였다.

1. 엘리자베스 구빈법(Elizabethan Poor Law)

영국의 사회복지의 역사는 엘리자베스 구빈법(The Elizabethan Poor Law of 1601)이 시행된 1601년에 시작되었다. 이전까지 구빈(救貧)제도는 교회기관을 비롯하여 장원(莊園),[1] 길드 등에서 담당하였으나, 16세기 엔클로저(enclosure)운동[2] 및 경제상황의 악화로 부랑자의 증가, 수도원의 해산 등으로 구빈세를 징수하여 교구(敎區)가 구빈사업을 하는 최초의 사회복지제도인 엘리자베스 구빈법이 시행된다.

그러나 교구단위에 빈곤자를 보호를 보호하는 책임을 부여하여 최초의 사회복지의 실현이라고 볼 수 있으나, 엘리자베스 구빈법은 빈민을 구제하는 사회복지의 기본적 이념을 구현하기 위한 법이라기보다는 빈곤자를 통제하여 사회질서를 회복하려는 목적을 담고 있기에 오늘날의 사회복지에서 추구하는 의미와 부합된다고 볼 수 없다.

엘리자베스 구빈법의 중요한 규정을 살펴보면 다음과 같다(이영철 외, 2002; 48).

① 빈민구제를 정부의 책임으로 인식

② 행정적 기관의 수립 실시

1) 농업기술의 발달로 잉여 농산물이 축적되고, 사람들이 잉여 농산물을 매매하면서 화폐가 생기기 시작하였다. 그 화폐로 인해 도시와 상공업이 발달하고 화폐 사용이 증가하면서 농도들이 부역 대신 현물이나 화폐를 영주에게 납부하여 농노신분에서 해방을 도모하고, 영주들이 화폐를 얻기 위해 돈을 받고 농도들에게 자유를 주었다. 또 흑사병의 유행으로 유럽인구가 감소하면서 노동력 부족 현상이 일어나고, 농민의 지위가 향상하여 자영 농민이 성장하고, 장원제 해체가 가속되었다

2) 토지경영의 현대화 현상으로 미개간지, 공유지 등 공동이용이 가능한 토지에 담이나 울타리 등의 경계선을 쳐서 타인의 이용을 막고 사유지로 하는 일. 엔클로저에 의해서 중소농들은 몰락의 길을 걸어 농업노동자가 되었고, 또는 농촌을 떠나 공업노동자가 되기도 하였다. 그리하여 영국에서는 지주, 농업자본가, 농업노동자의 세 계급에서 이른바 삼분할제(三分割制)가 18세기 후반 이후 점차 모습을 나타내어 19세기 중엽에 확립되었다.

③ 세금을 활용
④ 노동능력의 유무에 따라 빈민을 구분하여 대처
⑤ 노동능력이 있는 빈민이라도 일자리를 얻지 못할 경우가 있다는 사실을 인식
⑥ 요부양아동의 보호 실시
⑦ 작업장(workhouse)과 구빈원(almshouse)의 활용
⑧ 친족부양의 책임을 강조
⑨ 걸인의 귀향조치 실시 등

또한 엘리자베스 구빈법은 빈민을 노동능력의 유무에 따라 세 범주로 나누고 각기 차별적인 처우를 실시한 특징을 가지고 있으며 그 내용은 다음과 같다.

① 노동가능 빈민(the able-bodied poor)

이들은 교정원(the house of correction) 또는 작업장(workhouse)에서 강제 노동을 시켰다. 또한 노동을 거절했을 때에는 형벌에 처하였다.

② 노동불능 빈민(the impotent poor)

병자, 노인, 장애인, 어린 자녀가 있는 여성들이었으며 이들은 구빈원이라는 시설에 수용되며 그곳에서 제한된 도움을 받게 하였다.

③ 요부양 아동(dependent children)

이 범주에 속하는 계층은 고아, 기아 또는 양쪽 부모들이 모두 도피해버린 가정의 아동들이거나 또는 부모가 있더라도 너무 가난해서 실제로 그들을 양육할 수 없는 가정의 아동들이다. 이들은 도제수습의 기회를 제공하거나 고아원에 수용되었다.

구빈법은 계속적으로 늘어나는 구빈비용의 지출을 억제하기 위하여 여러 차례 법 개정이 이루어졌으며 그 대표적인 일련의 법은 다음과 같다.

① 정주법(the Settlement Act of 1662)

다른 지역에 거주하는 빈민들이 부유한 교구로 이주해 옴으로써 새로운 빈민과 구빈 비용이 증가하고 고용이 감소한다는 이유로 빈민의 자유로운 거주이동을 금지하는 것을 법령으로 제정하게 되었다. 그러나 이 법령은 주거선택의 자유와 정의에 대한 뚜렷한 침해라는 비판을 받기도 하였다.

② 작업장법(Workhouse Test Act of 1772)

이 법은 노동이 가능한 빈민들에게 일자리를 제공하고 국가적으로 부를 증가시키고자 제정되었으나 게으르고 나태한 빈민들의 기술수준이 낮아 오히려 생산성이 저하되자 비용만 낭비하게 되는 문제가 발생하였다.

③ 길버트 법(Gilbert Act)

공동작업장에서 빈민을 학대하고 노동력을 착취하는 부작용을 개선하기 위한 목적으로 1782년 제정된 법이다. 이 길버트 법은 노동은 가능하나 자활능력이 없는 빈민을 작업장에 수용하지 않고 빈민이 거주하는 인근의 적당한 직장에서 취업하도록 알선해 주는 원외구조(outdoor relief)가 실시된 것에 의의가 있다.

④ 스핀햄랜드 법(Speenhamland Act of 1795)

이 법은 저임금 노동자를 보호해 주는 이른바 임금보조제도로서 최저생활보장제도라고 할 수 있을 것이다. 즉 노인, 허약자, 그리고 장애인들을 위한 원외구호로 광범위하게 활용되었고 합리적인 구호제도로 오늘날의 가족수당이나 최저생활보장의 기반을 이루는 법으로 볼 수 있다.

⑤ 개정 구빈법(Poor Law Reform of 1834)

1832년에 발족된 왕립위원회의 조사를 토대로 하여 1834년 개정 구빈법이 제정되었으며 개정된 보고서는 다음의 6가지 사항을 건의하게 되었다.

첫째, 스핀햄랜드 법의 철폐

둘째, 노동이 가능한 사람은 작업장에 배치

셋째, 병자나 노인, 아동이 있는 과부 등에게만 원외구제를 실시

넷째, 구빈 연합 교구로 통합하여 구빈 행정을 전개하자는 건의

다섯째, 수혜자의 자격요건은 정상적으로 근로를 하여 생활을 하는 근로자의 수입보다 높지 않아야 한다는 열등처우의 원칙을 제시

여섯째, 구빈에 있어 중앙통제위원회를 설립하자는 제안을 했다.

2. 사회개량과 자선조직협회

19세기 영국의 빈민구호에 사회적 철학과 실천에 영향을 준 활동으로서 사회개량운동, 자선조직협회, 인보사업 운동, 그리고 사회조사를 들 수 있다.

① 사회개량운동

사회개량운동 중에서 가장 중요한 핵심은 차티스트(chartist)운동과 노동조합운동이었다. 1830년대 노동자들의 정치적 관심을 대변하는 차티스트운동이 시작되어 모든 시민에게 보통선거권과 무기명투표권을 갖도록 하는 노력을 시작하였으나 실패하였다. 그 후 노동자들은 그들의 관심을 정치적 목적에서 경제적 조건 개선방법으로 1844년 차티스트들은 로치댈(Rochdale)에서 노동자 자신이 소유하는 협동조합 상점을 개설하게 되었다.

이 일은 자선사업가인 오웬(Owen)에 의해 개설되었으며 노동자와 그들 가족에게 저렴한 정원주택, 위생시설, 운동장, 협동조합상점, 도서관 및 오락실을 마련하여 성공적으로 진행되었다. 이는 하나의 산업공동체의 모델을 설립하게 되었으며 이는 다른 수공업자에게 확대되었다(표갑수, 2002; 109).

② 자선조직협회

1834년의 구빈법 개정 이후에도 도시 노동자들의 빈곤문제 해결에는 도움이 되지 못하였으며 지속적인 경제위기와 실업은 많은 자선조직들의

불규칙한 현상들을 초래하였다. 이러한 문제를 해결하기 위해 1869년 '구걸방지 및 자선조직을 위한 협회'가 설립되고, 곧 그 이름을 '자선조직협회'(charity organization society)로 전환하게 되었다.

이 협회는 구제중복을 방지하고 인격적 자선을 위하여 개별면접으로 근대사회사업의 출발이 되었다. 자선조직협회의 활동원칙은 빈곤의 책임은 개인에게 있고 공적 구제는 수혜자의 자존심을 파괴하며 수혜자로 하여금 구제에 의존하게 만든다는 토머스 칼머스(Thomas Chalmers)의 이론에 근거하였다. 자선조직협회는 빈곤가정을 등록케 하고 빈민의 상황을 조사하기 위하여 개별 가정방문과 면접을 실시하였는데 활동의 주안점은 자원봉사자인 우애방문가들을 활용하여 빈민들의 생활방식을 변화시킬 수 있도록 인격적 감화를 주는데 있었다. 이러한 자선조직협회의 활동은 이후 미국으로 건너가 전문사회사업의 개별사회사업 실천방법으로 발전하게 된다(장인협 외, 2001: 51-52).

③ 인보사업 운동

1880년대 자선조직협회와 이념을 달리하는 인보관 운동은 엘리트 남성 즉 상류계층의 사람들이 직접 도움이 필요한 빈민가에 들어가 함께 생활하면서 그들의 생활상황을 파악하려는 인도주의적 자선활동이었다. 인보관은 산업화로 생성된 빈부간의 거리를 연결하고, 상호간의 불신을 해소하며 한 계층이 다른 계층을 무시하는 것을 줄이고 자선을 행하는 것 이상의 무엇을 하고자 하는 목적으로 설립되었다.

인보관 운동은 토인비 홀이 세워진 이후 19세기 말에는 30여 개가 세워졌으며 1911년에는 46개에 이르렀다. 또한 박애보다는 법규를 더 중요시 여겨 1900년대 초반의 사회개혁에 지대한 영향을 미쳤다.

④ 사회조사: 빈곤의 재발견

1880년대의 찰스 부스(Charles Booth)의 런던 빈민굴 조사와 라운트리(Rowntree)에 의한 영국 요크(York) 시 조사를 대표적으로 들 수 있다. 이들 사회조사에 의해서 빈곤은 개인적 속성에 의해서 결정되는 것이 아니고, 사회적 · 구조적 결함에 의해서 발생하는 것이라는 점이 입증되었다.

한편 이와 같은 사회조사결과는 사회개혁을 위한 효과적인 대책의 필요성을 명확히 하고 보다 나은 사회복지정책이나 계획을 실시하기 위해서 과학적이고 합리적인 사회조사가 먼저 실시되어야 함을 보여주고 있다.

3. 베버리지 보고서: 사회보장제도

영국의 사회정책은 '요람에서 무덤까지'라는 복지국가의 성립을 가져왔고, 웹(Webb) 등의 권고와 노력은 실질적으로 전국민을 궁핍으로부터 해방하였다. 1942년의 베버리지 계획과 1945년에서 1948년까지의 사회보장제도의 전면적 실시에 따라 최저생계비의 보장이 더욱 현실화되어 갔다(중앙사회복지연구회, 1991; 236 재인용).

또한 베버리지 보고서에 의하면 사회보장이란 실업, 질병 및 재해로 인한 소득의 중단, 또는 노령, 은퇴, 결혼 및 사망 등의 예외적 지출의 경우에 대비할 수 있는 일정 소득의 보장을 의미하고 있다. 이와 같이 베버리지 보고서에서는 사회문제를 5대 사회악, 즉 결핍(want), 질병(disease), 나태(idleness), 무지(ignorance), 불결(squalid)로 규정하고 사회보험의 성공을 위한 전제로서 완전고용, 포괄적 보건서비스 및 가족수당의 필요성을 강조하였다.

베버리지 보고서 이후 1944년 사회보장청이 설치되고 그 중요 법제도로 1945년 '가족수당법'(Family Allowance Act), 1946년 '국민보험법'(National Insurance Act)과 '산업재해법'(Industrial Injuries Act) 및 '국민보건서비스법'(National Health Services Act) 등 보고서의 권고사항들이 입법화되었다.

따라서 영국 국민들은 '요람에서 무덤까지'라는 복지국가의 체계를 갖추게 되었으며 각종 사회적 위협으로부터 최소한의 보장을 받을 수 있는 복지국가를 이루게 되었다.

4. 1980년대 신우파와 대처리즘

영국에서는 복지국가체제가 수립된 이후, 세계적 경제호황 속에서 안정적 경제성장이 이루어져 복지국가에 대한 국민적 합의가 유지되었으며, 정치적으로는 보수당과 노동당의 양당 정치하에서 경쟁적으로 사회복지를 확대시켜 사회민주주의의 중도이념에 기초한 복지국가는 지속적으로 발전하였다. 그러나 1970년대 이후 세계 석유파동과 경제침체로 영국 복지국가는 시련을 맞이하였다. 1970년대 후반 이후 경제위기 속에서 복지국가 위기론이 등장하였고, 우파는 효율성의 실패를, 좌파는 평등의 실패를 근거로 복지국가체제를 신랄하게 공격하였다(장인협, 2001; 56).

이러한 상황에서 1979년 집권한 대처정권은 영국의 사회복지역사에 있어서 하나의 전환점을 이루고 있으며, 영국의 정치를 신보주의 방향으로 전환시키는 계기가 되었다. 대처 보수당 정부는 복지 서비스에 대한 국가의 공급책임을 제한하는 것을 정책 목표로 삼았으며, 즉 복지의 민간공급을 장려하고, 국가의 복지개입 범위를 최소화하며, 자원은 선별적으로 활용하되 복지급여는 자산조사를 통해 실시한다고 하였다. 그리고 사회보험의 범위는 가능한 좁힌다는 원칙과 더불어 정부의 재정 규모를 축소한다는 방침을 세웠다.

이러한 점에서 신보주의 정책은 ① 전 국민의 복지에 대한 국가의 책임이라는 원칙을 자조와 개인 책임의 원칙에서 진행시켰으며, ② 베버리지의 보편주의 원칙을 부정하는 선별주의적 원칙으로 선회하였고, ③ 전 국민의 최소한의 생활유지라는 원칙이 열등처우하는 원칙으로 대체되었다. 특히 복지재정 지출을 감소하기 위한 민영화정책이 실시되었다(김영모, 2000; 108-109).

영국은 보수당의 18년간에 걸친 복지국가 개혁이 1997년에는 블레어의 노동당이 집권함으로써 새로운 국면을 맞이하게 되었으나, 노동당은 전통적 사회민주주의 노선을 대폭 수정하여 이른바 '제3의길'이라는 새로운 정책노선을 추구하고 있다. 이러한 정책이 신자유주의와 사회민주주의의 이념적 한계를 극복하고 새로운 복지이념으로 정립될 수 있을지는 앞으로 지켜봐야 할 것이다.

제2절 미국의 사회복지 역사

미국의 빈민정책은 영국 구빈법의 영향을 많이 받았으며 특히 초기 식민지에는 엘리자베스 구빈법을 그대로 적용하였다.

1. 식민지 시대의 구빈원

미국의 초기 식민지시대에는 영국의 관습, 법령 및 제도를 모방하였으며 미국으로 이민 온 최초의 사람은 대부분 영국의 청교도들이고 또 미국의 빈민들은 대부분 영국 구빈원 출신들이었다. 청교도들은 나태를 죄악으로 생각하고 불행과 범죄의 원천으로 간주하였으므로 초기에 미국은 빈곤이 개인적인 나태와 게으름에서 비롯되었다고 보았으며 빈민과 부랑자들을 범죄자로 취급하고 고문을 하거나 감옥에 가두는 등 비인도적인 빈곤정책을 시행해 왔다.

미국은 식민지시대에는 엘리자베스 구빈법이 빈민구제를 위한 기본이 되었으며, 읍마다 빈민을 위한 의식주의 문제를 해결하기 위한 대책을 마련하였다. 빈민구제는 주로 현물을 제공하거나 최저 경매자에게 맡기는 형식이었다(김영모, 1991; 65).

1776년에서 1865년의 미국은 혁명의 시기로 불리며, 미국이 자주독립국가로 출발하여 남북전쟁을 통한 노예 해방과 양당정치제도에 의한 근대 민주정치를 실현하고 산업을 발전시켜 미국의 국제적 지위가 높아진 시기이다. 또한 영국의 식민지인 북부와 중부의 도시에 빈곤자가 증가함에 따라 공공구빈원에 의한 원내구호(in-door relief)가 시행되었으며, 보스턴, 뉴욕, 필라델피아 등에 구빈원이 설치되었고, 1735년에 설립된 뉴욕 시립구빈원은 나태한 방랑자에 대한 징계측면과 근로시설로서의 작업장적 측면을 함께 지는 혼합형 작업장으로 주목을 받았다.

2. 남북전쟁 이후: 민간복지활동

남북전쟁 이후 미국 자본주의는 전면적으로 개화되어 급속한 경제적 성장, 정치적 통일 및 외국과의 평화적 관계를 누리게 되었고, 동시에 간헐적으로 찾아오는 경기침체와 공황도 경험하게 되었다.

또한 자본주의의 근원적 문제인 노동조합의 결성, 최저임금의 요구, 도시빈곤문제 등에 대처해야 했다. 그러나 19세기 후반 미국은 사회진화론의 영향을 받아 사회적 성공과 실패는 개인의 능력과 특성에 의존한다는 것이었다. 따라서 누군가 빈곤하다면 그 빈곤의 책임은 개인에게 있고, 구빈은 종교기관이나 민간기관의 자선활동에 의존하여야 했다.

이는 자유방임주의를 바탕으로 도시의 슬럼지역을 중심으로 인보사업이 발전하기 시작했고, 민간자선단체들이 자선활동을 적극적으로 하게 되었는데 이런 움직임은 민간 자선단체들간의 상호교류와 조정의 필요성으로 자선조직협회가 생겨나고 발전하게 되었다. 자선조식협회는 개별지도사입, 지역사회조직 등 사회사입방빕론으로 지속직 영항을 미지세 되있다(표갑수, 2002; 115).

1877년 미국 최초의 자선조직협회가 버팔로에 설립되었고 자선업무에 관한 우선권을 공적 관리로부터 이양받을 정도로 자선조직운동의 출현을 가져왔다. 미국의 자선조직협회들은 자선단체들 간의 연락, 조정, 빈민 및 빈곤가정의 등록, 모금활동 뿐만 아니라 자원봉사자들의 우애방문을 통하여 빈민의 생활에 대한 태도를 변화시키려 하였으며, '시혜가 아니라 친구를', '고기를 주는 것이 아니라 고기 잡는 방법을 가르치는 데' 치중하였다.

한편 19세기 말무렵 민간 사회복지 분야에서는 자선조직협회운동과 더불어 사회개혁의 가장 대표적인 운동인 인보관 운동이 시작되었다. 런던의 토인비홀을 방문하고 돌아온 잔 애덤스(J. Adams)는 시카고에 헐 하우스(Hull House)를 설립하였고, 탁아소 운영, 지역사회 조직의 개발, 부인 클럽활동 및 아동 클럽활동 등으로 다양한 문화배경을 가진 빈곤지역 주민들이 이러한 활동에 참여할 수 있는 활동 내용으로 이루어졌다. 또한 이러한 활동을 통해 문화적인 다원성을 인식하고 정체감을 가질 수 있도록 도왔다.

20세기 사회복지 분야에서 매우 중요한 계기는 1909년 시작된 이른바 백악관회의(The White House Conferences)이다. 이 회의는 사회봉사 및 사회정책의 지방적 노력 대신 전국적 정책의 필요성을 인정하고 단편적 주입법이 아동복지 분야에서 나타나게 한 것이다. 1909년 백악관회의는 전국아동노동위원회, 전국소비자연맹 그리고 켈로그(Kellogg), 데빈(Devine)과 같은 사회사업가들의 제안에 따라 루즈벨트(Roosevelt) 대통령이 전국적 수준에서 아동복지의 지도적 인사들을 피부양 아동보호에 관한 백악관회의에 초대하였다.

이 회의는 아동은 가난의 이유로 가족과 떨어져서는 안 되고, 떨어져야 하는 정상아동은 아동시설보다도 오히려 양연 가정에 입양되어야 한다는 선언을 채택하였다. 만약 특수한 이유로 아동이 고아원이나 다른 아동시설에 들어간다면 이것은 큰 기숙사 대신 소규모의 가옥제도(cottage)의 보호를 받아야 하며 아동기관은 그 사업을 할 수 있는 자격이 있어야 하고 주 정부에 의하여 감독을 받아야 한다는 것이다.

이 회의의 중요성은 첫째, 주가 미망인과 버림받은 부녀자로 하여금 아동보호를 할 수 있게 모성연금법을 제정하고, 둘째, 연방정부가 연방아동기관을 설립해야 한다는 것이다(김영모, 2000; 115-116 재인용).

1912년 의회에 의하여 아동국이 설립되고 1969년 이래 아동국은 보건, 교육 및 복지성의 아동개발국으로 바뀌게 되었다. 전국적인 민간조직의 설립으로는 1920년에 미국아동복지연맹이 조직되고, 1930년 제3차 백악관회의에서 '아동헌장'이 발표되었다. 1940년 백악관회의는 유럽의 전쟁기에, 1950년 백악관회의는 한국 전쟁기에 개최되었다. 1960년 제6차 백악관회의는 세계 속의 아동 및 청소년의 연구가 주제가 되었고, 1970년 백악관회의는 청소년회의가 분리되었다. 이와 같이 매 10년마다 개최되는 이 회의는 사회복지 분야에 많은 영향을 주고 있다.

또한 이 시기의 미국에서는 전문사회복지사업이 발달하기 시작하였으며, 무엇보다도 미국 사회복지의 역사를 근원적으로 바꾸어 놓은 역사적 사건은 1929년 증권시장의 붕괴로부터 시작된 대공황이었다.

3. 경제공황과 뉴딜정책

제1차 세계대전 이후 전반적인 경제 불황이 지속되면서 마침내 1929년 미국은 경제대공황을 맞이하게 된다. 미국의 경제 대공황은 산업사회에서 국가가 시민의 경제생활과 복지에 개입하지 않으면 안 되는 필요성을 인식하는 전환점이 되었으며, 다시 말해서 경제공황은 미국이 국가책임에 의한 사회복지제도를 출발시키는 계기가 되었다.

미국의 경제적 절망시기였던 1933년에 대통령에 당선된 루즈벨트는 부흥구제 및 개혁을 골자로 하는 뉴딜(New Deal)정책을 경제위기 극복의 수단으로 시행하였다. 뉴딜정책은 국민 경제제도에 있어서 새로운 신뢰와 균형을 재건할 수 있도록 하였다.

1935년 3월 정부는 다시 사업촉진국을 설치하여 홉킨스(Hopkins)의 지도로 공공취로사업을 전개하여 실업자들에게 적당한 일자리를 제공하였다. 대표적인 사업으로는 무직청소년을 위한 취업사업과 경제보장위원회를 통해서 세계 최초로 법으로 제정된 '사회보장법'(Social Security Act)이 제정되었다.

사회보장법은 사회보험, 공공부조, 보건 및 복지서비스 등 세 가지 프로그램으로 구성되어 있는데 첫째, 사회보험(Social Insurance)으로 연방노령보험체계와 연방과 주가 함께 하는 실업보상제이다. 둘째, 공공부조

(Public Assis tance)로서 노령부조, 요보호 맹인부조, 요보호 아동부조 등을 포함하는 3개 집단을 위한 연방의 지원을 받는 제도이며, 셋째, 보건 및 복지 서비스 프로그램으로서 모자보건 서비스, 절름발이 아동을 위한 서비스, 아동복지 서비스, 직업재활 및 공중보건 서비스 등이 제정되었다. 이것은 1943년 직업재활법과 1944년 공중보건서비스법의 기반이 되었으며, 이와 같이 뉴딜정책은 공황기 미국경제를 부흥시키게 되었고 사회개혁 프로그램을 실시하는 계기가 되었다.

한편 1964년 존슨 대통령은 '경제활동기회법'을 마련하여 빈곤과의 전쟁(War on Poverty)이라는 것을 실시하였고, 이 빈곤전쟁은 국민총생산의 1%를 투자하여 직장조성(60%), 지역사회행동(33%), 자원봉사활동, 새로운 기회의 제공 등 5가지 기회를 마련하기 위한 대책이었다. 1965년 사회보장법의 개정은 노령 및 유족보험과 실업보상을 받는 사람을 증가시켰으며, 노령건강보험사업의 조성과 폐질수당의 급여가 7%까지 증가되었다.

미국의 사회보장제도의 특징을 살펴보면 다음과 같다.

첫째, 연방정부가 직접 관리 운영하는 노령유족폐질보험(OASDI)

둘째, 각주가 운영하는 실업보상제도에 대한 연방보조금제도

셋째, 각주가 운영하는 각종의 공적 부조 및 복지사업에 대한 연방보조금제도를 특징으로 하고 있다.

이상에서 경제 대공황과 뉴딜정책은 사회사업가 및 사회사업 전문직에 커다란 영향을 미친 것을 알 수 있다. 무엇보다 공공 사회복지 서비스 분야, 특히 여성에게 많은 직장이 새롭게 생겨났고 사회사업가의 수가 10년간에 약 두 배로 증가하였으며, 사회사업교육기관이 급격히 팽창하였다. 어떤 의미에서 사회사업은 경제공황과 뉴딜정책으로 인하여 미국인의 삶속에서 전례 없이 중요한 위치를 차지하게 되었다(이영철 외, 2002: 60).

4. 신연방주의와 복지개혁

미국의 1950년대와 1960년대는 세계경제의 호황 속에서 지속적 경제성장이 이루어져 '풍요한 사회'를 이룩하였다. 케네디(Kennedy)대통령 이후 존슨(Johnson)대통령은 '위대한 사회'를 건설하기 위하여 소위 '빈곤정책'을 강구하였고, 1970년대 닉슨(Nixon)대통령이 이를 폐지하였다. 그 대신 빈민을 위한 보충보장소득(Supplemental Security Income) 프로그램의 도입과 노인사회 서비스 프로그램을 개발하는 법령이 제정되었다.

이 당시의 사회복지정책의 특징은 첫째, 베트남전쟁이나 세계 석유 파동으로 인한 경제침체로 실업과 빈곤대책을 강구하기 위한 많은 정책들이 나왔으며, 둘째, 흑인의 민권운동, 반전운동, 학생운동, 복지권시위 등 시민의 권익옹호 운동이 대두되어 사회복지도 사회개혁과 권익옹호 프로그램에 관심을 갖고 이를 발전시켜 나갔다. 셋째, 연방정부는 사회복지에 관한 많은 법령을 새로 재정하거나 개정하였고 관대한 복지정책을 펴나갔다는 점을 사회복지 정책의 특징이라 할 수 있다.

1980년대에는 1960년대의 자유주의적 사상이 보수적인 정치사상에 의하여 더욱 변화되었다. 이러한 사상은 정부의 복지비용을 최소화하며, 연방정부는 복지정책과 프로그램에 있어서 그 역할을 최소화한다. 또한 절실한 욕구 결핍자만이 복지 부조를 받아야 하며, 복지 부조는 가능한 한 장기간보다는 단기간 제공되어야 한다는 것이다.

그리하여 레이건 대통령은 최소정부를 지향하면서 사회보장의 주요한 재원인 소득세와 법인세 등을 감소시켰으며, 그 결과 그것의 급여혜택을 받는 중산층 이하, 특히 빈민들의 복지를 저하시켰다. 실제로 레이건 대통령 시절의 복지비는 카터 대통령 시절에 비하여 그 절대액은 감소하지 않았지만 전임 대통령의 요구액에 비하여 적었던 것이다. 이와 같이 연방정부의 복지기능을 축소화시키면서 기업인의 이익을 증대시킨 정책을 신연방주의(New Federalism)라고 한다.

한편 미국에서 가장 중요한 공적 부조인 가족부조(AFDC)가 폐지되고 가족지원법(Family Support Act)이 제정되었으며, 또 이것이 부적절하여 1997년 가족부조(AFDC)는 없어지고 요보호가족에 대한 일시부조로 대치되었다. 미국의 가족지원 프로그램 기본원리는 의존성에서 자기충족성을 강화하려는 복지보다 노동연계복지를 추구하였으며, 이는 철저한 신자유주의 복지정책이라 할 수 있다.

제 3 절 한국의 복지제도

우리나라의 사회복지 발달은 그 역사가 오래되지 않아 체계화시키는 것이 쉬운 것은 아니나 단일민족으로서 강한 공동체의 의식을 가진 우리 고유의 민족성에 기인한다고 볼 수 있다.

1. 전통사회의 구빈제도

우리나라에서의 사회복지적 사상의 근원은 고대, 삼국시대, 고려시대, 조선시대에 이르는 약 2000년간의 왕가의 인정(仁政)에 의한 민생구휼에서 찾아볼 수 있으며, 민간차원에서 행해진 두레, 품앗이, 향약, 계 등의 상부상조활동도 사회복지의 전사(前史)호서 의의를 지니는 활동이라 할 수 있다(표갑수, 2002; 122).

우리나라는 구황제도가 가장 오래된 사회복지제도이며, 구빈제도는 국가정책으로 실시하였지만 부락 단위의 자치제도도 매우 발달하였다. 최근까지도 매우 발달한 구빈제도와 자조적인 계조직은 수재민을 구호하기 위한 제도였으며, 자조사업으로서 혈연, 지연의 조직적 노력은 매우 발달하였다.

구빈정책은 삼국시대에서부터 성행하였으며, 농민을 그 대상으로 하였기 때문에 농민에 대한 구제, 즉 구황(救荒)제도가 사회정책의 중심이 되었다. 우리나라의 구빈정책은 통일신라시대 이전의 씨족 또는 부족공동체의 상부상조제도가 강력히 존재하고 있었으며, 이러한 구빈사업의 중심은 해마다 발생하는 많은 수재(水災)와 한재(旱災) 등으로 생긴 재민구호사업이다. 그 밖에도 이창(里倉), 의창(義倉), 상평창(常平倉), 교제창(交濟倉), 제민창(濟民倉) 등 부족사회의 지역공동체마다 창을 두어, 구제뿐만 아니라 군량을 확보하는 전통을 비롯하여 이것은 고려와 조선시대의 구빈정책의 기본이 되었고, 또한 변형형태가 존재하였다.

이 시대의 궁민(窮民), 재민(災民)을 구제하기 위한 기관으로 제위보(濟危寶), 구제도감(救濟都監), 동서대비원(東西大悲院), 혜민국(惠民局) 등이 있다.

제위보는 최초로 설치된 구제기관으로서 빈민구제사업과 이재민 구제사업의 최일선 기관이며, 일정한 재화를 원금으로 설정하여 그것을 대부활용하여 거기에서 생기는 이익으로 기관을 운용하고 구제사업도 실시한 것이다. 또한 구제도감은 중앙에 설치된 규율행정을 총괄, 관장하는 기관으로서 뒤에 진제도감(賑濟都監)으로 명칭이 변경되었고, 곡물을 비롯한 각종 생활필수품을 구비하여 굶주리는 궁민들을 구제하고 병약자를 보호하고자 하였다.

동서대비원과 혜민국은 의료구제기관으로서 궁민에게 약품과 의복을 제공하고 병약자를 치료해 주었으며, 특히 훈련을 받는 승려를 내부분 두어 자선사업을 수행하도록 하였다.

고려시대 구제활동의 특징은 불교도의 구제활동으로 유아, 기아, 빈민아를 사원에서 수용, 양육하여 승려나 사역승으로 양성하는 일이 성행하였고, 이외에도 행려자시식소(行旅者施食所)를 설치 운영하였는데 이것은 우리나라의 최초의 민간봉사활동으로 나타났다.

고려시대의 구빈사업은 주로 불교의 자비사상의 배경이었으나 조선시대는 유교의 자혜사상을 바탕으로 제도 및 내용면에서 고려시대보다 더욱 활발하게 진행되었다.

조선시대의 구제제도는 관가에서 곡물을 비축하여 춘궁기에 백성들에게 대부하였다가 다음 해에 환납하게 하는 제도로서 환곡(還穀)이 있었으며 이 제도는 원칙적으로 나눠주는 곡물과 남겨 두는 곡물을 구분하였는데, 비축하는 부분은 수해, 재난 등에 대비하기 위한 것이고 나눠주는 곡물은 주로 궁민의 생활을 구휼하기 위한 것이다. 또한 비황(備荒)을 위한 제도로서 의창, 상평창이 있으며, 이 외의 제도로서 자휼전칙(字恤典則)이라고 부르는 유기 및 부랑걸식 아동보호법령이 공포되어 수용 보호사업이 시작되었다. 그리고 혜빈국은 서민과 궁민에게 질병을 치료해 주고 건강을 보살펴 주는 기구이며, 기도소는 70세 이상의 노인들을 입사시켜 노후를 즐겁고 보람되게 보내도록 하였다.

이상과 같은 국가기관의 구휼사업 외에 조선시대에는 계, 두레, 향약 등의 민간조직의 활동들을 찾아볼 수 있다. 계(契)의 조직과 활동인데 계는 성원간의 경제적 이익을 조모하기 위해 조직된 군포계(軍布契), 공장계(貢匠契), 공인계(貢人契) 등이 있고, 경제적 이해관계 외에 특정한 비경제적 협력을 달성하기 위해 조직된 혼상계(婚喪契), 화수계(花樹契) 등이 있다. 계는 성원간의 상호부조 활동으로서 서구의 길드(guild) 공동체가 성원의 전 생활을 서로 보호하는 종적 상호보조의 기능인데 반해 조선시대의 계는 생활의 특정분야에 한정된 상호부족적 조직이라고 할 수 있다. 또한 두레는 농민공동체의 조직으로서 농촌사회의 상호협력, 상호친목의 협동체로서 발달하였으며, 향약(鄕約)은 주민의 교화의 목적을 달성하기 위해 자치적으로 정한 규약인데, 향약의 4대 실천덕목은 인보사업과 공통점을 가지고 있다.

근대적 사회복지사업이 시작된 조선 말기에 동학혁명과 갑오개혁에 나타난 인도주의적 개화사상과 천주교와 기독교를 중심으로 한 자선사상 및 실학사상의 영향으로 서구의 복지사상과 시설이 발달하게 되었다.

한편 일제시대의 사회정책은 온정주의 구빈행정의 특징을 강하게 지니고 있으며, 민생문제를 해결하기 위한 근대적인 사회사업으로는 볼 수 없다. 우리나라에서 사회복지와 관련하여 사회사업(social work)이라는 새로운 용어가 1921년 처음 공식적으로 등장하게 되었으며, 이 때부터 관계자 간에 '사회사업연구회'가 조직되었다. 이렇게 등장한 근대적 사회사업은 1944년 3월 1일 '조선구호령'이 공포, 실시됨으로써 본격화되었으며, 그 주된 내용은 65세 이상의 노약자, 13세 이하의 유아, 임산부, 불구, 폐질, 질병 기타 정신 또는 신체의 장애에 의하여 노동할 수 없는 경우 생활부조, 의료부조를 하는 것이었다.

2. 광복 후 미군정과 외원사업

1945년 광복 후 약 3년간에 걸쳐 미군정이 실시되었으며, 1950년 6·25 전쟁으로 인해 우리나라는 큰 혼란기에 빠져 국민의 절대다수가 빈곤에 처하게 되고 경제적으로 매우 어려운 상황으로 전쟁고아 등을 위한 재민 구호사업을 실시하였다. 1957년 보호시설이 622개, 이 중에서 육아원이 423개로 가장 많고 그 다음으로 모자원 64개와 영아원이 32개이며 나머지는 신체장애인시설 28개와 탁아소 7개 시설이 있다. 이러한 시설에 약 5만 명이 수용·보호되어 있었다. 당시에는 국가 예산이 없어서 요보호자에 대한 대책이 거의 없었다(김영모, 2000; 152-153).

1963년 말에는 외국 민간원조단체에 관한 법률이 제정되어 외원에 의한 보건, 교육, 생활보호, 재해보호, 그리고 지역사회 개발 등의 사회복지 사업이 행하여졌으며, 이러한 복지사업은 1970년을 고비로 주도적 역할을 해오던 것을 점차 감소·철수하기 시작하였다. 1981년 외원단체는 모두 81개이고(미국 46개, 나머지는 독일, 이탈리아, 영국, 스위스가 4~7개, 나머지 1~2개), 이들이 행하는 주요 사업은 구호사업(20개), 보건 및 구호사업(20개), 보건사업(11개), 교육사업(8개), 보건 및 교육사업(6개), 구호 및 지역 개발(5개), 교육 및 문화사업(3개), 지역 개발(2개)이다. 이러한 사업 중 시설아동과 미망인 자녀를 도와준 것은 구호 및 보건사업이다.

외원단체는 기독교(41개)와 천주교(26개)의 배경으로 자선적 성격이 매우 강하며 기독교 문화를 전파시키는 데 기여를 하였다. 외원기관 중 비교적 큰 사업은 기독교 아동복리회(CCF), 양친회(FPP), 기독교 세계봉사회(KSCW) 등으로 시설보호와 거택 보호 사업을 실시하면서 고아와 미망인 및 그 자녀를 간접적으로 지원한 단체들이다. 한편 컴페숀(Compassion), 선명회(World Vision), 스웨덴 아동구호재단, 가톨릭 구제회, 캐나다 유니태리안 봉사회, 케어(CARE) 등의 외원단체들은 본국에서 후원자를 모집하여 한국에 있는 대상아동과 결연관계를 맺어 지원사업을 하였다. 이러한 점들을 보았을 때 외원단체는 우리나라의 사회사업에 커다란 영향력을 가져다 준 것이라 볼 수 있다.

이 시기에 우리나라는 경제성장과 더불어 외원단체가 점차 철수되면서 사회복지사업 분야는 정부의 사회복지 예산이 충족되지 못한 상태에서 커다란 위험에 직면하게 되었으나, 이를 사회복지사업의 자주화를 촉진시키는 계기가 되고 시설 보호 사업은 정부의 최저지원으로 그대로 지속되고 외원 아동 결연사업은 1970년 이후 국내 결연사업으로 전환되었다. 또한 1947년데 우리나라 최초로 이화여대에 기독교사회사업학과가 설치되었고 그 후 중앙신학교(현 강남대학교), 서울대, 중앙대 등에 사회사업학과가 설치되었다.

3. 제3공화국 이후와 사회복지

제3공화국 시기는 경제적으로는 수출주도형 공업화정책이 추진되면서 경제개발계획이 국가정책의 핵심으로 대두되었으며, 사회복지분야에 대한 개발도 점차 확대되면서 한국의 현행 복지체계가 수립되기 시작하였다.

1960년대 사회보험과 공공부조, 사회복지서비스의 제도적 기반을 구축하기 시작하였으나, 각종 입법의 취지대로 건강하고 문화적인 수준의 보호에는 이르지 못했으며 사회복지정책은 자활지도 위주로 이루어졌고 시설 보호 사업은 외국의 민간원조기관의 후원 아래 유지되고 있었다.

1970년대 1월에 사회복지사업법이 제정되었고 1973년 국민복지연금법과 사립학교교원연금법 제정, 그리고 1976년 의료보험법의 개정, 1981년의 노인복지법과 심신장애자복지법 제정, 1989년 모자복지법이 제정되었다.

1990년대 사회복지사업은 1988년 전 국민 연금시대의 개막을 가장 큰 특징으로 볼 수 있으며, 의료보험이 국민건강보험제도로 개정되고 생활보호법이 폐지되면서 수혜의 권리성을 강조하는 국민기초생활보장제도의 도입 또한 특징이라 할 수 있다. 1990년 장애인 고용 문제의 심각성을 인식한 장애인고용촉진 등에 관한 법률 제정, 1991년 영유아보육법의 제정, 재가복지 봉사센터 설치, 1992년 고령자 고용촉진법 제정, 사회복지관 설치 및 규정의 개정, 1992년의 사회복지사업법이 개정되었다.

1997년 외환위기(IMF)로 인하여 한국 경제는 위기에 처해졌으며, 김대중 정부는 '생산적 복지'를 제안하였으며 이것은 공정한 시장질서 확립을 통한 분배, 국가에 의한 재분배적 복지, 자활을 위한 사회적 투자 등을 말하며(대통령비서실 삶의 질 향상기획단, 1999 재인용), 이는 특히 사회복지를 통해 사회적 약자를 포함한 모든 국민의 사회적 시민권 추구, 사회적 투자전략으로서 복지인프라 확충 등은 기존 복지국가의 주요한 사회정책 내용을 담고 있다(김상균 외, 2001: 205-207). 또한 1998년 사회복지공동모금제도의 도입은 이 시기의 사회복지의 주요 업적이라 할 수 있다.

한편 노무현 정부는 사회복지 공급주체로서 국가의 역할을 강조하고 복지의 주요 대상을 사회적 취약계층에 한정시킨 것이 아니라 전 국민으로 설정하고 있다는 것이 특징이며, 복지정책의 결정, 분배 전달에 있어 참여를 통해 국가복지의 단점이었던 권위성이나 경직성, 관료주의 등을 개선하려는 전 국민의 복지증진을 위한 보편주의적 의지를 가지고 있었다(전장근, 2007: 49).

앞으로 우리나라는 사회복지의 최대 목표인 모든 국민의 삶의 질 향상을 위해 정부는 사회복지 정책을 최우선으로 실시해야 하며, 모든 국민이 최저 생활을 할 수 있도록 사회복지사회를 만들어가는 데 더욱 더 힘을 기울여야 할 것이다.

참고문헌

김영모(2000). 『사회복지학』, 서울: 고헌출판.
김영모 외(1991). 『청소년정책연구』, 서울: 한국복지정책연구소 출판부.
김상균 외(2004). 『사회복지개론』, 서울: 나남출판.
장인협 외(2001). 『사회복지학』, 서울: 서울대학교 출판부.
전장근(2007). 『사회복지개론』, 서울: 한국학술정보.
중앙사회복지연구회(1991). 『사회사업의 기본문제』, 서울: 이론과 실천.
이영철 외(2002). 『사회복지학』, 경기: 양서원.
표갑수(2002). 『사회복지개론』, 서울: 나남출판.

제2부

사회복지 방법

4
chapter

사회복지실천의 이해

제 1 절 사회복지 실천의 개념

사회복지는 한마디로 인간의 행복을 추구하는 사회적인 노력이라 할 수 있으며, 사회복지의 목적은 사회문제, 욕구를 해결하고, 예방하며 나아가 사회적 기능을 향상시키는 것이라 할 것이다. 이러한 사회복지를 이루기 위해서는 다양한 사회복지적 접근방법이 필요로 하며, 이러한 것을 사회복지실천이라 할 것이다.

따라서 사회복지실천은 매우 다양하고 복잡하기 때문에 한마디로 정의하기는 어렵다. 사회복지실천과 관련한 가장 고전적인 정의는 개별사회사업의 근간을 마련한 메리 리치몬드(1922)에 의하여 정의된 개별실천에 대한 것이라 할 수 있다.

그는 『개별실천이란 무엇인가』라는 책을 통해서 리치몬드는 "개개인, 그리고 인간과 그 사회 환경 사이에서 의식적인 조정을 통해 인격발달을 이루어가는 과정"이라고 정의하였으며, 전미사회복지사협회(NASW, 1973)는 "개인, 집단, 또는 지역사회가 사회기능(social functioning)을 향상시킬 수 있는 자신들의 능력을 회복하거나 증진시키고, 자신들의 목표달성을 위한 사회조건을 창조하도록 돕는 전문적인 활동"이라고 정의하였다(엄명용 외, 2004; 24).

1980년대에는 생태체계관점, 1990년대에는 클라이언트의 역량강화, 권한부여 관점을 도입하면서 좀더 체계적이고 포괄적으로 개념을 명료화하였다. 1994년 미국사회복지교육협의회(CSWE)는 사회복지실천을 "인간의 삶의 질을 향상시키고 빈곤과 억압을 감소시키기 위해 공적인 영역과 사적인 영역에서 권한을 위임받아 다양한 분야에서 사회서비스를 제공하는 것"으로 정의하였다. 현재 사회복지실천과 관련한 정의로는 삶의 질 향상을 목적으로 사회복지실천의 전문성을 강조하는 이 정의가 가장 보편적으로 인용하고 있다

즉 사회복지실천은 사회복지사가 클라이언트의 문제와 욕구를 해결하여 위하여 제공되는 다양한 서비스를 이르는 것이라 할 수 있다.

미국사회복지교육협의회에서 제시한 사회복지실천에 관한 목적과 기능을 살펴보면 다음과 같다.

사회복지실천의 목적을 네 가지로 제시하였고 그 내용은 다음과 같다.

① 개인, 가족, 집단, 조직, 지역사회가 각자 목적을 달성하고 자신의 고통을 완화하며 자원을 활용할 수 있도록 돕는다. 이를 통해 사회기능을 촉진, 회복, 유지, 향상시킨다.

② 인간의 기본 욕구를 충족하고 잠재능력과 가능성을 개발하도록 돕는데 필요한 사회정책, 서비스, 자원 그리고 프로그램을 계획, 공식화, 시행한다.

③ 어려움에 처한 집단에게 힘을 실어주고, 사회적·경제적 정의를 실현할 것을 목적으로 조직, 행정적 옹호, 사회정치적 운동을 한다. 또한 이를 통해 정책 서비스 자원, 프로그램을 추구한다.

④ 이러한 목적과 관련하여 모든 전문적인 지식과 기술을 개발하고 시험한다.

다음으로 사회복지실천의 기능을 살펴보면 여섯 가지로 기능을 세분화

하여 제시하였다.

① 자신감을 고양하고 문제해결과 대처능력을 향상시키도록 돕는다.

② 자원을 취득하도록 돕는다.

③ 조직이 사람에게 반응하도록 돕는다.

④ 개인과 환경 내의 사람, 조직과 상호관계를 하도록 촉진한다.

⑤ 조직과 제도 간의 상호관계에 영향력을 행사한다.

⑥ 사회정책과 사회환경에 영향을 미친다(이경남 외, 2008; 18-21).

사회복지실천은 사회의 다양성과 변화에 맞추어 포괄적이고 보완되어 나가야 할 것으로 본다.

제 2 절 사회복지실천의 사회복지사 역할

사회복지실천의 기능과 관련하여 사회복지사의 역할은 매우 중요한 것이라 할 것이다. 왜냐하면 사회복지사의 역할 수행 정도에 따라 문제해결과 관련하여 많은 영향력이 미치는 것이기 때문이다.

사회복지사가 사회복지실천에서 다양한 역할을 수행할 것이 요구되는 것이다. 사회복지사의 역할과 관련하여 B. 셰퍼 · C. 호레이시 · G. 호레이시의 『사회복지실천의 기법과 지침』에서 사회복지사의 역할에 대하여 다음과 같이 제시하였다(사회복지실천 기법과 지침, B. 세퍼 · C. 호레이시, G. 호레이시, 1999; 90-101).

① 중개인 : 클라이언트를 적절한 인간서비스와 자원을 연결한다.

② 옹호자 : 클라이언트가 자원과 서비스를 받을 권리를 유지하도록 돕거나 클라이언트나 클라이언트 집단에게 부정적 효과를 주는 프로그램과 정책을 변화시키는 운동을 적극적으로 지지한다.

③ 교사 : 클라이언트가 문제를 예방하거나 사회적 기능을 향상시키는

데 필요한 지식과 기술을 갖추도록 준비한다.

④ 상담가 혹은 임상가 : 클라이언트가 자신의 감정을 보다 잘 이해하고, 행동을 수정하며, 문제상황에 대처하기 위해 학습하도록 도움으로써 그들의 사회적 기능수행 능력을 향상시키도록 돕는다.

⑤ 사례관리자 : 클라이언트를 적합한 서비스에 연결하고 그런 서비스를 활용하도록 조정하는 과정에서 개인과 가족에게 서비스를 지속적으로 제공하는 것이다.

⑥ 업무량관리자 : 클라이언트에게 가장 효율적으로 서비스를 제공하고, 고용된 조직에 책임을 지기 위해 업무량을 관리한다.

⑦ 직원개발자 : 훈련, 수퍼비전, 인사관리를 통해 기관 전문적 개발을 촉진시킨다.

⑧ 행정가 : 인간서비스 조직에서 정책 · 서비스 · 프로그램을 계획하고, 개발하며, 수행한다.

⑨ 사회변화대행자 : 지역사회 프로그램과 삶의 질을 향상시키는 영역을 확인하고, 변화나 새로운 자원 획득을 옹호하기 위해 이익집단을 동원하는데 참여한다.

⑩ 전문가 : 유능하고 윤리적인 사회복지실천에 참여하고 사회복지 전문직의 발전에 기여한다.

사회복지사에 의해 수행되는 실천 역할의 범위는 넓고 다양하다. 효과적인 사회복지사는 대부분 이런 역할과 관련하여 능숙하여야 하며, 모든 영역에서 자신의 능력을 발휘할 수 있도록 지속적인 노력으로 확대해 나가야 할 책임이 있는 것이다.

제 3 절 사회복지 실천의 과정

사회복지실천은 클라이언트와 사회복지사의 관계형성에서 시작되며, 이러한 관계형성은 클라이언트의 계획된 변화를 전제로 한다고 할 수 있다.

계획된 변화는 상황을 변경하거나 예기된 혹은 일상의 과정을 바꾸려는 의도된 행동을 말하며, 정확히 표현한다면 과정, 즉 구체적인 목표를 향한 계획된 일련의 행동이라고 말할 수 있다.

사회복지 실천과정이란 사회복지사가 클라이언트와 클라이언트를 둘러싼 다양한 환경내의 체계들을 변화시키기 위하여 사회복지사로서의 전문적 가치와 지식, 기술에 기초하여 개입하는 과정이라 할 수 있다(류종훈, 2006; 163).

즉 클라이언트의 문제나 욕구를 해결하고 사회적 기능을 향상시켜 사회구성원으로 만족된 삶을 살아가도록 하는 것이라 할 때 클라이언트의 계획된 변화는 사회복지실천과 관련한 과정을 가지게 되며 그 실천 과정은 사회복지사의 의도적 개입으로 가능하다고 할 것이다.

사회복지의 실천과정은 학자 간에 다소 차이를 보이지만 사회복지사가 클라이언트와 협력하여 일반적으로 다음과 같은 사항을 과정에서 실행하게 된다(B. 세퍼 · C. 호레이시, G 호레이시, 1999; 170-172).

- 클라이언트의 문제, 어려운 상황, 관심사를 분명히 하고 정의한다.
- 문제나 상황을 조사하고 자료를 수집한다.
- 문제를 사정한다.
- 변화의 목적과 목표를 설정한다.
- 진행방법에 대한 계획을 세운다.
- 계획에 기초하여 조처를 취한다(개입).
- 개입이 바람직한 목적과 목표를 달성하고 있는지를 결정하고 과정을

점검하며 필요하다면 계획을 수정하고 다시 시도한다.

- 목적과 목표를 달성하였다면 개입을 종결하고 앞으로의 실천 활동에 도움이 될 수 있도록 과정을 평가한다.

이 장에서는 사회복지실천과정을 관계형성, 자료수집 및 사정, 계획, 개입, 평가 및 종결의 5단계로 분류하여 살펴본 후 기록에 대하여 알아보고자 한다.

1. 관계형성

관계형성단계는 접수단계(intake)라고도 하나 최근에는 사회복지실천은 사회복지사와 클라이언트의 관계가 형성됨으로써 실천으로 연결되어지며 이러한 관계형성이 계획된 변화과정을 가지게 하는 초석이 된다는 시각에서 관계형성단계라고 한다.

일반적으로 관계형성단계는 클라이언트의 욕구가 무엇인지, 그 욕구를 기관에서 충족시킬 수 있는지의 여부와 기관에서 클라이언트의 욕구가 충족될 수 없다면 클라이언트를 타 기관에 의뢰하는 과정이 이루어지게 된다. 따라서 클라이언트를 타 기관에 의뢰하게 될 경우에 관계형성을 종결이라는 과정에 이르게 되는 것이고 클라이언트에게 적절할 서비스가 진행될 수 있다면 관계형성을 통하여 전문적 원조관계가 성립되게 되는 것이라 할 것이다.

관계형성단계에서 주요 활동내용 살펴보면 다음 그림과 같다.

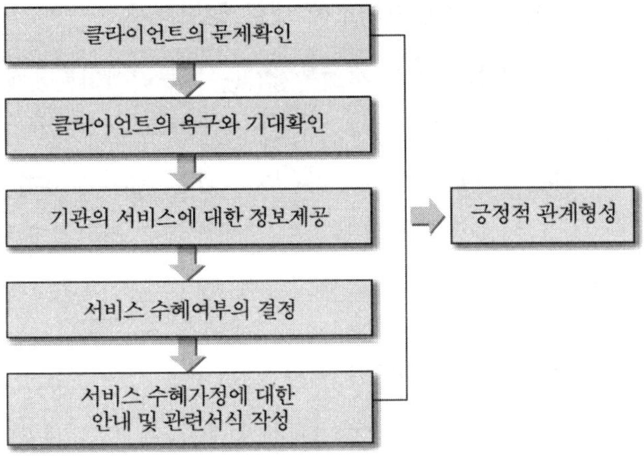

출처: 도광조, 2005: 158.

〈그림 4-1〉 접수 및 관계형성

1) 클라이언트와의 긍정적 관계형성

클라이언트와 첫 만남에서 사회복지사는 클라이언트에게 자신의 문제를 충분히 내놓을 수 있도록 편안하고 지지적인 환경을 제공할 수 있어야 한다.

또한 첫 만남에서 클라이언트가 비교적 솔직하게, 자신의 감정과 문제에 대하여 표현할 수 있다면 실천과정은 순조롭게 진행될 것이나 클라이언트는 사회복지사에게 두려움이나 양가감정(모순감정)과 같은 저항을 표출할 수 있다. 따라서 사회복지사는 클라이언트에게 격려, 지지 등을 통하여 클라이언트의 저항을 다룰 수 있어야 한다.

2) 클라이언트의 문제 확인 및 욕구와 기대 확인

초기과정에서 클라이언트의 문제에 대한 욕구와 기대 클라이언트가 사회복지기관이나 사회복지사에게 가지는 기대를 확인하는 것은 매우 중요하다. 왜냐하면 이는 클라이언트에 대한 개입과정에서 목표설정과 관련이 되며, 목표설정은 클라이언트의 문제를 해결하는데 중요한 방향성을 제시해 주기 때문이다.

3) 기관에 대한 서비스에 대한 정보제공

사회복지사는 소속 사회복지기관이 클라이언트에게 어떤 서비스가 주어질 것인가를 정확하게 설명하여 클라이언트가 서비스를 선택할 수 있는 기회를 제공하여 스스로 자기결정을 통해 문제해결 노력을 할 수 있는 능력을 배양하며, 또한 클라이언트에게 비현실적인 기대를 가지지 않도록 하기 위함이다.

4) 서비스 수혜여부의 결정

클라이언트가 서비스에 대한 충분한 정보를 제공받은 후에 서비스에 대한 수혜여부를 최종적으로 결정짓는 것은 클라이언트이다. 사회복지현장에서는 실제로 사회복지사가 전문가적 고집, 전문성, 실천적 경험에 기반을 두어 일방적으로 서비스 여부와 종류를 결정하기도 한다. 사회복지사는 클라이언트의 자발적인 결정을 존중해야 할 것이며 클라이언트 스스로 결정할 수 있는 권한을 가지고 있음을 인식하여야 할 것이다.

5) 서비스 수혜 과정에 대한 오리엔테이션

클라이언트의 서비스 수혜에 대한 결정이 이루어진 후에는 서비스 수혜과정과 절차에 대한 규칙과 조건을 설명해 주어야 하다. 즉 서비스 수혜에 대한 클라이언트의 수행역할과 사회복지사의 역할에 대하여 설명해 주어야 한다. 다음으로 서비스 수혜에 대한 관련서식을 작성하는 것으로 접수과정을 마무리하게 된다. 사회복지기관에서는 초기면담기록지를 사용하고 있으며 초기면담기록지에는 클라이언트와 관련된 기본정보와 주요문제, 가족관계, 오게 된 경위, 이전의 서비스 수혜여부 및 종류 등이 포함된다.

2. 자료수집 및 사정단계

관계형성 단계에서 접수가 이루어진 후에는 사회복지사는 클라이언트의 문제 및 욕구를 확인하기 위하여 다양한 출처의 자료를 수집하고, 수집된 자료를 근거로 문제나 욕구를 명확히 하려는 사정 과정을 가지게 된다.

자료수집과 사정은 사회복지사와 클라이언트는 클라이언트의 욕구, 기대, 문제 등을 확인하고 이해하는 과정으로 자료수집과 사정은 동시에 이루어지는 것으로 명확히 구분하는 데 어려움이 있다.

1) 자료수집과 사정의 개념

자료수집은 클라이언트의 문제를 파악하기 위하여 이해하고 분석하고 해결하는 데 필요한 자료를 수집하는 것을 말한다. 자료수집에는 클라이언트의 문제나 욕구를 파악하기 위한 부분과 더불어 클라이언트의 잠재적 역량 즉 자신의 문제나 욕구를 해결할 수 있는 힘, 능력을 파악하는 것 등도 사회복지실천의 중요한 부분으로 인식되고 있다.

사정(assessment)은 개입을 위한 목표를 설정하는 데 있어서 핵심적인 과정이며, 사정은 자료수집을 통하여 가능하게 되는 것이라 할 것이다.

사정은 수집된 자료들을 해석하고, 평가(주관적 의미를 부여)함으로써 최종적으로 문제를 규명하고, 문제의 인과적 관계를 확인하는 과정이라 할 것이다(도광조, 2005; 166).

따라서 사정은 클라이언트의 참여를 기본으로 사회복지사와 협조적인 관계를 통하여 이루어지는 사회복지실천 과정이라 할 것이다.

2) 자료수집 출처(sources)

자료수집과 관련하여 가장 중요한 것은 클라이언트와의 직접적인 면접이며, 면접은 클라이언트와의 상호신뢰관계를 기반으로 할 때 사회복지실천과정에서의 객관적인 자료를 제공할 수 있게 되는 것이라 할 것이다.

사회복지실천에서 가장 보편적으로 활용되는 자료의 출처에는 ① 클라이언트가 작성한 서식 내용, ② 클라이언트의 구두보고, ③ 비언어적 행동에 대한 직접관찰, ④ 상호작용의 직접관찰, ⑤ 클라이언트의 자기 모니터링, ⑥ 친척, 친구, 동료, 이웃, 기타 전문가로부터의 부수적 정보, ⑦

심리검사, ⑧ 클라이언트와 상호작용을 근거로 한 사회복지사의 개인적 경험이 있다(도광조, 2005: 168 재인용).

3) 사정의 특징

사정은 다른 사회복지실천과 다르게 여러 가지 특성을 가지고 있다. 그 특성에 대하여 살펴보면 다음과 같다(류종훈, 2006; 168-169).

첫째, 사정의 특성은 지속성이다.

사정은 초기면접이 이루어진 후에만 자료수집과 함께 이루어지는 것은 아니다. 문제해결을 위한 개입과정에서 지속적으로 이루어져야 한다.

둘째, 사정은 상호성을 가진다.

클라이언트를 최대한 참여시키고 근본적으로 사회복지사와 클라이언트의 상호작용을 통해 사정내용을 돌출한다는 점에서 사정은 상호적 과정이라고 한다.

셋째, 사정은 클라이언트의 강점들을 확인한다.

사정은 클라이언트와 그의 문제, 문제체계에 대한 이해, 분석 의미도 포함하지만 문제를 어떻게 해결해 갈 것인가에 대한 계획의 의미도 포함하고 있고, 문제나 욕구충족에 방해가 되는 요소를 구체화함으로써 미래지향적 관점을 가진다.

넷째, 사정은 판단을 동반한다.

사정은 고려할 부분과 적용하고 활용할 지식, 문제를 어떻게 규정할 것인가 등의 판단을 필요로 한다.

3. 계획

계획은 관계형성 및 자료수집과 사정을 통하여 파악된 클라이언트의 욕구와 문제를 어떻게 해결할 것인지에 초점을 두고 개입을 설계하는 것을 말한다. 이 단계는 개입대상이 되는 문제와 개입방법을 설정하는 단계이기 때문에 무엇보다도 클라이언트와 사회복지사 사이의 의견일치에 중점을 두어야 하며 따라서 충분한 토의를 거쳐 합의를 이루어 내도록 하는 데 초점을 두어야 할 것이다(류종훈, 2006; 179-180).

1) 계획과정

계획과정에 대하여 살펴보면 다음과 같다.

첫째, 클라이언트를 모든 과정에 참여시키는 것

둘째, 문제의 우선 순위를 정하는 것

셋째, 문제를 욕구로 전환하는 것

넷째, 개입수준을 평가하기 위한 전략을 선택하는 것

다섯째, 목적의 설정으로 개입의 이유를 명료화하는 것

여섯째, 목표의 구체화

일곱째, 계약의 공식화하는 것이다.

2) 목표설정

계획에는 목표설정, 목표달성방법의 구체화, 계약 등의 내용이 포함된다.

목표설정은 클라이언트의 문제해결 및 개입의 방향과 분명한 목표지침이 되는 것으로서 목표를 설정하는 데 있어 사회복지사와 클라이언트가 합의한 목표지점을 향해 함께 노력하고, 클라이언트의 적극적인 참여를 유도하여 자발적인 참여를 통하여 목표에 대한 효과를 높일 수 있도록 하여야 할 것이다.

목표달성과 관련하여 목표를 설정하는 데 유의해야 할 점으로는 구체적이고 분명하게 정해져야 하며 평가의 기준이 되기 때문에 측정이 가능하고 구체적인 내용으로 표현되어야 한다. 또한 클라이언트의 능력, 욕구, 기대를 반영하여야 하며, 사회복지사의 지식과 기술에 상응하는 것이어야 한다. 목표는 클라이언트의 문제해결 능력과 사회복지사의 전문적 지식, 기관의 기능과 역할이 보조를 맞추어 실현가능하게 설정되어야 하는 것이다. 왜냐하면 목표가 잘 세워졌다고 하더라도 클라이언트, 사회복지사, 기관의 기대, 능력 여건 등이 뒷받침되어질 수 없다면 목표는 아무런 의미가 없기 때문이다.

따라서 서비스를 제공하는 데 있어서 목표는 대상자가 처해 있는 상황을 고려하고, 욕구를 보다 잘 해결하기 위한 것이어야 하며 현재의 서비스에 의해서 실현될 수 있는 가능한 범위에서 설정되어야 한다.

계획은 사전평가에 근거하여 해결해야만 하는 이용자의 문제를 특정화, 하고 문제해결을 위한 실천 활동의 우선순위를 결정하고 해결을 위한 장기목표와 단기목표를 설정하고 계획을 세우는 것이다.

목표가 설정되고 나면 구체적인 실천 활동을 약속하는 계약의 단계로 들어간다. 계약은 목표, 목표달성을 위한 사회복지사와 클라이언트의 각자의 수행해야 하는 역할과 의무를 합의하는 과정이라 할 것이다.

사회복지실천과정에서 계약서에는 ① 클라이언트와 사회복지사가 합의한 목표, ② 시간제한, ③ 사용되는 개입형태 및 기법, ④ 시간적 조건과 세션의 빈도 및 길이, ⑤ 진행사항을 평가할 방법, ⑥ 계약 재타협의 조건, ⑦ 시작일, 약속취소와 변경의 조건 비용 등과 관련된 관리사항 등이 포함된다고 했다(도광조, 2005; 199).

계약은 서면계약과 구두계약이 있으며 최근에는 사회복지실천현장에서 서비스에 대한 공식적인 문서화를 통한 계약의 형태인 서면계약이 많이 활용되고 있다.

4. 개입

개입은 사회복지사와 클라이언트가 합의하여 결정된 문제 및 욕구를 해결하기 위하여 계획을 구체적인 행동, 즉 활동으로 옮기는 단계로서 개입을 통하여 클라이언트의 의도된 변화를 유도하는 단계라 할 것이다. 사회복지의 원조활동은 이 개입을 의미하며 사회복지실천과정의 핵심과정이라 할 것이다.

개입과정에서 비에스텍(Biestek, 1957)의 원조관계의 7대 원칙을 내면화하여 대상자 서비스를 제공할 수 있도록 하여야 하며, 서비스의 목표를 달성하기 위해서는 사회복지사는 클라이언트, 그 가족간의 친밀한 인간관계를 형성하여야 하며, 전문직간의 협력에 의해서 최상의 서비스를 가져올 수 있도록 협력적인 자세가 요구된다. 또한 참여하는 각 전문가들은 타 전문직의 영역을 존중하고, 비판을 삼가야 하며, 서로간의 도움을 재공하려는 개방적인 자세, 타 전문직으로부터의 충고 등을 경청해야 한다.

5. 평가 및 종결

사회복지실천과정에서 평가는 클라이언트의 욕구 및 문제를 해결하기 위하여 개입이 이루어진 후에 목표달성 여부를 판단하는 과정이라 할 것이다.

종료는 계획했던 목표가 달성되었을 때, 서비스에 대한 기한이 도래하였을 경우, 더 이상 서비스 진행이 어려울 경우(클라이언트의 비자발성, 참여회피 등) 이루어진다.

종료시에는 대상자에게 서비스의 과정에 대하여 자세하게 설명하고 그 욕구를 파악하여 적절한 조치가 이루어지도록 하여야 할 것이다.

서비스 관계를 종결하는 것은 클라이언트와 사회복지사 모두에게 많은 정서적 반응을 일으킬 수 있다. 그러므로 종결에 대한 준비가 필요하며 적어도 종결 전부터 종결에 대한 논의와 준비를 해나가는 것이 바람직하다. 그리고 종결 후 문제 발생시 효과를 지속시키기 위한 방안들을 미리 논의하고 준비하는 것이 요구된다(최선화, 2006; 136-137).

6. 기록

사회복지 실천과정에서 기록은 서비스 전달에 중요한 기술이라 할 것이다. 사회복지실천에서의 기록은 서비스제공과 관련한 초기(클라이언트의 발견)과정부터 종결과 사후지도까지 전 과정을 객관적으로 서술하는 것을 말한다. 이러한 기록을 통하여 클라이언트의 서비스에 대한 적절성을 평가할 수 있으며 이러한 평가를 통하여 더욱 효과적인 개입방법을 모색하게 되는 것이다.

1) 기록의 목적

사회복지실천과정에서 기록의 목적은 정보를 문장화해서 다른 사람들에게 전달하고 공유하여 좋은 서비스를 클라이언트에게 제공하는 것이다.

또한 사례검토와 사혜연구의 활력이 된다든지 법률에 저촉되는 문제가 발생했을 때 행정의 감사 등 중요한 자료가 되기도 한다. 사회복지실천에 있어서 보고의 목적은 정보의 포인트를 잡아서 적절하게 다른 사람에게 전달하는 것이다. 기록에서 주의해야 할 점은 주관적인 것과 객관적인 것을 구별하여 사실적으로 기록하여야 하며 주관적인 의견과 감정의 개입은 주의해야 한다(권육상 외, 2004; 103). 이러한 기록의 목적을 캐글(kagle)은 다음과 같이 제시하였다(임은희, 2004; 138-140 재인용 : 최선화, 2006; 224-225 재인용).

(1) 클라이언트의 욕구 확인

관심의 초점이 되는 것이 무엇인지를 분명히 알게 해 주는 것이 기록이다. 또한 기록은 다양한 서비스와 클라이언트가 연결될 때 클라이언트의 세부적인 사항과 욕구를 확인할 수 있도록 도와준다.

(2) 서비스 내용 보고

서비스가 진행된 사항과 과정에 대한 기록은 과정에서의 주요한 사건을 알게 해 주고 서비스가 클라이언트의 욕구에 적절한 것인가를 검토할 수 있는 자료로 활용한다.

(3) 전문가 사이의 의사소통의 활성화

팀 접근을 사용하는 케어서비스 영역에서 볼 때 다양한 전문가의 사례회의나 토론을 대신하여 기록이 사례에 관한 의사소통의 도구로 활용되어 집단적 의사결정을 도울 수 있다.

(4) 클라이언트의 정보공유

클라이언트에게 어떤 개입방법을 실천하고 있는가를 기록하여 클라이언트와 그를 둘러싼 중요한 사람에게 기록을 보여주기도 하고 때로는 그것에 대한 토론할 수도 있다.

(5) 지도감독 및 자문, 그리고 교육과 훈련의 자료

사회복지실천과정에 대한 지도감독을 받거나 또는 다른 전문가들로부터 자문을 구하게 된다. 이럴 경우 기록을 보면서 개입이 적절했는지 아닌지를 구체적으로 교육받을 수 있다.

또한 실습생들의 경우에도 실습일지나 기록을 통해서 실천에 대한 교육과 자문을 받게 된다.

(6) 조사연구자료 및 통계보고서 활용

사회복지실천현장에서의 기록은 현장에서 어떤 일들이 일어나고 있으며, 어떤 어려움이 있는지를 생생하게 보여주는 자료가 된다. 또한 새롭게 요구되는 기술이나 정책이 무엇이며 실천의 기술과 이론들이 어떻게 적용되는지를 검증할 수 있는 자료로 활용되고 있다.

(7) 클라이언트와 정보를 공유하고 서비스의 과정과 결과 평가

기록을 통해서 클라이언트에 관한 정보를 공유하고 서비스가 어떻게 진행되고 있으며 어떤 결과를 가져왔는지 평가할 수 있다 이론 측면에서 기록은 서비스 제공자가 바뀌는 경우 타 부서와의 연계, 서비스의 적절성 등을 파악하고 평가하는 자료가 된다.

2) 기록의 방법

기록은 사례의 종류, 기관의 기능, 사회복지실천상의 실제적 조건, 기록을 활용하는 사람에 따라 기록의 방법이 달라질 수 있다. 다양한 형태의 기록체계가 존재하지만 여기에서는 최소기본기록, 이야기체기록, 과정기록에 대하여 알아보고자 한다.

어떤 기록양식을 취하든 간에 클라이언트가 요청하는 문제의 성격, 클라이언트가 자신의 문제 상황에 대해 무엇을 생각하고 어떻게 느끼고 있는가? 또는 과거에 원조를 받은 경험이 있는가 여부, 문제에 대한 사회복지사의 생각, 클라이언트와 관계있는 가족, 집단, 지역사회 조건 등을 명확히 기록해야 한다(임은희, 2004: 140-141).

(1) 최소기본기록

최소기본기록(minimum basic recording)은 먼저 기본적인 신상정보, 즉 클라이언트의 이름, 주소, 전화번호, 직업과 수입, 가족이나 친척의 주소와 전화번호를 포함한다. 그리고 면접 날짜와 주요한 클라이언트의 문제, 목적, 개입계획, 클라이언트의 반응, 탐색이 필요한 영역, 필요한 자원, 클라이언트를 위해 필요한 행동, 종결상태를 기록한다.

(2) 이야기체 기록

이야기체 기록(narrative recording)은 시간대별로 할 수 있고 또한 요약해서 할 수 있다.

시간대별 서술은 일지형식과 비슷하며, 사건이 있을 때마다 기록을 하는 것이다. 그러므로 서비스의 연속성과 전문가간의 의사소통면에서 매우 유용하다.

요약기록은 서비스 실천과정을 전체적으로 요점을 정리하여 기술하는 방식으로 압축기록이라고 한다. 이것은 시간이 허락된다면 단계별로 요약해 두는 것이 좋다.

(3) 과정기록

과정기록은 사회복지실천가정에서 일어난 모든 내용을 대화 형태로 그대로 기록하는 것이다. 이러한 기록은 교육 및 지도 감독에는 매우 유용하게 사용되나 시간과 비용이 많이 들며 시간이 소모적이라는 문제로 거의 사용되지 않고 있다.

최근에는 녹음이나 비디오 촬영 등 다양한 방법들이 활용되고 있으나 이는 사전에 클라이언트의 동의를 얻어야 하며, 또한 사회복지실천과정을 철저히 분석할 수 있다는 장점이 있어 교육용으로 그 활용도가 높다고 할 것이다(이윤로, 2006; 111).

참고문헌

권육상 외(2004). 『케어복지개론』, 서울: 유풍출판사.
김기태 외(2007). 『사회복지실천론』, 경기: 공동체.
도광조(2005). 『사회복지실천론』, 경기: 양서원.
류종훈(2006). 『사회복지실천론』, 서울: 청목출판사.
엄명용 외(2004). 『사회복지실천론』, 서울: 학지사.
이경남 외(2008). 『사회복지실천론』, 서울: 학지사.
이윤로(2006). 『사회복지실천기술론』, 서울: 학지사.
임은희(2004). 『사회복지실천론』, 서울: 학지사.
최선화(2006). 『풀어쓴 사회복지실천론』, 경기: 공동체.
B. 세퍼 · C. 호레이시, G. 호레이시(1999). 『사회복지실천 기법과 지침』, 김혜란 감수, 서울: 서울대학교 출판부.

5
chapter

사회복지의 미시적 실천방법

사회복지의 실천방법은 전통적으로 개별사회사업, 집단사회사업, 지역사회사업으로 분류되어 있으며, 사회복지실천은 부분적이고 단편적인 문제점을 보는 것이 아니라 보다 총체적이고 통합적으로 문제를 해결할 수 있도록 하여 그 효과성과 효율성을 높이고자 한다.

제 1 절 개인대상 실천방법

1. 개인대상 사회복지실천의 정의

개인대상 사회복지 실천 즉 개별사회사업의 학자들의 정의를 살펴보면 1922년 리치몬드(Richmond)에 의해 "개별사회사업이란 인간과 그의 사회환경의 개별적이고 의식적인 조정을 통하여 그의 인격을 발달시키는 여러 과정으로 이루어지는 것"이라고 정의되었으며, 이것은 인간의 인격발달의 측면을 강조하였다.

그리고 펄만(Perlman, 1974)은 "개별사업이란 사람들이 사회적 기능을 수행함에 있어서 그들의 문제를 보다 효과적으로 처리해 나가도록 돕는 사회복지기관에서 사용되는 한 과정"이라고 정의하였다. 특히 펄만은 개별사회사업을 구성하는 기본적인 요소로서 사람(person), 문제(problem), 장소(place), 과정(process) 등 4P의 개념을 지적했으며, 문제를 소유한 개인이 사회복지기관에 찾아와 문제해결 과정을 통하여 도움을 받는다는 것을 설명함으로써 사회복지기관의 기능과 주체적 클라이언트를 강조하였다고 볼 수 있다(김영모 외, 1982; 250 재인용).

개별사회사업의 여러 학자들의 정의의 공통점은 문제를 지닌 개인이나 가족을 대상으로 과학적 지식과 전문적 기술을 지닌 사회복지사에 의해 실시되며, 대상에 따라 그 방법이 개별적으로 이루어지고, 환경의 적응과 인격의 발달을 돕기 위한 의식적인 노력이며, 사회복지사와 복지 대상자 간의 인간관계가 중요시되고, 개별사회사업은 단계적 과정으로 실시되고 복지 대상자의 심리적 재조정과 치료에 중점을 두고 개인과 사회환경 간의 상호작용 등을 중요시한다(박용순, 1999; 128).

개인대상사회복지실천의 무엇보다 사회복지사와 클라이언트의 관계에서 출발하며 이러한 전문적 관계형성의 중요성을 제시하고 있으며 이에. 비에스텍(Biest)은 전문가로서 기본적인 인간의 욕구와 그것을 충족시키고 문제해결의 관계를 원활히 하기 위한 7대원칙을 제시하였다. 각각의 내용을 살펴보면 다음과 같다(장인협, 2003; 100-102 : 김기태 외, 2007; 123-127).

① **개별화** : 인간은 개별적이며, 일반적인 한 사람이 아니라 개인적인 차별성을 가진 특정한 인간으로 처우되는 인간의 권리에 기초를 두고 있다. 즉 클라이언트의 독특한 자질을 인정하고 이해하는 것이다.

② **의도적 감정표현** : 클라이언트가 자신의 감정, 특히 부정적인 감정을 자유롭게 표현하려는 욕구에 대한 인식이다. 사회복지사는 의도적으로 경청하여야 하며, 그의 감정표현을 비난하거나 저해하지 말며 자신의 감정을 잘 표현하도록 분위기를 조성해 주어야 한다.

③ **통제된 정서적 관여**: 클라이언트의 감정에 대한 사회복지사의 민감

성과 감정의 의미에 대한 이해, 클라이언트의 감정에 대한 의도적이고 적절한 반응을 말한다.

④ **수용** : 사회복지사는 클라이언트를 있는 그대로 지각하고 다루어 나가는 것이다. 이는 클라이언트의 잘못된 행동을 받아들이라는 것은 아니다.

⑤ **비심판적 태도** : 클라이언트의 태도나 행동에 대한 책임여부를 말하지 않는다는 것이며 평가적 판단은 하고 있어야 한다.

⑥ **자기결정권** : 클라이언트의 개입과정에서 스스로 결정을 내릴 수 있다는 것을 전제로 하는 것으로서 인간의 존엄성을 근간으로 하고 있으며 자기결정권의 인정하는 것은 클라이언트의 개입활동에 대한 책임감을 부여하는 것이라 할 수 있다.

⑦ **비밀보장** : 클라이언트와 관계형성과 관련하여 비밀보장이 보장되어야 한다는 것으로 사회복지사는 이에 책임이 있음을 의미한다.

2. 개인대상 사회복지실천의 과정

클라이언트(client)의 문제를 해결하기 위한 개별지도 사업은 미시적인 실천과정인 인테이크(Intake), 조사(Case study), 진단(Diagnosis), 치료(Treatment)의 4가지 과정으로 이루어지는 데 이를 살펴보면 다음과 같다.

1) 인테이크(Intake)

인테이크는 도움을 얻기 위해 찾아온 대상자가 문제해결의 도움을 요청하기 위해 사회복지기관에 찾아왔을 때 그의 욕구가 무엇이며 그 기관에서 문제해결이 가능한가를 결정하는 전반적인 단계이다. 이 단계에서는 다음 사항에 유의해서 이루어져야 한다.

① 클라이언트의 문제의 성격을 명확히 하며, 문제의 중요성과 원인을 확인한다.

② 클라이언트가 자신의 문제에 대해서 지금까지 시도해 온 노력과 방법이 어떠했는지를 살펴보며, 클라이언트가 기대하는 바가 무엇인지 살펴본다.

③ 사회복지기관에서 도움의 내용, 절차 등을 설명해 주며, 클라이언트의 욕구에 부응하는 기관을 알선해 준다.

2) 조사(Case study)

문제해결의 초기단계로서 클라이언트를 보다 효율적으로 치료하기 위해서 클라이언트와 가족, 학교와 지역사회 등의 전반적인 배경에 대해 충분한 지식을 획득하는 데 목적이 있다. 또한 이 과정에서 가장 중요한 자원은 클라이언트이며 자료수집과정 중 클라이언트 자신이나 외부의 자료를 수집하는 과정에는 클라이언트의 의사를 최대한 존중하여야 하며, 특히 클라이언트의 참여와 동의를 얻어 면접이 진행되어져야 할 것이다.

조사단계에서의 자료의 출처로는 가장 중요한 것으로는 클라이언트의 구두보고이며, 클라이언트가 작성한 양식, 친구, 친척, 이웃, 의사, 다른 사회기관, 교사, 고용주, 그리고 관련된 정보를 제공하는 다른 사람으로부터 수집한 부수적 자료, 객관적인 자료로 심리검사 지능검사 등 다양한 평가도구를 활용한 자료를 들 수 있으며, 사회복지사와의 면접과정에서의 클라이언트의 비언어적 행동, 가정방문, 직접적 상호작용을 통한 사회복지사의 직관 등이 있다(김기태 외, 2007; 160-164).

3) 진단(Diagnosis)

조사과정에서 수집된 자료의 분석을 통해 문제의 원인이나 특성에 대한 전문적인 해석이 이루어지고 그 문제해결을 위한 계획이 수립되는 단계이다.

펄만은 진단과정에서 필수적이며 일반적으로 파악해야 할 사항에 대해 다음과 같이 제시하였다.

① 문제는 무엇인가

② 문제는 얼마나 심각한가

③ 문제의 역동성은 무엇인가

④ 치료에 대한 클라이언트의 기대는 무엇인가

⑤ 무엇이 변화될 수 있는가

⑥ 무엇이 변화되어질 것인가

이러한 과정에서 이루어진 문제의 원인, 클라이언트의 능력조건, 태도에 대한 진단, 치료계획 등의 진단요약서를 정확히 기록해 두는 것이 좋다(표갑수, 2002; 148). 특히 사회복지실천에서의 진단은 정확하게 이루어질수록 개입에 대한 성과가 크게 나타날 수 있다.

4) 치료(Treatment)

이 과정은 클라이언트의 문제해결, 자조능력, 자기실현 그리고 행동변화 등을 가져오도록 하는 사회복지사의 전문적인 활동이며 클라이언트의 생활 상황을 변화시키는 최종단계이다.

3. 개인대상 사회복지 실천이론

이 실천이론은 인간(욕구)과 환경간의 조정의 필요성에서 발달하였고 이러한 조정은 사회복지사의 기능이다. 여기서는 가장 보편적으로 활용되는 이론이면서도 효과적이고 접근이 용이한 6개의 이론인 심리사회이론, 행동주의이론, 과제 중심이론, 체계이론, 인지·행동적이론, 위기개입이론을 간략히 설명하면 다음과 같다(엄명용 외, 2000; 271-359 : 장인협 외, 2001; 96-97 : 김기태 외, 1999; 165-177 : 김상균 외, 2001; 266-269).

1) 심리사회 실천이론

심리사회 실천이론은 홀리스(Hollis)의 이론을 중심으로 하고 있다. 초기의 우애방문단 및 자선조식협회의 활동내용과 이를 근거로 한 리치몬드(Richmond)의 실천 모델 이후 사회복지실천에 영향을 미친 정신역동이론, 자아심리학, 인류학, 가족단위의 실천개입 이론, 체계이론, 기타 클라이언트 문제와 관련한 사회구조의 역할을 강조한 사회과학 등의 영향을 수용하면서 발전하였다(박경일 외, 2003; 139 재인용).

이 이론은 인간의 문제를 심리적이고 사회적인 문제로 이해하면서 '상황 속의 인간'(person-in-situation)을 강조하였으며 클라이언트와 사회복지사의 관계를 중요하게 여기고, 관계를 형성하기 위해 클라이언트를 수용하고 개별화하며 클라이언트가 있는 곳에서 출발하는 등의 실천원칙을 강조한다. 또한 실천내용은 개인의 내적 요소와 사회적 요소를 모두 중시하는 심리사회적인 것이며, 실천의 초점은 개인의 심리적 상태, 개인을 둘러싼 사회환경, 그리고 개인과 환경과의 상호작용에 두어진다.

심리사회적 실천이론은 클라이언트의 과거 경험이 현재의 심리 내적 혹은 사회적 기능에 미치는 영향을 상소하고, 클라이언트가 과거 혹은 현재의 경험과 관련한 내적 갈등을 이해하고 통찰함으로써 성장하도록 원조한다. 그리고 가족, 개인 및 가족의 환경, 상황속의 인간을 철저히 조사하는 진단 또는 사정이 강조된다.

2) 행동주의 실천이론

행동주의 실천이론은 토마스(Thomas)가 주창한 것으로 사회화의 중요성을 강조하는 학습이론에 기초를 두고 있다. 행동주의 이론을 적용한 행동주의모델에서는 클라이언트의 문제를 해결하기 위해 클라이언트의 관찰가능한 행동과 환경을 분석하고 수정하고자 한다는 점에서 심리사회적 실천이론과 크게 구분된다.

개입과정에서는 특히 문제와 변화목표를 구체적이고 정확하게 설정하고, 과정과 결과에 대해 객관적으로 모니터하는 것을 강조한다. 또한 조작적 조건형성에 의해 유지되는 행동을 변화하는 경우, 사회복지사는 클라이언트의 문제행동과 행동 전후에 어떤 상황과 결과가 있었는지에 대해 분석하고 클라이언트의 행동과 환경을 변화하기 위한 목적으로 개입한다.

3) 과제중심 실천이론

과제중심 실천이론은 1970년대 초 레이디(Reid)와 엡스틴(Epstein)에 의해 발달된 이론으로 심리사회적 접근방법에 비해 단기적인 접근이 효율적이라는 전제하에 개발된 효과적인 단기치료 모델이다. 이 이론은 클라이언트에 의한 활동단계들을 강조하는 개입구조의 활동을 통해 클라이언트의 사회적 기능을 향상시키는 데 초점을 두며 다음과 같은 특징을 갖는다.

① 시간제한적 단기치료
② 구체적 문제에 개입의 초점을 둔다.
③ 클라이언트의 문제 해결활동은 과제를 중심으로 수행된다.
④ 이론보다는 조사에 근거한 경험적 자료를 중심으로 진행된다.

4) 체계실천이론

체계실천이론은 체계가 상호의존적이고 상호작용하는 부분들로 구성된 전체, 즉 부부들간 관계를 맺는 일련의 단위인 가족, 소집단, 조직, 지역사회, 사회 등의 여러 사회체계가 구성된 방법과 그 체계들의 유지와 변화과정을 연구대상으로 한다. 체계이론은 체계내의 고도의 조직력이 있다고 보고 사회체계간 상호작용과 상호의존성 및 각 체계내의 조직을 전제로 한다. 그러므로 체계간 파급효과를 가져온다는 것이다. 이 이론은 체계의 변화보다 안정에 일차적 초점을 두고 있다(김영모, 2000; 55).

5) 인지 · 행동 실천이론

이 이론의 전제는 대부분의 사회적 · 행동적 역기능이 자기 자신, 타인, 그리고 삶의 상황들에 대해 가지고 있는 잘못된 생각, 즉 인지체계에서 비롯된다고 하는 것이다. 개인의 행동을 주로 결정하는 인지체계는 무의식적 개념이 아니라 의식적 현상 또는 의식에 가까운 과정이기 때문에 이 접근법은 의식적인 경험의 세계로부터 즉각적으로 끌어낼 수 있는 사건이나 개념들만 다루고 있다.

또한 치료의 목적은 클라이언트로 하여금 자기 자신, 다른 사람 그리고 삶에 대한 정확하고 객관적인 평가를 통해서, 보다 신선하고 건설적인 대체적 인지들을 클라이언트 스스로가 창출해 내거나 발견해 낼 수 있도록 도와주는 것이다. 클라이언트 스스로가 자기의 가치체계 안에서 가장 합리적이고 건설적인 대체적 사고를 찾는 과정에서 클라이언트는 자신감과 자아 존중감을 갖게 된다는 것이 이 치료법의 장점이다.

이 실천이론은 인지재구성을 통해 클라이언트의 문제를 해결하고자 하는데, 이 인지 재구성은 ① 외부세계에 대해서 가지고 있는 잘못된 개념, 비현실적 기대 및 잘못된 생각들을 변화시킴, ② 자기 자신에 대한 비합리적 서술을 수정함, ③ 문제해결 능력 및 의사결정 능력을 배양함, ④ 자기통제 및 자기관리 능력을 함양시킴 등을 기본 전략으로 하고 있다.

6) 위기개입 실천이론

위기개입 실천이론은 1960년대 이후 단기적 개별사회사업 실천의 치료에 관심을 두고 위기상태에 있는 클라이언트를 도와주는 치료적 실천론이다. 이 이론은 클라이언트로 하여금 문제를 인식하고 그 영향을 인정하며, 유사한 예견된 경험을 위하여 새롭거나 보다 효과적 행동을 학습함으로써 긍정적 성장과 변화를 인도하는 것이며 이것은 정신분석학적 자아심리학에 기초해 있다. 또한 의사, 간호사, 사회복지사가 한 팀을 이루어 진행되어지며 특히 사회복지사는 클라이언트의 가정을 방문하여 정신병원에서 해로운 불필요한 입원을 피하도록 한다.

제 2 절 집단대상 사회복지 실천방법

1. 집단대상 사회복지 실천의 정의

집단대상 사회복지 실천 즉 집단사회사업(social group work)은 집단의 상호작용을 전제로 하여 개인이나 집단전체가 가진 문제를 해결하기 위한 전문사회복지의 한 방법이다.

코노프카(Konopka, 1972; 20)는 "집단사회사업이란 의도적인 집단경험을 통하여 인간의 사회적 기능을 증진시키고 개인·집단·지역사회의 당면문제들에 대해 더욱 효과적으로 대처하기 위한 사회사업의 한 방법"이라고 강조하였다.

트렉커(Trecker, 1975; 22)는 "집단사회사업이란 사회사업의 한 방법으로 집단에 속하는 개인이 프로그램 활동을 통해 전문가의 도움으로 그들의 욕구와 능력에 따라 타인과의 결합이나 성장기회의 경험을 쌓도록 하며, 개인·집단·지역사회의 성장과 발전을 도모하는 것"이라고 하였다.

이와 같이 집단을 통한 실천은 손상된 사회적 기능을 회복하고자 하는 욕구를 지닌 대상들이나 현재의 사회적 기능을 보다 적극적으로 유지하고 강화하고자 하는 욕구를 지닌 대상들에게 그 욕구를 충족시키며 개인·집단·지역사회의 문제에 보다 능동적으로 대처해 나갈 수 있도록 소집단 활동을 통해서 의도적으로 실시하는 원조과정이라 할 수 있다(장인협 외, 2001; 106).

집단사회사업은 집단역동성을 중시하고 있으며, 이것은 집단 내에서 일어나고 있는 복합적이고 상호 의존적인 힘들의 작용을 말한다. 집단역동성은 성원들간의 상호작용 유형과 질에 따라 결정되며, 이를 구성하는 요인으로서 사회적 상호작용과 의사소통, 집단 및 집단 성원들이 추구하는 목적, 정서적 유대, 지위와 역할, 가치와 규범, 참여 유형, 하위집단, 분위기, 응집력, 지도력 등이 있다.

2. 집단의 유형

① **자조집단**: 유사한 문제나 욕구를 가진 집단 성원들이 서로 돕고 특정한 목적을 이루기 위해 조직된 자발적인 집단을 말한다.

② **치료집단**: 성원들의 행동변화, 개인적 문제의 개선, 또는 상실된 기능의 회복을 원조하는 것이며 자조집단의 한 유형이라고 할 수 있다.

③ **참만남집단**: 집단 성원들의 자기인식을 돕고 상호작용을 통하여 서로 간에 미치는 영향에 대해 인식하도록 유도하는 집단이다.

④ **교육집단**: 집단 성원들의 지식, 정보 또는 기술의 향상에 그 목적이 있으며 정보의 제공은 주로 전문가에 의해서 강의형태로 이루어지며 성원간의 토의를 통해서 학습이 강화된다.

⑤ **문제해결 및 의사소통집단**: 원활한 의사소통을 통하여 문제를 해결하고 의사결정을 하기 위해 모인 집단을 말한다.

⑥ **레크리에이션집단**: 집단성원들에게 즐거움과 여가선용 및 훈련을 제공하기 위한 집단을 말한다.

3. 십난의 발날난계

집단사회사업은 목적 있는 집단경험을 통해서 개인들의 사회적 기능을 향상시키고 개인 집단, 또는 지역사회의 문제들을 보다 더 효율적으로 극복할 수 있도록 개인을 도와주는 사회사업의 한 방법이다

집단사회사업의 기본적 요소는 집단구성원, 집단, 프로그램, 사회복지사를 들 수 있으며, 집단구성원은 집단지도의 도움은 구성원 개인의 변화와 성장에 초점을 두며, 사회복지사는 구성원에 대한 개별화를 통해 충분한 이해를 가지고 있어야 하며, 집단은 단순한 개개인의 집합체인 상태를 말

하는 것이 아니라 집단 구성원 간에 이루어지는 상호관계가 전제되어야 하며, 프로그램은 집단 활동의 핵심으로 집단경험의 내용을 결정하는 구성요소로 프로그램의 목적은 구성원간에 활발한 상호관계를 촉진하며, 아울러 성장에 이르는 풍부한 집단경험과 사회적응 능력을 부여하는데 의미가 있다. 사회복지사는 집단의 상황과 그가 안고 있는 요구나 집단성원의 요구를 파악하고 집단이 갖는 목적에 따라 프로그램을 계획하고, 준비하고 실행하는 역할을 수행하여야 한다.

집단의 발달단계를 구분짓는 것은 매우 복잡하고 어려운 일이지만 집단사회사업의 원조과정은 이를 중심으로 이루어지기 때문에 집단에 대한 접근방법을 사용하는 데 있어 사회복지사는 더욱 더 큰 관심을 가져야 할 것이다.

집단의 발달단계는 보편적으로 준비단계, 초기단계, 중간단계, 종결단계의 네 단계로 구분되기도 하며, 노든(Northen)은 준비단계, 오리엔테이션단계, 탐색 및 시험단계, 문제해결단계, 종료단계로 구분하였다. 각각의 내용을 살펴보면 다음과 같다.

보편적인 집단의 발달단계를 살펴보면

① 사전단계

집단 성원들은 기대와 불안감, 긴장감을 경험하게 되며 사회복지사는 이 단계에서 집단에 참여할 사람들의 동질성 여부, 이들의 인구사회학적 특성 및 집단의 크기와 형태에 대해 고려하고 회합장소, 좌석수, 집단의 분위기 등을 세심하게 점검한다.

② 초기단계

집단의 목표가 명확하고 목표 지향적 활동이 원활해지며 집단 성원들은 적응 및 역할 수행과 관련된 경험을 하게 된다. 이 단계에서는 집단성원들간의 탐색과 갈등이 나타나게 되고 성원들은 사회복지사의 반응에 대한 관찰을 하게 되며 그에 대한 하위집단이 형성된다. 집단의 특성에 따라 가치와 규범 등이 형성되어지며 집단의 성격에 따라 초기의 사회복지사(집단리더자)가 교체되어질 수도 있다.

③ 중간단계

문제해결 및 목적 달성의 단계라고 할 수 있으며, 집단성원들간의 초기 갈등은 해소되고 상호 의존성과 응집력이 높아지고 협동 및 문제해결 능력 등이 최대화되어지는 단계이다. 또한 집단에의 동일시 경향이 증대되고 성원들간의 의사소통이 원활해지며, 이 단계에서는 초기 목표를 수정할 수도 있다.

④ 종결단계

이 단계는 집단의 종결을 의미하는 단계이며, 사회복지사는 성원들이 과업을 마무리하도록 돕고, 성취한 것과 남겨진 문제 등을 파악하도록 하며, 집단경험의 평가 및 종결 후의 사후관리에 대한 도움을 주어야 한다. 종결은 반드시 목표의 성취를 의미하는 것은 아니며 목표가 성취되지 못했을 때에도 집단이 더 이상의 변화가 없거나 유지되어질 가능성이 없을 때도 집단은 종결을 하게 된다.

다음으로 노든의 견해를 중심으로 살펴보면,

① 준비단계

이 단계는 개인의 문제해결에 집단을 효과적으로 활용하기 위해 예비적 조치가 행해지는 단계이다.

이 단계에서 고려해야 할 변수로는 집단의 크기, 구성원의 특성과 배경, 그리고 집단의 환경적 위치 등이다

② 오리엔테이션 단계

이 단계에서는 집단구성원간에 인간적 유대가 발생하고 보다 주장이 강하고 투쟁적인 성원이 리더의 역할을 담당하게 되며, 의사전달은 이를 중심으로 나타난다.

이 단계에서는 집단응집력의 기초로서 구성원 각자가 집단의 목적, 과제 및 다른 구성원에 대해 갖는 매력이 아주 중요한 것이 된다.

③ 탐색 및 시험단계

상호작용의 유형이 발달하는 것이 이 단계의 특징이다.

이 상호작용은 상황에 때한 탐색과 시험 그리고 조화와 갈등의 관계가 중심이 된다.

이 단계에는 집단의 목적이 분명해지고 목표지향적 활동이 현저하게 된다.

성원간의 상호작용이 증가함에 따라 하위집단이 형성되기 시작하며, 집단의 규범과 가치에 관련하여 통제적 기제가 발전한다.

④ 문제해결단계

이 단계에서는 집단구성원의 상호의존성과 집단의 응집력이 높은 수준에 이르고 집단의 목적에 대한 충분한 일치성과 그 달성을 위한 고도의 협동체계가 나타나며 문제해결능력이 조화된다.

⑤ 종료단계

종료는 집단과 집단성원과의 분리를 의미한다. 이 단계에서 집단성원들은 과제의 성취도가 다양하여 결과에 만족한 집단성원도 있고 좌절하는 집단성원도 생길 수 있다. 또한 종결을 인정하지 않고 계속 집단에 남으려는 집단성원도 있게 된다.

종결이 이루어지는 경우를 살펴보면 다음과 같다.

- 성공적인 집단의 종료-목적달성이 성공한 경우
- 기한이 도래한 경우
- 집단의 응집력이 약화되어 집단이 분절되는 경우
- 집단이 외적 내적 환경의 압력에 효과적으로 반응치 못한 부적응의 결과로 끝을 맺는 경우

위에서 살펴보는 바와 같이 집단의 발달단계는 다양하게 정의하고 있으나 전체적인 집단개입에 따른 과정은 큰 차이가 없음을 알 수 있다.

4. 집단사회사업의 실천모델

집단사회사업의 실천모델은 그 집단의 목표와 목적에 의해 결정되어지며 사회적 목표모델, 치료적 모델, 상호작용적 모델의 3가지 모델이 있다.

1) 사회적 목표모델(social goals model)

사회적 목표모델은 사회적 의식, 사회적 책임이며 이를 통한 시민 참여, 선량한 사회인, 민주적 과정의 습득을 주된 목표로 하고 있다. 즉 인간관계 훈련, 지도력의 실험, 시민참여 등의 활동을 통하여 사회적 의식과 사회적 책임이라는 목표를 성취한다. 사회복지사는 교사와 지도자의 역할을 담당하게 된다.

또한 이 모델은 사회적 기능의 강화와 자기의 활용을 도모하고 사회참가와 사회적 행동을 지향하며, 사회적 행동의 부차적 효과로서 개인의 치료를 달성하고자 하는 데 중점을 두고 있다(장인협, 1981; 85 재인용).

2) 치료모델(remedial model)

치료모델은 사회적 기능수행에 뚜렷한 문제가 발생하거나 위험성이 높은 개인에게 원조하는 것을 강조하는 임상모델이다. 이 모델의 초점은 집단을 통해 개인을 치료하는 것으로 집단은 개인의 목적을 달성하기 위한 도구나 상황이며, 집단구조와 집단과정에서의 변화는 그 자체가 목적이기보다 목적 달성을 위한 수단이다.

또한 이 모델은 신체적으로나 정신적으로 장애를 가진 사람, 법률상의 범죄자, 격리되거나 소외된 사람을 위하여 교정시설, 병원, 그리고 가족서비스기관 등에서 활용되며 집단성원은 전문가의 진단에 의해서 구성되어진다(김혜란 외, 2001; 209 재인용).

3) 상호작용모델(Reciprocal model)

개별성원과 집단간의 상호관계에 초점을 두고 있으며 치료적 목적이나 사회변화 목표를 사전에 설정하지 않고 상호작용 체계를 구성하는 성원들과 집단 내 상호작용과정을 토해 결정되어지는 것이 특징이다. 또한 집단은 상호원조 시스템으로 기능하게 되고 집단사회복지사는 이를 중개하는 매개자로서의 역할을 하며, 보다 넓은 정의를 목표로 하고 방법론의 통합화를 추구한다는 점이 이 모델의 또 하나의 특징이라 할 수 있다. 집단사회복지사는 개인과 집단, 소집단과 지역사회 사이의 중개역할을 수행하며, 개인, 집단, 사회 사이에 일어나는 상호작용에 중점을 두기 때문에 집단사회복지사는 개인이나 환경 어느 특정 영역에 초점을 두어서는 안되며, 이 둘 간의 상호작용과 욕구에 초점을 두어야 한다(신성자 외, 2000; 140).

제 3 절 지역대상 사회복지실천방법

1. 지역대상 사회복지실천방법

지역사회조직(community organization)은 개별사회사업과 집단사회사업과 같이 개인 또는 집단에 직접적인 서비스를 못하는 상황에서 행하는 대중적인 봉사활동이다. 다시 말하면, 주민들의 복지와 관련된 교육, 주택, 교통, 상하수도 및 사회복지 등의 계획과 조정이 요구되고 이러한 요인들의 통합이 필요하게 되는데 이러한 문제를 해결하기 위한 사회복지방법을 지역사회조직이라 한다(김영모, 1981; 60-61 재인용).

지역사회조직은 지역사회의 조직 즉 협회, 협의회, 위원회와 같은 중간집단(inter-group)을 통하여 사회복지를 제공한다. 중간집단은 지역사회주민의 공통된 욕구를 해결하기 위하여 지역사회의 자원을 동원하여 해결해 주는 과정이다(표갑수, 2002; 170-171).

로스(Ross)는 지역사회가 그의 요구나 목표를 발견하여 이에 대해 순위를 정하며, 목표달성을 위한 확신과 의지를 발전시키고, 필요한 자원을 내외에서 발견하여 동원함으로써 지역사회 내에서 협력적이며 협동적인 태도와 실천력을 발전시키는 과정을 의미한다고 정의하였다(장인협 외, 2001; 116).

지역사회조직은 지역사회 주민이 당면하고 있는 공통적인 욕구나 문제를 지역사회 스스로가 조직적으로 해결할 수 있도록 도움을 주는 실천방법으로 지역사회조직은 지역사회의 변화를 가장 효과적으로 이뤄내기 위해 목표를 결정하고 실천하는 데 주민들이 직접 참여하였으며, 이것은 지역사회를 중심으로 민주적인 절차, 자발적인 협동, 그리고 토착적 지도자 개발 등을 중요시하였다. 사회복지사는 안내자, 기능자, 전문가, 치료자의 역할을 중요시하였다.

따라서 지역사회조직의 원칙으로는 자주성의 원칙, 과정지향의 원칙, 조정의 원칙, 합의의 원칙, 능력부여자로서의 역할 등이 있다.

2. 지역사회조직사업의 실천과정

지역사회조직사업이란 지역사회가 당면하고 있는 문제와 충족되지 않은 욕구를 발견하여 효과적인 대응책을 수립하고, 이를 실천에 옮기는 일련의 과정이라 말할 수 있을 것이다(최일섭 외, 1999; 182). 지역사회조직의 문제해결과정을 사실파악의 단계, 계획수립의 단계, 계획실천의 단계, 평가단계로 구분하여 살펴보면 다음과 같다.

1) 사실파악의 단계

지역사회 내 주민의 욕구와 문제 유형 그리고 지역사회의 자원유무를 정확히 파악하는 단계로 이를 위해서는 실태조사, 체계적인 토론회 등을 통해 사실을 파악하게 된다. 이 단계에서는 문제를 어떻게 규정하는가, 사회문제와 관련된 가치관에 대한 분석, 사회문제와 관련한 사회과학이론을 분석하고, 사회문제를 구체화시키는 조작화가 되어야 실천할 수 있으며, 평가할 수 있게 되는 것이다. 이 때 사회복지사는 지역주민이 스스로 지역의 문제를 인식할 수 있도록 지원하는 역할을 수행하여야 한다.

2) 계획수립의 단계

사실파악을 근거로 어떤 사업을 어떻게 할 것인가를 결정하는 단계이며, 목표를 설정하고 프로그램을 기획하고 추진 방법 및 일정 등을 명백히 하여야 한다. 이 단계에서 계획을 수립하는 데 구체적이고 실현가능한 계획이 이루어져야 한다.

3) 계획실천 단계

실천은 지역의 문제와 욕구를 해결하기 위한 일련의 활동으로서 주민참여의 유도와 자원의 활용으로 이루어지는 단계이며, 주민참여의 중요성은 지역사회주민의 당면 문제를 해결하기 위한 지식과 기술의 전달과정에서 필요하며 주민들이 프로그램에 대해 정서적으로 공감을 가지는 데에 그 중요성이 있다. 또한 교육의 효과를 높이기 위해 지역주민이 프로그램에 흥미를 갖고 이를 스스로 행하도록 하여야 한다.

계획실천과정에서는 새로운 문제, 혹은 실천의 변경이 일어나는 경우가 일어날 수 있으므로 사회복지사는 계획단계에서 변화를 예측할 수 있는 통찰력이 있어야 하고, 변화가 발생했을 때, 즉각적으로 대처할 수 있는 능력과 기술이 있어야 한다(최일섭 외, 1999; 200).

4) 평가단계

평가단계는 목표와 성과 혹은 계획과 실시간의 격차 즉, 기준치와 실제치 사이의 간격을 원인별로 발견하여 기존의 사업을 수정·보완함으로써 앞으로의 계획수립에 크게 기여할 수 있을 것이다. 평가의 목적은 실천과정에 대한 평가를 통하여 피드백을 제공하여 실천과정에 변화나 수정이 이루어지도록 하는 것과, 문제해결 전 과정에 대한 최종결과를 평가하는 것이다. 평가의 종류에는 평가시기에 따라 사전평가, 중간평가, 최종평가가 있다(표갑수, 2001; 122).

3. 지역사회조직사업의 실천 모델

1) 지역사회개발(community welfare, 모델 A)

지역사회개발은 전체 지역사회의 적극적 참여와 지역사회의 주도력을 위하여 경제적·사회적 진보의 조건을 창조하는 과정이라 UN에서 정의하였다. 이러한 과정은 일반적으로 ① 도로, 주택, 관개, 배수, 영농 개선과 같은 환경 개선, ② 보건, 교육, 오락과 같은 기능적 활동, ③ 집단토의, 지방욕구에 대한 지역사회분석, 위원회의 설립, 필요한 기술지원의 모색, 직원의 선발과 훈련과 같은 지역사회 행동을 말한다.

이러한 지역사회개발은 인간복지를 만들기 위한 기회와 능력, 자조 및 모든 인간집단에 잠재된 새로운 생활방식을 동화시키고 채용하기 위한 능력이고 모든 경제적·사회적 분야에서 전 세계적 경험에서 얻은 오늘날 정부와 사회기관에 유용하게 사용될 수 있는 기술과 도구의 지원이다(United Nations, 1955; 5-13 재인용).

2) 사회계획(social planning, 모델 B)

사회계획가의 활동은 사실발견과 문제를 정의하고 의사전달의 구성 및 활동구조, 행동전략계획에서 사회목표와 정책의 선택과 결정을 하며 계획을 실천하며 변화의 성취와 결과가 미치는 영향의 사정이다. 사회계획은 정부, 도시계획국, 지역사회복지협의회와 수많은 민간복지, 보건 관계기관에서 추진되어지고 있다.

사회복지사는 사회계획가이며 전문가로서의 역할을 수행하며 연구, 욕구의 사정, 평가, 사업의 계획과 개발 그리고 분석력 등의 능력을 요구한다. 계획활동을 위한 지지집단으로는 선출직 공무원, 사회기관의 지도자, 기관간의 조직이나 이들의 연합체 등을 활용할 수 있다.

3) 사회행동(social action, 모델 C)

사회행동은 사회복지사가 사회복지의 목적을 달성하기 위하여 행하는 합법적이고 조직적인 정치적 활동으로서의 입법조치 및 사회운동의 과정이라고 말할 수 있다. 사회행동의 특징은 사회실천에서 변화를 위한 제안과 이 제안에 대한 옹호와 반대를 위한 것이며 사회행동가가 수용할 수 있는 바람직한 목적을 포함하는 특징을 지니고 있다. 또한 교육, 선전, 설득 및 압력 같은 방법을 이용하지만 육체적 탄압은 결코 하지 않으며, 사회행동의 목적과 방법은 합법적일 수도 있고 그렇지 않을 수도 있다. 그리고 사회적 가치보다 방법과 과정에 중점을 두며 사회행동은 특별한 경우 목적과 주제에 따라 사회복지 영역과 밀접히 상관되어 있는 특징을 가지고 있다.

사회복지사는 조력자, 중재자, 옹호자, 행동가 등의 역할을 수행하며 사회행동을 수행하기 위한 주요한 방법으로는 사회조사, 사회입법, 노동조합운동, 정치활동이 있다.

참고문헌

김영모(1981). 『사회복지학』, 서울: 한국복지정책연구소.
______(1982). 『현대사회복지정책론』, 서울: 한국복지정책연구소.
______(2000). 『사회복지학』, 서울: 고헌출판.
김기태 외(1999). 『사회복지의 이해』, 서울: 박영사.
김상균 외(2001). 『사회복지개론』, 서울: 나남출판.
박용순(1999). 『사회복지개론』, 서울: 학지사.
신성자 외(2000). 『사회복지실천론』, 서울: 고헌출판.
엄명용 외(2000). 『사회복지실천의 이해』, 서울: 학지사.
장인협 외(2001). 『사회복지학』, 서울: 서울대학교 출판부.
표갑수(2001). 『지역사회복지론』, 서울: 고헌출판.
______(2002). 『사회복지개론』, 서울: 나남출판.
최일섭 외(1999). 『지역사회복지론』, 서울: 서울대학교출판부.

6
chapter

사회복지의 거시적 실천방법

제 1 절 사회복지실천의 의의

1. 사회복지실천의 접근법

사회복지실천이란 “인간과 사회 환경간의 관계를 촉진시켜서 모든 사람들의 삶의 질을 향상시키기 위한 사회복지의 구체적인 실천방법”이라고 정의한다(류종훈, 2006; 64). 이 때 실천방법이란 사회복지서비스를 필요로 하는 개인, 집단, 가족이나 조직 등을 대상으로 그들이 지닌 문제와 욕구를 해결할 수 있도록 지원하고 결과적으로 그들의 삶이 나아지는 목적을 추진하는 전문적인 활동의 제 방법을 의미한다.

그렇다면 실천 활동을 위한 접근법에는 어떤 방식들이 있을까? 일반적으로는 개별사회사업, 집단사회사업, 지역사회복지사업 등을 통해 개인의 사회적 기능향상을 실현하는 미시적 접근법이 있으며, 반대로 정부가 사회복지정책과 사회복지행정 등을 통해 사회복지를 실현하는 거시적 접근법이 있다. 미시적 접근법은 주로 개인과 사회를 주요 대상으로 인식하며 인간적 요소를 고려하지만, 반대로 거시적 접근법은 국가와 사회를 중심으로 사회문제해결에 초점을 두고 사회복지 목적을 구현하는 데 관심을 두며 법이나 제도 등을 통해 안정적 지원을 고려한다. 최근에는 이들 두 접근법을 통합한 방식이 수용되고 있는데, 법이나 제도 등을 통해 인간생활의 일정한 수준과 범위를 검토하고 이를 실행하는 과정에서 개인화, 개별화된 인간행동요소 등을 고려하는 융합적 방식을 선호하고 있다.

2. 거시적 사회복지실천의 필요성

사회복지서비스를 필요로 하는 대상들에게 사회복지사의 복지서비스가 제공되고 서비스 효과가 나타나며 그 결과로서 개인이나 사회문제가 해결되는 것이 사회복지가 추구하는 일반적 목적이다.

그러나 사회복지서비스를 제공하는 사회복지사나 또는 해당 복지기관이 정부의 복지정책의 흐름이나 변화를 이해하지 못한다면 제공되는 서비스 수준이나 효과는 일시적이거나 미약할 수밖에 없다. 따라서 현장에서 서비스를 제공하는 방식이나 기술도 중요하지만, 서비스를 제공하기 위한 필요한 자원 확보 방식이나 또는 정책의 흐름을 이해하는 것 역시 중요한 의미를 지닌다.

거시적 사회복지실천은 안정적인 복지서비스 환경을 제공하는 것이다. 정부의 복지정책이나 행정은 사회복지 관련 제도나 법률, 규칙 등을 통해 달성하고자 하는 수준과 목표를 제시하고 있기 때문에, 향후 정부가 추진하는 사회복지의 흐름과 방향을 해당 집단들에게 고지함으로써 안정적인 복지서비스를 준비하는 데 도움을 준다.

3. 거시적 사회복지실천방식의 특징

정부의 사회복지정책이나 행정은 국민의 사회복지에 영향을 미치는 행위와 연계된 정부의 계획된 행동지침이나 원칙을 외부로 표현하는 활동이나 의지이다. 정책이나 행정은 개인의 문제에 초점을 두기보다는 사회문제들을 대상으로 하며 사회체계나 구조가 지닌 문제점을 사회복지 시각에서 인식하는 데 초점을 둔다. 거시적 관점의 사회복지실천방식은 사회복지를 자본주의 제도의 사회적, 경제적 원리에 기초하여 이해하는 관점으로서 사회구조적으로 발생되는 사회적 모순을 해결하는 데 초점을 두고 있다. 주로 경제적인 상황에 중심을 두고 빈곤을 포함한 다양한 사회문제들이 발생하는 것은 개인적 문제가 아니라 사회가 지닌 구조적 모순의 결과로 이해한다. 따라서 거시적 사회복지실천이란 자본주의 국가체제를 유지하고 발전시키기 위해 국가가 해당정책과 행정을 통해 문제를 해결하는 것이다.

제 2 절 사회복지정책

1. 사회복지정책의 의의

1) 개념[1)]

사회복지정책이란 사회복지(socal welfare)와 정책(policy)의 합성어이다. 사회복지는 추구하고 실현하고자 하는 대상(what)을 의미하며, 정책[2)]은 그 대상을 어떻게 구현할 것인가(how)를 검토하는 것이다. 박병현(2004; 22-29)은 인간다운 삶을 영위하도록 서비스나 소득을 제공함으

1) 사회복지정책의 목적에 대한 구체적인 내용은 2장의 "사회복지의 이념과 가치" 부분에 서술되어 있다

2) 일반적으로 정책이란 "사회에 대한 정부의 개입"이라는 수단 또는 도구적 차원으로 정의되거나, 또는 정책의 미래지향적인 특성과 목표지향적 특성을 지닌 활동이라고 정의되기도 하며, 가치지향성을 지닌 활동이라고 정의한다. Easton은 "정책이란 희소한 사회적 가치에 대한 권위적 배분"으로 정의했으며, 유훈은 "대부분의 사회구성원과 관련 있는 시급한 문제들을 권위적으로 해결함으로써 생활의 질과 공익을 향상시키고자 하는 정부 및 공공기관의 미래지향적인 활동지침 또는 활동목표"라고 정의하고 있다.

로써 인간의 기본적 욕구를 충족시키고 관련 사회문제를 해결하려는 정부의 지침, 계획, 과정을 사회복지정책이라고 정의한다. 김경우・양승일・강복화(2008; 14-16)는 사회복지 대상과 주체를 분류하고 그 각각의 특성에 따라 발생되는 복지문제를 인식하고 이를 해결하기 위해 체계적인 과정으로 이해하며, 복지목표에 대한 미래의 행동 대안을 선택・산출하고 이를 집행・평가하는 것으로 정의하고 있다. 김기태・박병현・최송식(2007; 264-265)은 서비스나 소득을 제공함으로써 시민들의 복지에 영향을 미치는 정부의 정책으로서, 사회보험, 공공부조, 사회복지서비스 등이 이에 속한다고 정의하고 있다.

2) 영역

사회복지정책의 영역은 복지대상을 어떤 기준으로 인식하는가에 따라 다양하게 분류가 가능하다. 송근원・김태성(1995; 30)은 사회복지정책을 물질과 비물질의 여부로 분류했는데, 인간이 지닌 생존욕구를 물질적 영역으로 이해하고 소득, 의료, 주거정책이 이에 해당된다고 보았으며, 사회적 약자를 보호하기 위한 사회서비스 정책이나 교육정책 등은 비물질적 영역으로 분류하였다. 김기태・박병현・최송식(2007; 246)은 사회복지정책은 협의적 영역으로는 소득보장, 의료보장, 주거보장, 사회서비스 등으로 구성된다고 보았으며, 광의적 영역으로는 소득보장, 의료보장, 주거보장, 교육보장, 사회서비스, 조세, 노동 등이 해당다고 분류했다. 남기민(2007; 21)은 사회복지정책은 사회보장이 중심을 이루며 사회보장체계는 사회보험, 공공부조, 사회복지서비스, 관련 사회복지제도 등으로 구성되어 있다고 분류하였다. 추가적으로 사회복지정책을 보다 광범위한 분류의 경우 사회복지정책을 조세정책이나 노동정책까지 포괄적으로 다루는 경제정책까지를 고려하고 있다(송근원・김태성, 1995; 30-31). 사회복지정책 영역은 관련정책들은 추구하고자 하는 목적과 가치가 무엇인가에 따라 영역별로 구별되며 최근에는 사회복지정책을 다루는 주체가 정부나 지방자치단체 등 공공영역(public sector)의 비중이 높아지는 추세이기 때문에 점차적으로 광범위한 영역까지를 다루는 것이 일반적인 시각이다.

2. 사회복지정책과정

사회복지정책을 이해하는 관점 중 하나는 과정(process)이다. 정책 자체가 역동적이고 정치적인 성격을 띠고 있기 때문에 정책을 이해하는 과정을 일반화하기에는 한계가 있다. 그러나 앤더슨(1979; 23-24)은 정책과정을 단계별로 분석해서 이해할 경우, 과정의 단순화가 가능하고 각 과정에 영향을 미치는 변수들을 세분화하여 분석할 수 있으며, 정책과정을 일반화하여 각 정책들을 비교 설명할 수 있기 때문에 과정분석은 정책을 이해하는데 도움이 된다고 한다. 앤더슨(1979)은 정책과정을 문제형성, 정책형성, 대안채택, 정책집행, 정책평가로 구분하여 설명했으며,[3] 본 절에서는 크게 '정책형성' '정책집행' '정책평가'로 구분하여 설명한다.

1) 정책형성

정책형성(policy making, policy formulation)이란 정책을 만들어 내는 과정으로서 주어진 상황과 영향요인, 분석과정, 선택과정을 통해 운영된다. 정책형성 과정은 해당 정책과 관련된 이해관계자들이 자기 이익 확보와 기반을 확보하기 위한 목적으로 관련 집단과의 교류작용을 통해 정치적으로 수용 가능한 대안들을 정책으로 임안하기 위한 활동에 초점을 두는 것이 특징이다.

정책형성과정은 개인문제가 사회문제가 되고 공론화나 이슈화 과정을 거치면서 정부문제화되는 과정 속에 존재한다. 현존하는 개인문제와 사회문제를 정부문제로 인지되도록 이슈화(Issue)하면서 국민들의 관심을 유도한다. 아울러 이들 문제들을 공공부문이 해결해야 하는 영역으로 인

3) 정책과정을 다양한 기준에 따라 분석한 학자들은 많이 있다. 존스(Charles O. Jones)는 사회문제가 정부문제화하여 정책결과에 이르는 과정을 총 11단계로 세분화하여 정책과정을 설명하였으며, 드로(Dror)는 "최적"의 결정과정을 "합리"와 "비합리"의 결합으로 이해하면서 "상위 정책결정 단계" "정책결정단계" "정책결정 후기단계"로 구분하여 정책과정을 분석하였다.

식하도록 유도하여 정책문제로 전환시킨다. 따라서 형성과정은 개인문제나 사회문제가 정부문제화하는 변환과정이며 정치적 성격이 포함된 과정이다.

정책형성과정을 세부적으로 살펴보면 다음 과정들이 순차적으로 진행된다.

첫째, 국민의 욕구를 이해하고 문제의 인지 및 명확화 과정을 거치면서 정책문제화하려는 단계이다. 이를 정책의제화과정이라고 한다. 콥(R. W. Cobb)과 엘더(C. D. Elder)는 이를 체계적 의제(systemic agenda)라고 정의하면서 개인문제나 사회문제가 대중의 관심을 집약하면서 "정치적 해결 가능성"을 내포한 문제로 변환되는 과정이라고 인식했다. 변환과정에 영향을 미치는 요인에는 이슈화된 문제의 성격, 정책담당 체제특성, 문제를 인지하는 수준과 정도, 정치를 포함한 당시의 상황적 요인 등이 있다.

둘째, 목표를 설정하는 단계이다. 해당정책을 통해 기대하고 있는 이상적 모습을 명확히 해야 하며, 국민들이 원하는 가치를 실현하기 위한 이상적 수준과 기대치를 명확하게 해야 한다. 목표설정은 정책형성과 정책결정의 과정을 거치면서 확정되는데 이 때 여론을 충분히 수용하거나 또는 주민들의 의사나 주장을 받아들이거나 하는 등의 과정을 거치게 된다. 이 때 합리적 절차와 합목적성, 정당성, 효율성 등을 확보하는 것이 중요하다.

셋째, 정책대안의 수립 및 분석단계이다. 목표 달성을 위해 필요한 정책 수단들을 검토하고 이들 각각에 대한 과학적 분석과 가치갈등분석을 통해 실현가능성과 정책효과 등을 고려해서 각종 대안들을 검토한다.

넷째, 최적안을 선택하는 과정이다. 관련 대안들을 검토하고 결정권자가 최종안을 결정[4]함으로써 정책이 구체화된다. 이 때 검토되는 기준으

4) 정책을 결정하는 모형에는 합리모형, 만족모형, 점증모형, 혼합모형, 최적모형 등이 있다. 이들 모형 중 정책참여자의 사회적 합의를 중시여기는 점증모형과 인간의 정보수집의 한계성을 인정하고 인지된 범위 내에서 최적의 결정을 가치 있게 고려하는 만족모형이 선호되는 모형이다.

로는 정책실현을 통해 얻게 되는 소망성[5](desirability)과 실현가능성[6](feasibility)이 가장 크게 영향을 미친다. 가능한 합리적인 정책결정을 하려고 노력하지만, 결정과정에서 종종 습관적이거나 관례를 중시하는 조직풍조나 결정권자의 직권이 개입되거나 정치적 압력 등으로 인하여 비합리적인 결정이 이루어지는 경우도 나타난다.

다섯째, 선택된 최종안에 대한 구체적인 기획과정이다. 정책을 구체적인 정책서비스로 전환되는 과정을 의미하는데, 기획이란 해야 할 일과 하는 방법 및 시기, 해야 할 일의 필요성, 일을 책임질 사람을 구체적으로 정하는 것이다. 즉 정책을 효율적으로 진행하기 위해서 무엇을 어떻게 어떤 방법으로 진행할 것인가를 고려하는 과정이다. 기획과정은 기대하는 성과를 얻기 위한 아이디어 또는 아이디어를 활용한 참여지향적인 창조적 활동(creative action)이 필요로 하는데, 정책문제를 가장 잘 이해하고 있으며 문제해결을 위한 대안과 아이디어를 지닌 주체들의 제도적 참여를 통해 이들의 요구를 받아들이는 활동을 하게 되면 보다 효과적인 서비스를 구성할 수 있는 기획안이 도출된다.

2) 정책집행

정책집행(Policy Implementation)이란 의도된 정책목표를 달성하기 위하여 선택된 최적안을 실행하는 과정이다. 집행과정은 정책대상자에게 정책이 직접적으로 영향을 미치는 단계이며, 정책형성과정에서 나타난 모호하거나 추상적인 요인들을 현실에 맞게 적용하는 적합화(Fit) 과정이다.

정책집행방식은 하향적 접근방법과 상향적 접근방법, 그리고 통합적 접근방법이 있다. 집행과정은 정책집행자인 공무원과 클라이언트의 직접적인 상호작용을 통해서 구체화되기 때문에 방식유형은 집행의 성공여부를 결정하는 주요요소가 된다. 특히 사회복지서비스의 경우 전달되는 과정은 휴먼서비스가 중심을 이루기 때문에 집행의 효율성을 높이기 위해서는

5) 소망성을 평가하는 세부 기준으로는 능률성, 효과성, 형평성, 대응성이 있다.
6) 실현가능성을 평가하는 세부 기준으로는 기술적 여부, 재정적 여부, 행정적 여부, 윤리적 여부, 정치적 여부 등을 고려한다.

관련 이해당사자의 협조가 반드시 필요하다.

그렇다면 이해당사자인 행정기관, 사회복지사, 클라이언트들이 보다 협조를 잘 하기 위해서는 무엇을 고려해야 하는가? 첫째, 실현가능성을 높일 수 있도록 불확실성이 존재하는 요소들을 제거해야 한다. 정책집행과정은 필연적으로 중간 참여자들이 포함되는데 이 때 참여자들의 이해관계는 집행의 안정성을 해치는 한계요인이 되기도 한다. 특히 관주도이며 주민의 의사에 배치되면 실행의 효율성이 떨어지며 실현가능성은 낮아진다. 따라서 참여자가 많아지는 만큼 의사소통을 유지해야 하며 정책목표와 기준에 대한 명확한 이해와 진의가 전달되도록 협조체제를 구축하는 것이 필요하다. 둘째, 올바른 정책수단을 확보해야 한다. 즉 실행에 필요한 자원이나 방법들을 확보해야 한다. 정책목표가 잘 구성되어 있다 하더라도 궁극적으로 이를 실현하고 달성하는 것은 수단이기 때문에 실행과정에서 목표에 부합하는 수단을 어떻게 준비할 것인가는 중요한 요소가 된다. 셋째, 실행을 주도하고 서비스를 전달하는 참여자들의 성향과 특성이 관리되어야 한다. 사회복지서비스는 타 서비스와 다르게 휴먼중심, 가치 중심으로 특성화되어 있기 때문에 참여자들이 이와 관련된 의지나 열정이 동반되지 못한다면 목표의 실현가능성은 낮아질 가능성이 높다.

집행과정은 정책이 추구하는 방향과 실행을 통해 실현하고자 하는 것이 무엇인지를 분명히 하며, 지역사회의 여러 환경적 조건을 감안해서 실행을 위한 분명한 목표와 기준, 그리고 효율적인 수단을 확보한다면 성공적 실행을 확보할 수 있다.

3) 정책 평가

정책평가(policy evaluation)과정은 정책결정을 통해 확정된 최적안이 집행과정을 통해 의도한 대로 목표가 효과적으로 달성되었는지의 여부를 분석해서 해당 정책의 성공여부를 평가하는 과정이다. 계획과 목표가 수립되었다 할지라도 의도와 다른 결과를 수반하는 경우가 많이 있기 때문에 목표설정과 그 결과를 비교·평가하여 충분한 성과(outcome)가 산출될 수 있도록 분석, 검토하는 것이 핵심이다.

평가가 필요한 배경은 무엇보다도 환경변화에 있다. 개인문제나 사회문제가 정부문제로 이전되고 정책화되는 과정에서 고려했던 요소들이 정책을 둘러싼 환경변화 때문에 관련요소들을 재해석을 해야 하는 등 가변적 요소가 발생되기 때문이다. 특히 시대변화는 클라이언트의 의식이나 욕구수준 또는 가치 등의 변화를 동반하기 때문에 정책이 추구하는 가치가 기대만큼의 사회상을 반영하지 못하면 효율성이 낮아지는 것이다. 이로 인하여 제공되는 서비스에 대하여 만족도나 문제해결의 대응성이 낮아지고 비효율적으로 운영되었다는 평가를 받게 된다. 그럼에도 불구하고 정책 활동에 대한 책임성을 확보하고 정책 활동의 개선에 필요한 정보를 획득하기 위한 목적으로 정책평가를 중요하게 고려하는 것이 시대적 요청이다.

한편, 복지서비스의 평가기준은 복지정책이 추구하는 이념과 같이 한다. 효과성, 효율성, 형평성, 공평성, 대응성, 적절성, 적정성 등이 있는데, 이는 통일화된 것이 아니라 시대적 특성에 따라 평가기준의 가중치에 차이가 나기도 한다. 그리고 평가방법상의 한계, 평가자의 능력, 평가자의 윤리적 책임성의 문제, 평가대상과 기준의 모호함 등으로 인하여 평가기준에 대한 객관성 논쟁을 유발하는 등 한계를 나타내기도 한다.

제 3 절 사회복지정책 내용분석

사회복지정책을 이해하는 관점은 다양하다. 길버트와 스팩트(Gilbert & Specht, 1974; 28-33)는 대상체계, 급여체계, 전달체계, 재원체계 등 네 가지 구성요소로 나누어 사회복지정책을 분석하였다.

1. 대상체계

사회복지정책의 결과물인 서비스의 수급자가 누가 되어야 하는가에 대한 선정 기준에 대한 문제이다. 수급자 선정 범위는 사회복지정책의 가치와 이념에 연계되어 있어 선정기준을 명확하게 구분하기가 쉽지 않은 것이 현실이다. 일반적으로 수급자를 선정하는 기준에는 수급자가 처해 있는 개인적 속성과 보상의 성격, 전문가의 종합적 판단, 자산조사 등을 통해 이루어지는데, 이 때 적용되는 수급기준은 상황을 고려해서 기준들을 적용되는 것이 일반적이다.

수급자 선정에 대한 논의는 보편주의와 선별주의에 대한 시각적 차이가 핵심의 본질이다. 보편주의 시각에서는 국민 모두가 사회복지급여의 대상자가 되어야 한다는 것이다. 사람은 누구나 사회복지서비스를 받을 권리가 있고 누구나 사회적 위기에 처할 확률이 있기 때문에 사회적 약자만이 아니라 일반 국민 누구나 사회복지서비스의 대상자가 되어야 한다는 것이다. 그리고 사회복지서비스 대상자를 구별하지 않기 때문에 사회통합의 효과가 높고 인간존엄성을 고려하며 정치적 기반 확대와 다양한 사회복지서비스를 제공할 수 있다는 점에서 장점을 지니고 있지만, 반대로 도덕적 해이와 배분된 서비스에 대한 질적 가치 하락, 특히 자원의 비효율적 활용 및 막대한 자원 확보 등이 문제시된다.

반면에 선별주의 시각은 사전조사를 통해 서비스를 받아야 하는 집단을 구체적으로 선정하고 이들 집단에게 서비스 제공의 우선권을 제공하여 자격제한을 가하자는 시각이다. 자산조사를 통해 자신의 욕구조차 해결이 불가능한 대상자들에게 집중적으로 자원을 제공하여 자원배분의 효율성을 높이자는 것이다. 선별주의 시각은 자원의 효율적 운영 때문에 비용효과성을 확보하는 데 긍정적 평가를 받지만, 반대로 자격조건의 제한조치가 사회적 통합에 부정적 효과를 주며 상대적으로 수급자격에 대한 논쟁여지를 유발할 수 있다는 점은 한계로 나타난다.

2. 급여체계

정책서비스의 급여형태를 어떻게 할 것인가에 대한 논의이다. 대표적인 것은 현금 급여와 현물 급여에 대한 논의이다. 현금급여(cash benefit)는 수급자에게 현금으로 급여를 지급하자는 것이며, 현물급여(kind benefit)는 현금 대신 재화나 서비스 등으로 급여를 지급하자는 것이다.

현금급여는 수급자가 사용하기 쉽고 관리적 비용이 적게 들며 수급자의 자기의지를 존중하며 수치심을 줄여준다는 의미에서 수급자의 자기결정원리와 소비자 주권을 인정하는 효과가 있다(박정호, 2001; 85). 그러나 현금의 경우 욕구충족에 필요한 재화 구입이나 목적에 부합하는 용도에 사용하지 않고 다른 용도로 사용할 가능성이 있다는 점에서 한계를 지니고 있다. 반면에 현물급여는 급여대상자에게 제공하는 급여가 목적을 달성할 수 있는 가능성이 높고 대량 구매를 하기 때문에 비용의 효율성을 확보할 수 있으며 사회적 통제를 하기 쉽다는 장점이 있지만, 수급권자의 개인적 욕구를 중요하지 않게 평가하거나 또는 개인의 존엄성을 상대적으로 소홀하게 취급하는 등의 한계가 있다(박정호, 2001:85). 현금급여는 개인선택의 자유를, 현물급여는 사회적 합의와 효율적 관리를 중시한다는 점에서 긍정적 측면을 지니고 있어 최근에는 이들 두 급여형태를 혼합하는 방식[7]으로 진행하고 있다.

3. 전달체계

전달체계는 어떻게 급여를 제공할 것인가에 대한 문제이다. 즉 급여대상자에게 선택된 급여를 어떤 방법으로 제공할 것인가에 대한 서비스 전달방법에 대한 검토이다. 사회복지정책을 통해 제공되는 재화나 서비스는

7) 현물이나 현금 이외에도 기회, 서비스, 재화, 증서, 현금(보험), 권력 등이 있다.

그 종류나 영역에 따라 다양하며 수급자에게 전달하는 방법 역시 다양하기 때문에 수급자에게 서비스를 전달하는 주체와 전달망(network)은 정책의 성공여부에 영향을 미친다.

전달체계의 주체는 중앙정부, 지방자치단체, 중앙정부와 지방자치단체가 연합된 체제, 공공부분과 민간부분의 혼합체, 민간기관, 지역 봉사기관 등 다양하지만,[8] 바람직한 전달체계를 지향하기 위해서는 전달주체들은 다음 기준들을 검토해야 한다(남기민, 2007: 170-172).

첫째, 평등성이다. 사회복지정책이 추구하는 이념 중 가장 본질적인 요소이기 때문에 전달체계가 최대한 구현해야 하는 본질적 요소이다. 둘째, 수급자에게 제공되는 서비스나 재화의 수준이 수급자의 욕구나 기대수준에 어느 정도 부합되도록 적절성이 확보되어야 한다. 셋째, 바람직한 전달체계가 확보되려면 수급자의 다양한 욕구 또는 다양한 문제를 해결해야 하는데, 이를 위해서는 다양한 형태의 급여나 재화가 제공되도록 포괄성을 확보해야 한다. 넷째, 수급자의 욕구나 문제 해결에 필요한 급여가 지속적으로 제공되도록 해야 하며, 다섯째, 제공되는 재화나 급여가 수급자의 문제해결에 도움이 되도록 전달되는 서비스의 통합성이 확보되어야 하고, 여섯째, 제공되는 서비스가 양질의 서비스 수준을 확보하기 위해서는 전문가가 담당해야 하며, 일곱째, 급여의 적절성이나 전달절차, 운영의 효율성 등의 부분에서 참여하는 주체들의 책임성이 반드시 확보되어야 한다. 여덟째, 제공되는 서비스에 대한 접근이 용이해야 한다. 전달체계 접근이 용이하지 못하면 평등성이나 효율성 등의 기준에 위배될 확률이 높아지며 결과적으로 정책의 실효성이 떨어지기 때문이다.

8) 복지서비스의 효율적 배분과 운영을 위해서는 서비스 주체가 반드시 행정기관이어야 하며 공공주도로 이루어져야 하는가에 대한 논의가 있다(배득종, 2005: 148-151). 실제로 복지서비스 인프라가 취약하고 복지수준이 낮은 입장에서는 정부주도가 필연적이지만, 정부와 민간부분의 파트너십이 필요하다는 지적도 있다. 최근 들어 사회복지 공급주체의 다원화는 일반적인 현상이며, 제도적 측면을 담당하는 국가부문과 잔여적 측면을 담당하는 민간부문간의 유기적인 파트너십이 형성되어 가고 있기 때문에 민간의 비영리 영역을 활성화하기 위한 정책적 방안들이 마련되거나 또는 개선된다면 대체적 효과가 있을 것이다.

4. 재원체계

사회복지정책에 투입되는 재원이 정부재원인가 또는 민간재원인가의 여부에 따라 정책 목표나 수급권자의 자격조건, 급여형태 등이 결정되기 때문에 재원체계는 중요하다.

정부재원은 조세가 중심을 이루는데, 소득세, 소비세, 재산세, 상속세 등이 이에 해당되며, 민간재원은 사용자 부담원칙에 따른 서비스 사용료[9]나 자발적 기부가 이에 해당된다. 정부재원으로 정책재원을 확보하는 경우 모든 국민에게 동일하게 적용되기 때문에 평등성을 확보하고 제공되는 서비스의 수준이 동일하며 안정적이고 지속적이기 때문에 신뢰할 수 있다는 장점을 지니고 있다. 반면에 민간재원의 경우는 사용자 부담의 원칙 때문에 서비스의 질을 확보할 수 있으며, 수급자의 인격과 자존심을 존중받게 되고 수급자의 도덕적 해이를 방지하는 데 도움을 주는 장점이 있다. 최근 들어 민간의 이용료 징수 서비스(fee-for-service)가 증가하는 추세이다. 민간부문에서 사회복지 서비스의 공급이 활성화되는 것은 국가부문이 갖는 내재적인 비효율성을 극복하고, 제도적으로 감당할 수 없는 다양한 잔여적 복지 욕구에 대하여 민간부문이 동원되는 경향이 증가하기 때문이다.[10]

사회복지정책이 실효성을 지니기 위해서는 반드시 재원 확보가 필수적이다. 그러나 이들 재원 확보가 원활하게 이루어지는 경우는 드물다. 특

9) 지방자치법 제127조 3항에서는 해당지역의 사회복지를 위해 사용할 목적으로 각종 부담금을 징수하여 재원을 마련하도록 규정하고 있는데, 민간과의 공동생산이나 또는 민간이 운영하는 복지사업을 통해 복지서비스를 생산, 공급한다면 재원확보의 어려움을 타개할 수 있으며 합리적 운영이 가능하다.

10) 사회복지 재정을 확충하기 위해 민간부문의 역할을 인정하고 수용하는 방식은 사회복지 서비스 공급을 민영화(privatize)하거나 상업화(commercialize)하고자 하는 정치적 의도와 관계를 지니고 있다. 이는 사회문제에 대한 국가의 개입을 억제하고 민간의 자발성과 효율성에 기초하여 사회복지 서비스를 제공하는 것이 결과적으로 효과적이라는 주장에 기초한 것이다. 그러나 이러한 논의는 여전히 사회문제에 대한 국가의 기본적인 책임이 어느 정도 이행되고 있는가를 판단한 후에 전개되어야 한다.

히 정부재원의 경우 중앙정부는 정책의 포괄적인 방향과 제도나 법규 등의 기준을 마련하는 데 초점을 두지만, 지방자치단체의 경우는 재화나 서비스를 직접 제공해야 하는 입장이기 때문에 재원확보가 중요한 사안이다. 지역주민입장에서는 복지정책이 재정지출의 우선순위에서 최우선으로 고려되고 그 결과 지역주민이 원하는 최고 수준의 복지생활을 기대하지만, 기대와 다르게 현실적으로 지방자치단체의 역량으로는 복지정책을 독자적으로 추진하는 데 많은 한계를 지니고 있다.

따라서 지방자치단체의 경우 사회복지정책의 수립과 실행에 있어 가장 현실적인 문제는 어떻게 하면 안정적으로 복지재원을 확보할 것인가 하는 것이다. 수입면에서 독자적인 과세능력을 지니며, 세출면에서는 자주적인 권한배분을 할 수 있는 역량을 지녀야 지방자치단체가 원하는 사회복지행정과 정책을 실행할 수 있다. 아울러 복지수준 향상을 기대하는 입장에서는 재정자립도가 높을수록 복지예산의 지출이 증가될 것으로 기대하지만, 공공부문의 재정지출의 성향이 정치적 속성을 지니고 있고 가변적인 성향이 강하기 때문에 반드시 복지부문에 우선순위를 두고 집행하는 것은 아니다. 특히 지방자치단체 입장에서는 복지중심의 정책을 집행하려는 의지가 있더라도 재원 배분에 대하여 이해관계자들의 가치적 갈등이 존재하는 상황[11]을 고려해야 한다. 따라서 다양한 방식으로 복지재원을 확보하는 방안들을 지속적으로 검토해야 한다.

11) 예를 들어 지역의 성장과 발전을 위해 예산지출의 우선순위를 산업경제나 지역경제 활성화 등과 같은 성장에 비중을 둘 것인가, 아니면 복지에 중심을 두어 배분을 중시할 것인가에 따라 예산지출에 변화가 나타날 수 있다.

제 4 절 사회복지행정

1. 사회복지행정의 의의

1) 사회복지행정의 정의

사회복지행정의 정의를 서술할 경우 역할과 성격에 따라 크게 두 가지로 나뉜다. 첫째는 사회복지정책을 구체화하여 수요자에게 복지서비스를 제공하는 기술적 성격으로 이해하는 경우이며, 둘째는 복지서비스를 제공하는 기관의 활동을 관리하는 관리적 성격으로 이해하는 경우이다.

우선 기술적 성격으로 사회복지행정을 이해하는 경우는 복지정책의 관련활동이 사회적 서비스로 전환되고 그 과정에서 서비스를 필요로 하는 사람들에게 전달되도록 구체적인 활동을 하는 과정으로 인식한다. 이 경우 사회복지조직이 필요로 하는 조건과 환경을 조성하고 관련 자원을 제공하며 조직을 효율적으로 관리하는 방법을 포함한 제반 활동을 영역[12]으로 이해하고 있다. 따라서 매우 구체적으로 서비스를 제공하는 실천론적 성격이 강하다. 반면에 관리적 성격으로 이해하는 경우에는 복지서비스를 제공하는 조직의 관리나 목표달성을 위한 자원관리에 중점을 두는 경우로서 구체적인 프로그램 운영을 위한 제반 관리과정을 행정영역[13]으로 이해하고 있다. 그러나 두 개념 모두 결과적으로 복지서비스를 대상자

12) Petti는 사회복지행정을 “조직의 목표 달성을 위해 관리담당자들이 활용하는 일련의 상호작용이며 의존적인 과업과 기증 및 관련 활동들로 구성된 체계적인 개입(intervention)활동”이라고 정의하고 있다. Skidmore도 “사회적 정책이 사회적 서비스로 전환되도록 사회적 과정을 활용하는 요원의 활동”이라고 정의한다.

13) Titmus는 사회복지행정이란 “사회복지기관이나 시설의 행정과 구별되는 사회적 서비스 관리로서, 사회복지서비스 대상자들에게 서비스가 전달되도록 관련 문제들을 검토하는 것”이라고 정의하고 있다.

들에게 전달하고자 하는 활동에 공통적 목적을 지니고 있다는 점을 들어 개념적 구별의 차이를 모호하게 한다고 지적하는 경우도 있다.

2) 사회복지행정의 역할과 가치

사회복지행정이 사회에 대하여 가지는 역할과 그 가치는 무엇인가?라는 질문을 던진다면 해답은 '사회적 정의'라고 표현한다. 사회복지행정은 사회에 대하여 다음 두 가지의 영향력을 지니고 있다(지은구, 2005; 202-204).

첫째, 모든 사람들은 정당한 사회 경제적 혜택을 받을 수 있는 복지증진에 대한 일정한 권리를 지니고 있고 인간으로서의 존엄성과 공평한 대우를 받아야 한다는 보편적 원칙이 존재하기 때문에 개인이 속한 사회 안에서 권리를 향유할 수 있도록 영향력을 행사해야 한다.

둘째, 보편적 인간으로서의 권리와 지위를 박탈당하거나 그러한 권리로부터 사회적으로 배제되어 있는 사회소외계층을 위해 차별적 분배를 목적으로 영향력을 행사해야 한다. 즉 능력상의 차별과 기회 제공의 차별을 해소하기 위한 목적을 사회복지행정 영역에서 해결해야 한다는 것이다. 우선 능력상의 차별인 경우에는 개개인이 지닌 능력이나 주어진 속성이 대등한 경쟁을 유도하지 못하는 경우 이를 해결해야 한다.[14] 둘째, 기회 제공의 경우에는 사회적 약자와 정상적인 사람과 동등한 입장에서 경쟁을 하는 경우 불평등적 결과를 이미 예고하고 있는 것이기 때문에 사회적 정의를 확보하기 위하여 다양한 정책이나 프로그램을 통해 이를 해결하는 역할을 수행해야 한다.

따라서 사회복지행정은 사회적 정의실현을 위하여 공평한 분배와 차별적 분배를 유도해야 한다. 즉 모든 사람은 동등한 대우를 받아야 하는 공평한 분배가 준수되어야 하고, 개개인의 특성을 고려한 차별적 분배가 확보되어야 한다. 차별성에 기초하여 공평한 분배적 정의를 실현하는 방향

14) 예를 들면 노약자나 유아, 정신적 미숙아들과 일반정상인이 동일한 대우를 적용받거나 또는 동일한 기회를 부여하는 등의 프로그램이 운영된다면 이는 사회적 정의에 위배되는 것이다.

으로 복지서비스를 클라이언트에게 전달해야 하는 사회복지행정의 역할[15)]은 개개인과 사회전체를 고려하는 양면적 시각 확보를 필요로 한다.

2. 사회복지행정의 원리

사회복지행정은 사회복지정책을 사회적 서비스로 전환시키는 데 필요한 사회복지조직활동을 수행한다. Skidmore(1995)는 사회복지정책을 사회적 서비스로 전환시키는 데 나름대로의 원리가 필요하다고 주장하면서 사회복지조직에 필요한 원리로서 수용과 민주성, 그리고 열린 대화를 강조하였다(지은구, 2005: 35-37).

① **수용의 원리이다.** 조직구성원들이 상호간의 경우는 물론이고 클라이언트와의 관계에서 상호 교류과정에서 상대를 존중하고 상대의 의견을 수용하는 것이 필요하다. 이는 사회복지조직이 인간을 대상으로 하고 인간의 역량이 변화하는 과정에 따라 다양한 상황이 발생되기 때문에 사람중심의 원리를 필요로 하기 때문이다. 사람중심의 관계를 구성하고 인간의 가치를 중시하는 가치지향적 특성을 확보하기 위해서는 반드시 수용의 정신을 받아들이는 것이 효과적이다.

② **민주적 방식을 통한 운영의 원리이다.** 조직이 정책을 운영하는 과정에서 조직구성원의 참여가 이루어진다면 보다 효과적인 업무 수행이

15) Patti는 사회복지행정조직이나 관계자, 조직구성원이 의도하는 조직적 성과를 생산하기 위해서 반드시 수행하여야 하는 역할에 대해서 지적하였는데, 이 중에서 외부환경과 교류과정에서 반드시 해야 할 사항들을 다음과 같이 정리하였다. 첫째, 사회복지행정가 또는 관리자는 도덕적 딜레마에 직면해 있지만 행정적 결정은 사회적 가치에 입각해서 이루어져야 하며 그 가치는 사회정의, 상호신뢰, 공평성 등이 될 수 있어야 한다. 둘째, 사회복지조직의 관리는 외부구성원들의 기대와 선호도에 영향을 주고 그들과 화합하고 갈등이 있을 때에는 해결을 위한 노력을 필요로 한다. 셋째, 사회복지행정가나 조직구성원은 사회적으로 차별적인 대접을 받는 집단들을 보호하고 이들을 위해 사회로부터 자원과 감정적 지지를 이끌어내야 한다. 넷째, 사회복지행정가는 클라이언트의 문제를 해결하기 위한 자원을 확보하고 동원하기 위해 다른 조직과 협력하여야 한다. 다섯째, 사회복지행정가와 구성원들은 지지자, 후원자, 직원들의 도덕적 사명감을 격려하고 고취하기 위해서 조직이나 프로그램이 추구하는 목적과 가치를 명확히 하여야 한다.

가능하다. 민주적 방식은 어느 조직에서나 필요한 요소이지만 복지서비스를 제공하는 기관에서 유독 중요한 이유는 서비스를 창출하고 제공하는 상당부분이 사회복지사를 포함한 조직 내 구성원의 개인적 스킬이나 의지, 능력에 의해 성패가 좌우되기 때문이다. 따라서 정책을 입안하고 형성하여 집행하는 일련의 정책운영 과정에 구성원의 참여를 확보해 주고 이들의 의견을 존중하는 민주적 방식의 도입과 운영은 사회복지행정의 필수불가결한 운영원리 중 하나이다.

③ 열린 조직운영이다. 즉 의사소통이 자유로워야 한다는 의미이다. 의사소통을 활성화하여 구성원 모두가 언제든지 다른 직원들과 감정과 생각을 공유할 수 있고 그리고 신뢰를 바탕으로 활동해야 효과적인 조직운영이 가능하다. 쌍방 간에 교류가 자유로워질수록 업무절차나 정책의 효율성과 효과성의 발전을 위한 설득력 있는 방식이 창출될 수 있으며 이는 복지행정운영의 에너지원이 될 것이다.

3. 사회복지행정과 휴먼서비스

사회복지행정은 사람을 중심으로 이루어지는 활동이기 때문에 타 영역과 비교되는 특성을 지니고 있다. 사회복지행정은 인간을 대상으로 하며, 클라이언트가 투입물이자 성과물이 되는 특성을 지니고 있기 때문에 가치 중심적 특성이 강하게 자리잡고 있는 영역이다.

사회복지행정을 수행하는 입장에서는 크게 두 가지 요소를 고려해야 한다. 우선, 인간의 존엄성을 극대화하고 극히 개인중심적인 서비스를 제공하여 클라이언트의 변화를 이끌어내는 사회적 가치 중심의 패러다임을 지니고 있다. 반면에 조직의 목적 달성을 위해 효과적이며 효율적인 해결방식을 채택하는 과정에서 경제적 가치와 수단이 강조되는 패러다임을 지니고 있다. 그러나 이들 두 요소는 조직 활동이나 부여된 역할에 대한 기준 정립 등을 고려하는 과정에서 종종 상호간에 대립을 유발하는 요소로 작용하기도 한다.

1) 휴먼서비스와 사회적 가치

사회복지행정은 사회복지정책을 보다 효과적으로 기획·실천·평가하도록 지원해 주는 사회복지의 중요한 방법 가운데 하나이며, 궁극적으로 사람들의 사회적 기능을 강화하는데 목적을 두고 있다. 이 때 사회적 기능이란 주로 사회복지행정의 중요 요소인 휴먼서비스(human service)의 개념과 유사한 의미로 사용되고 있으며, 사회복지 및 의료·보건·교육·심리적 서비스와 연관된 중심적 위치를 차지하고 있다(성규탁, 1993; 1-3). 휴먼서비스에 포함된 서비스의 공통적 기능은 "개인의 행동이나 속성, 사회적 지위를 규정하거나 변화시킴으로써 그 개인의 안녕을 유지하거나 증진시키는 것"이라고 볼 수 있다. 휴먼서비스는 서비스의 대상이 물질, 제품이 아니라 사람을 대상으로 하고 있으며, 직·간접적으로 그들에게 영향력을 미치는 서비스를 전달하고 있으며 클라이언트가 서비스를 직접적으로 수급한다는 점에서 타 조직의 서비스와 구별된다. 휴먼서비스에 있어서 사람은 성과물을 만들어내기 위한 원재료(raw data)이며 아울러 결과물(output)이다.

일반적으로 사회복지행정을 담당하는 기관들은 휴먼서비스를 통해 서비스 대상이 되는 사람을 직접적으로 변화시키기 위해 사회로부터 위임받고 실행한다. 즉 사회의 안녕을 위한 목적을 달성하기 위하여 사회적으로 통용되는 기준에 따라 사람을 분류하고 유지하며 변화시키기 위해 노력하는 것이다. 이 때 사용되는 기술은 인간분류기술, 인간유지기술, 인간변화기술 등을 통해 사용한다(Hasenfeld, 성규탁 역, 1985; 12-16).

2) 휴먼서비스와 사회복지조직

휴먼서비스를 클라이언트에게 제공하기 위해서는 조직의 지원이 필요하다. 서비스 생산은 조직활동과정에서 생산되는 것이고 이들 서비스는 관련 담당자와 클라이언트의 상호만남 과정에서 전달된다. 휴먼서비스의 제공은 대면적(face to face) 상호작용을 통해 진행되는데, 이 때 상호작용은 서비스 전달과정의 핵심이 되며 서비스의 조직화의 대상이 되고 사회정책과 관련프로그램이 실행되는 접점(moment)의 장(field)이 된다. 그러나 이 접점의 장에서는 인간적 욕구에 대한 통합적 해결과 서비스 제공에 따른 조직 내 부문 간들의 협력과 조율이 필요하다. 특히 휴먼서비스는 사람을 대상으로 하는 기술을 제공하기 때문에 개인의 다양한 욕구를 수용해야 하지만, 아울러 이와 관련된 장애요인이 사회복지행정 영역에서는 크게 고려되어야 한다. 무엇보다도 클라이언트의 욕구들을 유형화하고, 개별화된 서비스를 제공하기 위하여 관련 조직부서의 전문화 등이 동반되기 때문에 개인별 욕구에 대한 유형화와 서비스를 제공하는 조직의 연계성 확보 및 통합화가 필요하다.

(1) 개인욕구의 유형화와 관리의 어려움

휴먼서비스는 개인의 욕구문제 해결을 중시한다. 문제의 출발은 사람이 직면한 문제에서 출발한다. 사람이 각자 지닌 문제는 개인의 주어진 상황에 따라 다르게 나타나기 때문에 완벽한 서비스로 문제를 해결하는 데는 한계가 있다. 즉 서비스 전달과정에서 클라이언트가 지닌 문제는 인간의 속성에 기반을 두기 때문에 가변적 성향을 지니고 있어 대응에 한계가 있다.

특히 서비스 전달의 상당부분은 서비스를 제공하는 조직구성원과 클라이언트의 개인적 만남에서 진행된다. 이 때 클라이언트가 지닌 문제해결을 위해 제공하는 기술이나 서비스가 일반화되고 유형화될수록 대응이 쉽지만, 반대로 개별적이고 비유형적으로 나타나는 경우에는 관리의 한계가 존재하기 마련이다. 아울러 휴먼서비스의 상당부분은 단순히 제공하는 입장의 노력만으로 성과가 나타나는 것이 아니라 서비스를 수여받는 클라이언트의 노력과 의지가 결합되어야 가능한 것이기 때문에 관리의 어려움이 있다.

(2) 휴먼서비스와 융합화

보다 효과적으로 개인의 욕구를 해결하기 위해서는 개별화된 개인의 문제를 조직의 힘으로 해결해야 한다. 조직이 지닌 기능의 융합과 통합을 통해 문제를 해결해야 하며, 이를 위해서는 조직 부서간의 상호연계성을 높이는 방안이 필요하다. 즉 전문성이 전제된 휴먼서비스를 바탕으로 독자적인 기능을 발휘하는 개별조직의 집합이 아니라 상호보완적인 기능이 연계되고 의존적인 조직망을 지니는 방식이 필요하다. Weiner는 이를 "초조직적이고도 상호교류적인 분야에서의 체계 확보"라고 정의하고 있다. 개인문제와 같이 개별적이고 비유형화된 문제를 해결하기 위해서는 조직적 대응이 긴밀하고 상호연계적인 방식으로 진행되어야만 가능하다는 의미이다. 따라서 전통적인 방식에 기초하여 부서 간 영역을 분명히 하고 부서의 독자적인 영역을 인정하며 분업과 개별적 경쟁을 통해 조직목표를 달성하는 기존의 조직운영체계는 휴먼서비스를 제공하는 사회복지조직에 적용하는 데 한계가 있는 것이다.

휴먼서비스의 생산성을 높이기 위해서는 전문성과 기능의 융합을 통해 조직의 시너지를 확보하는 체제의 확보가 필요하다. 아울러 조직 외부환경에 대한 이해와 조직 내 각 요소들의 작용에 미치는 영향력 등을 평가하고 이를 연계하는 기반이 필요하다. 휴먼서비스는 어떤 한 영역의 전문성을 통해 문제를 해결하는 접근이 아니라 다양한 전문적 영역의 통합을 통해 한 개인의 문제를 해결하는 방식을 필요로 한다.

3) 가치적 갈등과 사회복지행정

휴먼서비스는 개인의 욕구와 직면한 문제를 해결하는 것이기 때문에 개인적 가치가 작용한다. 아울러 클라이언트를 후원하는 이해집단(interest group)들은 각자 자신이 처한 위치와 욕구에 따라 이해하는 입장이 다를 수 있다. 예를 들어 차상위계층을 지원하는 프로그램을 운영하는 경우 당사자들에게는 좋은 정책이지만, 반대로 중산층이나 상위계층의 경우에는 이들 프로그램이 자신의 의욕을 반감시키는 효과로 나타날 수 있다. 어떤 프로그램이 이해집단의 각기 다른 상이한 목표를 설정하고 추구한다면 동일한 서비스 결과를 두고서 각기 다른 관점에서 평가하는 것이다.

사회복지행정은 사회적으로 존재하는 가치적 요소들을 존중하고 해결하며 상반되는 경우에는 이를 조정해야 하는 역할을 지니고 있다. 아울러 이를 조율하고 통합하여 통합된 사회적 가치로 만들어야 하는 가능성을 지니고 있다. 따라서 통합적 가치를 만들어야 하는 과정들은 타 조직에서는 고려되지 않거나 일시적으로 고려되는 현상이지만 사회복지행정은 이를 필수적인 요소로 받아들여야 하는 특수성이 존재한다고 할 수 있다.

참고문헌

강용규 외(2005). 『사회복지행정론』, 경기: 공동체.

강욱모 외(2006). 『21세기 사회복지정책』, 서울: 청목출판사.

강윤호(2000). "지방자치와 기초자치단체의 사회복지정책 정향: 시·군·자치구간 비교분석," 『한국행정학보』, 34(1).

김경우·양승일·강복화(2008). 『사회복지정책론』, 서울: 창지사.

김기태·박병현·최송식(2007). 『사회복지의 이해』, 서울: 박영사.

김태일(1998). "지방자치의 실시가 기초자치단체의 사회복지지출에 미친 영향: 서울시 자치구를 중심으로," 『한국정책학회보』, 7(1).

남기민(2007). 『사회복지정책론』, 서울: 학지사.

류지성(2008). 『정책학』, 서울: 대영출판사.

박병현(2004). 『사회복지정책론』, 서울:현학사.

박정호(2001). 『사회복지정책론』, 서울: 학지사.

배득종(2005). 『신재무행정』, 서울:박영사.

송근원·김태성(1996). 『사회복지정책론』, 서울: 나남.

안용식·강동식·원구환(2007), 『지방행정론』, 서울: 대영문화사.

이승종·김흥식(1992). "지방자치와 지방정부의 정책정향: 복지 서비스 기능을 중심으로," 『한국행정학보』, 26(2).

장인협·이정호(1993). 『사회복지행정』, 서울: 서울대학교출판부.

지은구(2005). 『사회복지행정론』, 서울:청목출판사.

Anderson, James E.(1979). *Public Policy Making* (2nd ed.). N.Y:Holt, Renehart and Winston.

Cunninghan, James V.(1972). Citizen Participation in Public Affairs, *Public Administration Review*, 32.

Gilbert, N. and Specht, H.(1974). *Dimensions of Social Welfare Policy*, Englewood Cliffs, NJ:Prentice-Hall.

Gilbert, N. and P Terrell(1998). *Dimensions of Social Welfare Policy*, Englewood Cliffs, NJ:Prentice-Hall.

Hasenfeld, 성규탁 역(1985). 『사회복지행정조직론』, 서울 : 법문사.

Hasenfeld, Y.(1992). The nature of human service organization.

Hasenfeld, Y. (Ed).1992. *Human Service as complex organization.* Newburry Park : Sage Publication.

Skidmore, R. A.(1995). *Social Work Administration : Dynamic Management and Human Relations.* Boston:Allyn and Bacon.

Weinbach, M. E.(1990). *Human Services management : Application.*(2nd ed.). San Francisco, CA : Wadworth.

7
chapter

사회보장

제 1 절 사회보장의 개념

1. 사회보장의 개념 및 범주

사회보장이란 용어가 처음 사용된 것은 미국의 루즈벨트(Roosevelt)대통령이 1934년 의회에서 뉴딜(new deal)정책을 설명하는 가운데 비롯된 것이다. 이것이 법률적인 용어로 처음 사용된 것은 1935년에 미국에서 제정된 사회보장법이며, 다음으로는 1938년 뉴질랜드에서 제정된 사회보장법이다(김안호 외 공저, 2006: 161).

사회보장은 국가가 모든 국민의 생활을 보장하는 제도이지만 그 개념에 대해 일치된 견해는 없으며, 나라와 시대, 연구자에 따라서 다를 수 있다. 여기서 사회보장의 개념에 관한 이론을 정리해 보면 다음과 같다.

베버리지(Beveridge, 1942)는 사회보장을 다음과 같이 정의하고 있다. "실업, 질병, 재해로 인해 소득이 줄어들었을 때, 정년퇴직으로 소득이 중단되었을 때, 주된 소득자가 사망하여 생계를 책임질 사람이 없어졌을 때,

출생, 사망, 결혼 때문에 추가적인 비용이 지출될 때를 대비한 소득보장 정책이다." 베버리지보고서에 의한 사회보장은 협의의 개념으로서 소득의 감소 및 중단, 추가적인 지출을 보완하기 위한 최저수준의 소득보장이라고 해석할 수 있다(원석조, 2002; 22).

그러나 일반적으로 대부분의 국가에서 가장 널리 통용되고 있는 국제노동기구에서 사용하고 있는 사회보장은 다음과 같이 광의의 개념으로 정의되고 있다. "사회보장이란 사람들이 살아가다가 직면하는 질병, 노령, 실업, 장애, 사망, 출산, 빈곤 등으로 인하여 소득이 일시적으로 중단되거나 소득이 장기적으로 없어지거나 지출이 크게 증가하여 사람들이 이전의 생활을 하지 못할 경우 이전의 사회생활을 할 수 있도록 하는 국가의 모든 프로그램을 말한다(김태성 · 김신수, 2006; 19).

미국 사회사업가협회(National Association of Social Workers)에서 발행한 『사회사업사전』은 사회사업을 두 가지 측면으로 나누어 설명하고 있는데, 첫째, 일반적 사회보장의 개념으로서, 사회보장을 "사회가 자기 시민을 보통의 생활의 생활 위험에서 보호하기 위하여 제공하는 것"으로 보고 있다. 여기에서 생활 위험은 질병, 실업, 가장사망, 노령, 장애와 같은 것을 말한다. 둘째, 미국의 경우에만 적용되는 사회보장 개념으로서, 미국에서는 사회보장을 사회보장법에서 취급하는 특정 연방프로그램과 동의어로도 사용하고 있음을 지적하고 있다(김안호 외 공저, 2006; 162).

한편 우리나라의 사회보장기본법 제3조에서는 사회보장을 "질병 · 장애 · 노령 · 실업 · 사망 등의 사회적 위험으로부터 모든 국민을 보호하고 빈곤을 해소하며 국민생활의 질을 향상시키기 위하여 제공되는 사회보험 · 공공부조 · 사회복지서비스 및 관련 복지제도"라고 정의하고 있어 사회보장의 개념을 광의의 개념으로 보고 있다.

이와 같이 사회보장은 나라마다, 학자마다 약간씩 다르게 해석되고 있지만 중요한 것은 국가의 책임 하에 이루어진다는 것이며, 일상생활과 관련해서 이해할 필요가 있다는 점이다. 즉, 사회보장이란 국가가 전 국민들을 대상으로 생존권을 실현하기 위해 소득재분배를 통해 최저생활을 유지할 수 있도록 물질·비물질적 서비스로 소득을 보장하는 총체적인 생활보장제도라 할 수 있다.

이러한 사회보장정책은 크게 사회보험정책, 공공부조정책, 사회복지서비스정책 등으로 나누어 살펴볼 수 있다.

사회보험은 대부분의 선진국들에게 가장 중요한 사회보장정책으로서, 공공부조와는 달리 기본적으로 미래에 부딪칠 수 있는 위험에 대비하는 예방적 제도로 국가가 사회복지정책을 수행하기 위하여 보험의 원리와 방식을 도입하여 만든 사회경제제도이다. 우리나라 사회보험은 노령, 장애, 사망 등의 위험에 대비한 국민연금, 질병에 대비한 국민건강보험, 실업에 대비한 고용보험, 업무 중 발생한 사고에 대비한 산업재해보상보험, 그리고 2008년 7월 1일부터 시행되고 있는 노후 수발에 대비한 노인장기요양보험제도가 있다.

반면 공공부조는 사회보장정책 중 가장 오래된 정책이며, 사회보험이 성숙되기 전까지 대부분의 나라에서 가장 중요한 사회보장의 역할을 담당하여 왔다. 공공부조는 빈곤계층의 생계를 보호하는 데 중점을 둔 사후보장적 성격을 가지고 있는 정책으로서, 국가의 책임 아래 자산조사를 통하여 생활유지 능력이 없거나 생활이 어려운 국민의 최저생활을 보장하고 자립을 지원하는 제도이다. 우리나라의 경우 가장 중요한 공공부조정책으로는 국민기초생활보장제도가 있다.

사회복지서비스는 일정한 범주(노인, 아동, 장애인 등)에 속하기만 하면 기여를 하지 않아도 수급자의 소득 및 재산과 관계없이 정상적인 생활이 가능하도록 지원해 주는 제도이다. 우리나라의 경우 장애인복지법, 아동복지법, 노인복지법, 모자보건법, 청소년복지법 등을 통하여 이 범주에 속하는 대상자들을 지원해 주고 있다.

본 장에서는 우리나라의 사회보험제도와 공공부조의 대표격인 국민기초생활보장제도를 중심으로 살펴보고자 한다.

2. 사회보장의 목적과 기능

사회보장의 목적에 대하여는 영국 요크대학의 사회정책연구소의 연구위원인 Roy Sainsbury(1999; 36-41)는 사회보장의 전통적인 목적으로 다음과 같은 다섯 가지를 꼽고 있다(원석조, 2008; 211-212 재인용).

첫째, 빈민구제이다. 베버리지 보고서가 5대 악 중의 하나로 지목한 결핍에 대한 대책으로서의 사회보장이 바로 이런 목적을 추구한다. 공공부조(또는 그 뿌리인 빈민법)가 가장 대표적이다.

둘째, 욕구충족이다. 노인, 아동, 장애인 등 사회적 욕구가 큰 집단을 위한 사회적 대책(주로 공공부조와 사회복지서비스)으로서의 사회보장을 말한다. 2차 세계대전 후 사회보장 수급자들의 사회적 권리가 신장되면서 많이 사용되었다.

셋째, 소득유지와 소득보전이다. 연금과 건강보험이 여기에 해당되는데, 일을 하여 소득이 있을 때 사회보험에 가입, 보험료를 내고, 노후나 질병으로 소득이 중단 또는 감소되었을 때 사회보험 급여를 받음으로써 소득을 유지한다.

넷째, 보상이다. 공장주를 위해 일하다가 산업재해를 당했을 때 노동력 상실에 비례하여 보상을 받는 노동자보상법이다 산재보험이 여기에 해당한다.

다섯째, 재분배이다. 공공부조는 소득계층 간 재분배를, 가족수당은 수평적 재분배(소가족에서 대가족으로)를, 연금은 세대 간 재분배(청년세대에서 노인세대로)를 목적으로 하고 있다.

한편 사회보장의 기능은 크게 경제적 기능, 사회적 기능 및 정치적 기능으로 구분해 볼 수 있다. 물론 각 기능은 완전히 별개의 것이 아니라 중복되는 경우가 많다(김안호 외, 2006; 165-166).

첫째, 사회보장의 경제적 기능이다. 누진소득세를 중심으로 하는 과세를 통한 정부의 재정정책 또는 사회보장을 중심으로 하는 대체지출과의

양 측면으로부터의 정책에 의한 재분배를 소득의 수직적 재분배, 그리고 사회보장정책에 의한 것을 수평적 재분배라고 부르며, 양자가 적절히 기능할 때 소득재분배의 효과를 거둘 수가 있는 것이다. 사회보장의 기능에서 소득의 재분배기능이 없다고 한다면 사회보장의 존재가치도 없다고 할 수 있다. 따라서 사회보장의 경제적 기능으로서 소득의 재분배 기능이 가장 중요하다고 할 수 있다.

둘째, 사회보장의 정치적 기능이다. 사회보장에는 현대 자본주의 체계에 있어서 소득의 불평등이 확대되어 국가가 재정정책과 더불어 사회보장정책을 통하여 그 조정자로서의 정치적 역할을 다하지 않는 한 그 체제의 유지가 곤란하다는 관점에서 현대 자본주의 체제의 유지 기능으로서의 정치적 기능이 있다. 그리하여 오늘날 복지국가의 사상은 사회보장과 연결되어 자본주의 부정론에 대한 체제유지 이론의 지주로 되어 있어 현대의 모든 자본주의 국가는 사회보장을 중요한 정책의 하나로 삼고 있는 것이다. 사회보장은 계급의식을 약화시키고 불만을 방지함으로써 체제를 유지시키는 기능이 있다. 사회보장은 사회구조와 정치체제의 판을 근본적으로 새로 짜는 급진적 혁명을 방지하고 대신에 개량주의적 접근(체제 내 개혁)을 달성하게 하는 기능이 있다.

셋째, 사회보장의 사회적 기능이다. 사회보장은 사회안정을 가져오거나 사회안정을 유지하는 기능이 있다. 사회보장은 국민 최저생활을 확보해줌으로써 사회안정을 가져온다. 이러한 사회적 기능을 통하여 국민생활에 대한 각종의 요구나 이해 대립을 조정하게 된다.

그 밖에 사회보장의 형성 발전이 생존권 보장의 법체계를 통일적인 법체계로 형성하는 법적 기능도 있다.

제 2 절 사회보험

1. 사회보험의 개념 및 특징

사회보험(social insurance)은 사회정책을 위한 보험으로서 사회정책을 수행하기 위하여 보험의 원리를 도입하여 만든 제도로서 사회보장정책 중 핵심을 이루고 있는 제도이다. 구체적으로는 국민을 대상으로 피보험자가 사전에 소득의 일부를 보험료로 지불하고 질병, 부상, 사망, 노령, 장애, 실업 등으로 인하여 활동 능력의 상실과 소득의 감소가 발생했을 때에 보험방식에 의하여 급여를 지급함으로써 소득의 일부 또는 전부를 보장해 주는 제도라고 할 수 있다.

우리나라는 노후생활 및 폐질에 대비한 국민연금보험, 질병과 부상 및 출산에 대비한 국민건강보험, 업무상 재해를 대비한 산업재해보상보험, 그리고 실업에 대비하기 위한 고용보험의 4대 사회보험이 이미 실시되고 있으며, 2008년 7월부터는 노후의 병수발에 대비한 노인장기요양보험제도가 신설되어 실시되고 있다.

이러한 사회보험은 소득보장이란 점에서 공공부조와 동일한 목적을 갖고 있지만, 민간보험은 물론 공공부조와 본질적으로 다른 다음과 같은 특징을 가지고 있다(윤철수 외, 2008; 175-176).

- 사회보험은 강제적용으로 사회적 위험으로부터 국민들을 보호하기 위한 의무적 제도다.
- 사전에 규정된 욕구에 따라 급여가 지급되기 때문에 예방적 성격을 가지고 있다.
- 자산조사는 없으며, 급여수급권자가 수급에 필요한 제반조건을 충족

하였을 경우에 권리로서 이루어지고, 수급권은 수급자와 보험자(정부 또는 공적기관) 간의 계약에 의한다.

- 자신이 낸 보험료에 비례하여 급여를 받는 개인의 형평성보다는 모든 가입자에게 최저생계를 유지하도록 급여를 제공하는 사회적 연대 및 통합을 중시한다.

여기서 사회보험과 민간보험의 차이점을 살펴보면 〈표 7-1〉과 같다.

〈표 7-1〉 사회보험과 민간보험의 차이점 구분

구 분	사회보험	사보험
제도의 목적	최저생계 및 의료보험	개인적 필요에 따른 보상
보험가입	강제	임의
부양성	국가 또는 사회부양	없음
수급권	법적 수급권	계약적 수급권
독점/경쟁	정부 및 공공기관의 독점	자유경쟁
공동부담여부	공동부담의 원칙	본인 부담의 원칙
재원부담	능력비례부담	개인의 선택
급여수준	균등 및 기여급여	기여비례급여
보험사고대상	인보험	인적 물적 보험
성격	집단보험	개별보험

출처 : 사단법인 한국자활후견기관 협회, 장애인과 함께 하는 활동보조인 양성교재, 2007 : 10.

2. 사회보험의 기본원리

1) 최저생활보장의 원리

사회보험에서 보장하는 소득수준은 최저생활수준을 원칙으로 한다. 즉, 최저생계비 개념에 근거하여 수준을 정하고 그 수준을 보장하는 것이다. 최저수준 이상은 개인의 노력에 맡기는 것이 자유주의, 자본주의의 기본 개념이다(김근조, 1994; 194-198 재인용).

연금보험에서 보장하려는 소득보장수준은 그 하한이 최저생활보장에 있고, 그 상한은 퇴직 전의 생활수준을 보장하려는 것을 이상으로 하고 있다. 이에 반해 공공부조에서는, 공공부조 대상자가 생활하고 있는 소득계층의 근로자가 스스로 노력하여 획득한 소득에 의한 생활수준이 최저한까지를 공공부조의 상한으로 잡는다.

2) 소득재분배의 원리

사회보험제도는 소득재분배의 원리를 기초로 하고 있다. 소득재분배 효과는 기여금의 납부나 급여의 지급에 있어서 모두 나타나야 한다. 첫째, 기여금 납부 시에는 소득에 비례하거나 소득에 누진율을 적용하여 기여율을 책정함으로써 재분배 효과가 나타나게 한다. 저소득자에게는 기여금을 소액으로 납부하게 하거나 감면을 하고, 또는 국고로 보조금을 지급하는 방법으로 소득재분배 효과를 거둘 수 있다. 둘째, 급여의 지급에 있어서는 소득과는 무관하게 요구(needs)의 크기에 따라 급여를 지급하여 재분배 효과를 기대하게 된다. 고소득자 또는 가족 수가 적은 가족에게는 낮은 급여를, 저소득자 또는 가족 수가 많은 가족에게는 높은 급여를 지급하는 방식으로 소득재분배 효과를 달성할 수 있다(황인옥 외, 2006; 232 재인용).

3) 보편주의 원리

사회보험의 적용범위는 전 국민을 대상으로 하여야 한다는 원리이다. 보편주의 원리는 제도운영상의 기술축적과 국가재정의 충분성 등에 따라 적용범위를 점차 확대해 나감에 따라 해결한다. 우리나라의 경우, 거의 모든 사회보험이 이러한 과정을 거쳐 보편주의 원리를 실현하여 왔다. 예컨대, 국민건강보험의 경우 제도 도입 초기에는 500인 이상 사업장의 근로자에게 적용하기 시작하여 5인 이상의 사업장까지 적용범위를 확대하였고, 농어민에게 먼저 적용한 다음에 도시의 자영업자에게까지 확대하였다(황인옥 외, 2006; 232 재인용).

4) 비용분담의 원리

사회보험에 필요한 운영의 재원은 사용자, 피용자, 국가가 분담하여 조달하여야 한다는 원리이다. 피용자의 경우, 노무를 제공하고 사용자로부터 일정한 봉급을 받고 있다. 보험제도의 수혜자인 점에서 자기책임의 원리에 입각하여 기여금을 분담하여야 하고, 사용자는 현대사회의 특징의 하나인 무과실책임원리에 근거하여 비용을 분담하여야 한다. 국가는 헌법상 기본권 보장의무자로서, 기본권의 하나인 생존권적 기본권을 보장하여야 할 의무가 있으므로 비용의 일부를 부담하게 된다(장동일, 2001: 235 재인용). 예를 들어 국민연금의 경우 사용자와 피용자가 5 : 5, 공무원연금의 경우 공무원과 국가가 5 : 5, 사립학교 교직원의 경우 교직원, 학교법인, 국가가 5 : 3 : 2의 비율로 분담하고 있다.

3. 국민연금

1) 국민연금의 개념 및 필요성

국민연금제도란 국가가 보험의 원리를 도입하여 만든 사회보험의 일종으로 가입자, 사용자 및 국가로부터 일정액의 보험료를 받고 이를 재원으로 노령으로 인한 근로소득 상실을 보전하기 위한 노령연금, 주소득자의 사망에 따른 소득상실을 보전하기 위한 유족연금, 질병 또는 사고로 인한 장기근로능력 상실에 따른 소득상실을 보전하기 위한 장애연금 등을 지급함으로써 국민의 생활안정과 복지증진을 도모하는 사회보장제도의 하나이다.

우리나라에서 시행되고 있는 공적연금제도는 전 국민을 대상으로 하는 국민연금과 공무원을 대상으로 하는 공무원 연금, 군인을 대상으로 하는 군인연금, 사립학교교직원을 대상으로 하는 사립학교 교직원연금과 같은 일부 특수직을 대상으로 하는 특수직연금제도로 구분되어 있다.

이와 같은 연금의 도입 필요성을 살펴보면, 첫째로, 우리나라의 경우

세계에서 유래를 찾아보기 힘들 정도로 빠르게 노인인구가 늘고 있어 이를 대비할 필요가 있다. 즉, 생활수준의 향상과 의료기술의 발달로 평균수명이 늘어나고 출산율 감소로 인해 우리나라는 매우 빠른 속도로 노령화가 진행되고 있다. 65세 이상 노령인구비율이 2000년 7.2%로 노령화사회(UN 기준 : 7%)에 진입한 후 2019년과 2026년에는 각각 고령사회(UN 기준 : 14%)와 초고령사회(UN기준 : 20%)로 진입 할 것으로 예상되고 있으며. 특히 고령화사회 → 고령사회 → 초고령사회로의 이행기간이 각각 19년과 7년에 불과해 세계에서 유사한 사례를 찾아볼 수 없을 정도로 빠르게 진행되고 있다.

둘째로, 출산율이 급속히 떨어지고 있기 때문이다. 저출산고령사회위원회 자료에 따르면 1980년 2.83명이던 한국의 출산율은 2005년에 1.08명으로 떨어져 세계에서 가장 낮을 뿐 아니라, 최근 30년 동안 선진국 인구통계상 최저 수준으로 나타나고 있다. 고령화 사회의 진입은 부양해야 할 노령인구가 증가한다는 것을 의미하는데, 2002년 현재 생산가능인구 9명이 1명의 노인을 부양하고 있지만 2019년에는 5명이 1명을 부양해야 하는 실정으로 고령사회를 대비한 연금제도의 도입이 늦어지면 노인층의 부양을 위한 사회적 비용을 생산가능인구가 부담하기 어렵게 되기 때문이다.

셋째로, 부모를 모시는 가정이 줄고 있기 때문이다. 과거에는 평균수명이 짧고 노년인구의 수가 적어 노인은 농경사회 지혜의 원천으로, 대가족제도의 어른으로 존경의 대상이었으나, 오늘날에는 노년인구가 많아지고 산업화 사회, 핵가족 제도의 영향으로 노인을 존경의 대상으로 보기보다는 부양의 대상으로 부담스럽게 생각하는 시각이 더 커지고 있다. 통계청 조사에 따르면 경제적인 어려움이 노인들에게 가장 해결이 어려운 문제로 나타나고 있으나 가족구조, 부양의식 변화 등으로 인해 사적부양의 역할은 축소되고 있으며, 따라서 젊고 소득활동 능력이 있을 때 체계적으로 자신의 노후를 준비해야 할 필요가 있다.

넷째로, 스스로 미래를 대비하는 사람이 적기 때문이다. 국가가 노후대비를 어느 정도 강제하지 않으면, 가난한 사람은 "지금 먹고살기도 힘든데 무슨 노후 준비냐?"며 노후준비를 하지 않게 되고, 젊은 사람들은 "20, 30년 후의 노후준비를 왜 벌써부터 하느냐?"며 노후준비를 미루게 된다. 실제로 대한상공회의소가 서울지역 직장인을 대상으로 한 노후대책 실태조사에 따르면 노후 걱정을 많이 하면서도 노후를 준비하는 직장인은 10명 중 3명에 불과한 것으로 나타나고 있다. 따라서 이를 방치하면 금융소득이나 퇴직금만으로는 노후생활이 어렵게 되고 장차 노후빈곤문제는 심각한 사회문제로 대두될 것이므로 공적연금제도의 도입이 필요하게 되었다.

다섯째, 증가하는 사회적 위험에 대비한 생계대책이 필요하기 때문이다. 사고나 질병은 누구에게나 예고 없이 다가올 수 있으며, 특히 현대사회는 도시화, 산업화로 인해 교통사고나 산업재해 등 각종사고의 위험이 크게 증가하고 있고, 이러한 위험을 개인 또는 가족 스스로 해결하기에는 어려움이 많기 때문에 국가가 나서서 사회구성원간의 공동체적 연대와 세대 간의 부양시스템에 기초를 둔 공적연금제도를 도입하게 되었다.

이러한 국민연금제도는 1960년대의 빠른 경제발전과, 산업화, 도시화, 핵가족화, 노령화 등이 빠르게 진행됨으로써 발생된 사회문제의 해결방안으로 1973년 국민복지연금법이 제정・공포되었으나, 1973년 발생한 석유파동의 영향에 의한 경제 불황으로 1974년 1월부터 시행 예정이었던 국민연금제도를 무기한 연기하게 된다.

이후 제6차 경제사회발전 5개년 계획이 실행되고 이 기간 동안 경제가 다시 발전하여 국민부담 능력이 크게 향상됨으로써 국민연금제도 실시를 위한 제반 여건이 성숙되기에 이르렀으며, 노동시장 확대와 계속적인 출생률 저하 등으로 국민연금 제도에 대한 필요성이 증가되면서 1986년부터 종전의 국민복지연금 제도를 수정・보완하여 1988년 1월부터 10인 이상 사업장에 근무하는 18세 이상 60세 미만의 근로자 및 사업주를 대상으로 국민연금제도를 시행하게 되었다.

시행에 앞서 국민연금의 기금운용 등을 효율적으로 관리운영하기 위하여 1987년 9월에 국민연금공단을 설립하였으며, 1992년부터 5인 이상 사업장으로 당연적용대상을 확대하였다. 현재는 1인 이상의 근로자를 사용하는 사업장으로 확대되었으며, 1995년에는 농어촌 지역에까지 국민연금제도를 확대하였고, 1999년 4월부터는 도시지역의 자영업자에게까지 확대실시 함으로써 전 국민연금시대가 열리게 되었다.

2) 가입유형 및 대상

국민연금의 가입대상자는 국내에 거주하는 18세 이상 60세 미만의 국민으로서, 국민연금 가입 사업장에 종사하는 외국인과 국내거주 외국인도 해당된다. 다만 특수직연금에 가입하고 있는 자는 제외된다. 가입대상은 반드시 가입해야 하는 당연적용 가입대상(의무가입)과 본인의 선택에 의해 가입하는 임의적용 가입대상이 있으며, 가입유형으로는 사업장 가입자, 지역 가입자, 임의 가입자 및 임의 계속 가입자의 네 가지로 구분된다.

사업장가입자란 국민연금에 가입된 사업장의 18세 이상 60세 미만의 사용자 및 근로자로서 국민연금에 가입된 자를 말하며, 1인 이상의 근로자를 사용하는 사업장 또는 주한외국기관으로서 1인 이상의 대한민국 국민인 근로자를 사용하는 사업장에서 근무하는 18세 이상 60세 미만의 사용자와 근로자는 당연히 사업장가입자가 된다(당연적용 사업장). 다만, 아래와 같은 경우에는 가입대상에서 제외된다.

- 만 18세 미만이거나 만 60세 이상인 사용자 및 근로자. 다만, 18세 미만의 근로자로서 본인이 희망하는 경우 사용자의 동의를 얻어 가입할 수 있다.
- 공무원연금, 군인연금, 사립학교교직원연금 가입자 등 타 공적연금 가입자
- 공무원연금법・사립학교교직원연금법 또는 별정우체국법에 의한 퇴직연금・장해연금 또는 퇴직연금일시금 수급권을 취득하거나 군인연금법에 의한 퇴역연금・상이연금 또는 퇴역연금일시금의 수급권을 취득한 자

- 국민기초생활보장법에 의한 수급자
- 일용근로자나 1개월 미만의 기한을 정하여 사용되는 근로자. 다만, 1개월 이상 계속 사용되는 경우에는 근로자에 포함된다.
- 소재지가 일정하지 아니한 사업장에 종사하는 근로자
- 법인의 이사 중 「소득세법」 제20조 제1항에 따른 소득이 없는 자
- 1개월 동안의 근로시간이 80시간 미만인 시간제근로자 등 사업장에서 상시 근로에 종사할 목적으로 사용되는 자가 아닌 자[1)]

지역가입자는 국내에 거주하는 18세 이상 60세 미만의 농어민, 도시자영업자로서 사업장가입자가 아닌 사람은 의무대상 가입자이다. 다만, 다른 공적연금에서 퇴직연금(일시금), 장애연금을 받는 퇴직연금 등 수급권자, 국민기초생활보장법에 의한 수급자, 소득활동에 종사하지 않는 사업장가입자 등의 배우자 및 보험료를 납부한 사실이 없고 소득활동에 종사하지 않는 27세 미만인 자는 지역가입자가 될 수 없다.

임의가입대상자는 국내에 거주하고 18세 이상 60세미만 국민으로서 사업장가입자나 지역가입자가 될 수 없는 사람이 의무가입이 아닌 본인의 선택에 따라 가입할 수 있는 제도로서 다음의 대상자를 말한다.

- 퇴직연금등수급권자
- 기초수급자
- 타공적연금가입자, 사업장가입자, 지역가입자 및 임의계속가입자, 노령연금 및 퇴직연금등수급권자의 배우자로서 별도의 소득이 없는 자
- 노령연금 수급권을 취득한 60세 미만의 특수직종근로자나 조기노령연금 수급권을 취득한 자(지급이 정지중인 자 제외)의 배우자로서 별도의 소득이 없는 자
- 18세 이상 27세미만인 자로서 학생이거나 군복무 등으로 소득이 없는 자(연금보험료를 납부한 사실이 있는 자를 제외)

---

1) 일용근로자, 시간제근로자인 경우, 근로계약 여부 또는 근로계약 내용과 관계없이 고용기간이 1개월 이상이고, 근로시간이 월 80시간 또는 주당 평균 18시간 이상인 경우에는 가입대상이다.

그러나 다음에 해당하는 자는 임의가입 신청대상에서 제외된다.

- 타 공적연금가입자
- 조기노령연금 수급권을 취득한 자(지급이 정지중인 자를 제외)
- 노령연금수급권을 취득한 60세미만의 특수직종근로자
- 사업장가입자, 지역가입자, 외국인

임의계속가입자는 60세에 도달하여 국민연금 가입자의 자격을 상실하였으나, 가입기간이 부족하여 연금을 받지 못하거나 가입기간을 연장하여 더 많은 연금을 받고자 하는 경우 65세에 달할 때까지 신청에 의하여 가입한자를 말한다. 주로 60세가 되어도 가입기간이 부족하여 노령연금을 받을 수 없는 경우 신청하는 경우가 많으며, 다음에 해당하는 자는 임의계속가입 신청대상에서 제외된다.

- 60세가 되거나 임의계속 탈퇴(상실)하고 반환일시금을 이미 받은 자
- 전액미납, 전액 납부예외자(미납자는 납부 후 가입신청 가능)

3) 연금급여 종류

연금급여란 가입자가 나이가 들거나 질병, 사망 등으로 인해 소득이 감소할 경우 본인이나 유족의 생계를 보장하기 위해 지급되는 현금급여를 말하며, 연금급여의 종류에는 노령연금, 장애연금, 유족연금 그리고 연금급여의 수급요건을 충족하지 못하고 도중에 자격을 상실하거나 사망한 경우에 본인 또는 그 유족에게 지급되는 반환일시금, 사망일시금 등이 있다.

이러한 연금급여의 개념을 정리하면 다음 〈표 7-2〉와 같다.

〈표 7-2〉 연금급여의 종류

연금 급여 (매월 지급)		일시금 급여	
노령연금	노후 소득보장을 위한 급여 -국민연금의 기초가 되는 급여	반환 일시금	연금을 받지 못하거나 더 이상 가입할 수 없는 경우 청산적 성격으로 지급하는 급여
장애연금	장애로 인한 소득감소에 대비한 급여	사망 일시금	유족연금 또는 반환일시금을 받지 못할 경우 장제보조적·보상적 성격으로 지급하는 급여
유족연금	가입자의 사망으로 인한 유족의 생계보호를 위한 급여		

출처 : 국민연금공단 홈페이지(www.nps.or.kr)

노령연금은 다시 완전노령연금, 감액노령연금, 재직자노령연금, 조기노령연금, 특례노령연금으로 구분되어 지급되고 있으며 국민연금의 종류별 수급요건과 급여수준 및 수급기간은 〈표 7-3〉과 같다.

〈표 7-3〉 국민연금의 종류 및 수급요건, 급여수준과 수급기간

구분		수급자격	수급기간	수급액
노령연금	완전노령연금	·가입기간:20년 이상 ·60세에 달한 때 ·광부 및 어부는 55세	사유 발생 다음 달부터 사망 시까지	·기본연금액의 100%+가급연금액
	감액노령연금	·가입기간: 10년~20년 미만 ·60세에 달한 때 ·광부 및 어부는 55세	60세(55세) 도달월의 다음 달부터 생존하는 동안	·기본 연금액의 47.5%~92.5% +가급연금액(10년 초과 1년당 기본연금액의 5% 추가)
	재직자노령연금	·가입기간 10년 이상으로 소득 있는 60~65세 미만 ·광부 및 어부는 55세 이상 60세 미만	60~65세 미만	·기본연금액의 50~90%
	조기노령연금	·가입기간 10년 이상, 연령 55세 이상인 자가 소득이 잇는 업무에 종사하지 아니하고 60세 도달 전에 연금 수급을 원하는 경우	55세부터 지급	·기본연금액의 75~95%+가급연금액

노령연금	특례노령연금	· 가입기간 5년 이상이고 다음에 해당하는 자 · 1998.1.1현재 45~60세 미만 · 1995.7.1현재 45~60세 미만 · 1994.4.1현재 50~60세 미만	60세부터 지급	· 기본연금액의 1/4(25%)+가급연금액(가입기간 1년 증가할 때마다 기본 연금액의 5%씩 증가)
장애연금		· 가입기간 중 발생한 질병, 부상으로 인하여 완치 후에도 장애가 있는 경우 그 장애가 존속하는 동안 장애 정도에 따라 지급	초진일로부터 2년 경과하여도 완치되지 않는 경우 장애 존속기간	· 1급: 기본연금액 100%+가급 · 2급: 기본연금액 80%+가급 · 3급: 기본연금액 60%+가급 · 4급: 기본연금액 225%배 (일시금)
유족연금		· 가입자, 10년 이상 가입자였던 자, 노령연금 수급자 · 장애 2급 이상의연금 수급자가 사망한 때	· 배우자: 5년간, 50세 이후 · 자녀: 18세 미만, 장애 2급 이상 · 부모: 60세 이상, 장애 2급 이상 · 손 자녀, 조부모 순	· 10년 미만: 기본의 40%+가급 · 10~20년: 기본의 50%+가급 · 20년 이상: 기본의 60%+가급
사망일시금		· 가입자 또는 가입자였던 자의 사망 · 유족이 없는 경우	· 배우자, 자녀, 부모, 손 자녀 · 조부모, 형제자매, 4촌 이내 방계 혈족으로 가입자에 의해 생계를 유지하고 있던 자	· 사업장의 경우: 부담금+퇴직전환금의 3년 만기 정기적금 이자율+기여금의 1년 만기 정기적금 이자율+기납부 국민연금액
반환일시금		· 가입기간 10년 미만으로 60세에 달한 때 해외 이주, 국적 상실의 경우 · 가입자 또는 가입자이었던 자의 사망(유족연금이 지급되지 않는 경우)	본인 또는 유족	
분할연금		· 혼인기간(가입기간 중)이 5년 이상인 자로 노령연금 수급권자에 한함	배우자와 이혼한 후 60세가 되는 때, 60세후 수급권자와 이혼하는 때, 60세가 된 후 배우자였던 자가 수급권을 취득하는 때, 배우자였던 자가 수급권을 취득한 후 본인이 60세가 되는 때	· 배우자였던 자의 노령연금액 중 혼인기간에 해당하는 연금액을 균분한 액

출처: 윤철수 외, 학지사 pp. 180-181.

4) 연금급여의 산정과 재원부담

국민연금의 급여액은 산정은 지급 사유에 따라 기본연금액과 부양가족 연금액으로 구성되어 있다. 기본연금액은 사업장 가입자 및 지역 가입자 등의 전체 가입자의 평균소득을 기초로 가입기간이 20년일 경우 가입기간 중 평균소득의 30%, 40년 가입 시 60%의 연금액을 지급받을 수 있도록 만든 산식에 의하여 결정된다.

연금급여액 = 기본연금액 + 부양가족 연금액

⇩

(균등부분 + 소득비례부분)

또한 기본연금액은 균등부분과 소득비례 부분으로 구성되어 있으며, 균등부분은 가입자의 소득수준이나 연금부담액과 관계없이 연금 수급 전 3년간의 전체가입자 평균소득월액을 평균한 금액을 동일하게 지급함으로써 소득 재분배의 기능을 수행하고 있다.

부양가족연금액은 수급자가 그 권리를 취득할 당시 가입자(유족연금은 가입자 또는 가입자이었던 자)에 의해 생계를 유지하고 있거나, 노령연금 또는 장애연금의 수급권자가 그 권리를 취득한 후 그 수급권자에 의하여 생계를 유지하고 있는 피부양자에 따라 지급하는 일종의 가족수당 성격의 부가급여다.

우리나라 국민연금의 재원부담은 전형적인 사회보험형태를 취하고 있다. 사업장 가입자의 경우 보험료율인 소득의 9%에 해당하는 금액을 본인과 사업장의 사용자가 각각 절반, 즉 4.5%씩 부담하여 매월 사용자가 납부하여야 한다. 사업장가입자의 연금보험료는 가입자가 개별적으로 납부할 수 없고, 사용자가 원천징수하여 일괄적으로 납부하도록 하고 있다. 이때 보험료 산정의 기초가 되는 기준소득월액은 1년에 한번 산정하므로 실제 보수의 4.5%와는 맞지 않을 수도 있다.

지역가입자, 임의가입자, 임의계속가입자는 보험료를 본인이 전액 부담한다. 다만, 제도시행초기 보험료 납부에 대한 부담을 줄여주기 위하여 3%에서 시작 하여, 2000년 7월부터 매년 1%씩 상향조정되어 2005년 7월 이후 9%까지 상향 조정되었다.

농어업인의 경우 농어업인인 지역가입자 또는 농어업인으로서 지역가입자에서 임의계속가입자로 된 경우에 한하여 농어촌구조개선특별회계의 재원을 기초로 보험료의 일부를 국고에서 지원해 주고 있다.

4. 국민건강보험

1) 국민건강보험의 개념 및 역사

국민건강보험은 질병, 부상, 분만, 사망 등으로 인해 과다한 의료비 지출의 부담을 덜어주기 위한 사회보장제도로서 가입자 전원에게 소득과 재산에 따라 보험료를 각출하고 보험급여를 실시함으로써 국민의 건강증진 및 보건을 향상시키는 제도라고 할 수 있다(윤철수 외 공저, 2008; 184).

건강보험제도의 특징은 첫째, 법률에 따른 강제가입으로 일정한 법정요건을 충족하면 본인의 의사에 관계없이 강제로 적용하며, 둘째로, 사보험은 급여내용, 위험의 정도, 계약의 내용 등에 따라 보험료를 부담하지만 건강보험은 사회연대를 기초로 의료비 문제를 해결하는 것이 목적이므로 부담능력에 따라 보험료를 차등 부담한다.

셋째로, 사보험의 경우 계약내용과 부담금액에 따라 차등급여를 받지만 건강보험의 경우 보험료 부담정도와 관계없이 법령에 따라 균등하게 보험급여가 이루어짐으로써 소득재분배 효과가 있다.

넷째로, 건강보험은 단기보험으로서 1년 단위의 회계연도를 기초로 보험료를 예정하여 납부한 후 정산토록 하고 있으며, 지급기간도 단기이다.

우리나라의 건강보험은 1963년 12월 16일 의료보험법이 제정됨으로써 시작하였으나, 법률의 제정과정에서 강제가입이 아니라 임의가입으로 성격이 바뀌어 전국적으로 소수의 의료보험조합이 결성되어 시범적으로 운영되었을 뿐 거의 유명무실했다. 그 후 1976년 기존의 의료보험법을 전면 개정하여 1977년 7월 1일부터 500인 이상 사업장 근로자를 대상으로 강제가입성격의 의료보험제도를 처음 실시하였으며, 1988년 1월에는 농어촌지역 주민을 대상으로 한 의료보험이, 1989년 7월 1일에는 도시지역 주민을 위한 의료보험이 실시되면서 전 국민 의료보험시대가 열리게 되었다. 1998년에 접어들면서 의료보험조직에 대한 통합 논의가 활발히 진행되어 1999년 2월 8일에 2002년까지 의료보험 완전통합 시행을 골자로 하는 현재의 '국민건강보험법'이 국회를 통과하면서 2000년 7월부터 의료보험제도가 국민건강보험으로 통합 운영되고 있다.

2) 적용대상

국민건강보험의 적용대상은 원칙적으로 국내에 거주하는 전 국민으로 국내에 거주하는 국민은 의료급여법에 따라 의료급여를 받는 수급권자와 유공자 등 의료급여 대상자를 제외한 건강보험 가입자 또는 피부양자이다(국민건강보험법 제5조 제1항).

건강보험의 적용대상은 직장 가입자와 지역 가입자로 구분하는데 직장 가입자는 상시 1인 이상 사업장의 근로자와 그 사용자, 공무원 및 사립학교 교직원으로 임용 또는 채용된 자이며, 지역가입자는 직장 가입자와 그 피부양자를 제외한 농어업 종사자 및 도시 자영업자다(국민건강보험법 제6조).

직장 가입자의 피부양자는 배우자, 직계존속(배우자 직계존속 포함), 직계비속(배우자 직계비속 포함), 형제자매 등 직장 가입자에 의하여 주로 생계를 유지하는 자로서 소득 또는 보수가 없는 자가 피부양자가 된다. 즉 피부양자는 피보험자와 친족관계 및 생계유지관계에 있어야 하는 두 가지 요건을 동시에 만족시켜야 한다.

또한 직장가입자에서 제외되는 자는 ① 1월 미만의 기간 동안 고용되는 일용근로자 ② 현역병(부사관 포함), 전환복무된 사람 및 무관후보생 ③ 선거에 의해 취임하는 공무원으로서 매월 보수 또는 이에 준하는 급료를 받지 아니한 자 ④ 기타 사업장의 특성 고용형태 및 사업의 종류 등을 고려하여 대통령령으로 정하는 사업장의 근로자 및 사용자와 공무원 및 교직원 등이다(국민건강보험법 제6조 제2항).

3) 급여종류

국민건강보험의 급여는 피보험자나 피부양자가 질병, 부상, 분만 또는 사망 등과 같은 보험사고가 발생하였을 때 보험자가 지급하는 급여를 말하며, 급여의 제공형태에 따라 현물급여와 현금급여가 있다.

현물급여는 질병, 부상, 분만 시에 외래진료, 입원진료, 약제, 전문의 진료, 치과진료, 환자후송, 가정보호 등의 의료행위를 지정된 요양기관에서 직접 서비스를 제공 받는 것을 말하며, 요양급여, 분만급여, 건강진단 등이 있다. 현금급여는 긴급, 기타 부득이한 사유로 인하여 지정된 요양기관 이외의 의료기관이나 약국에서 진료를 받았을 때에 요양급여에 상당하는 금액을 지급받는 것을 말하며, 요양비, 분만비, 장제비, 본인부담금 보상비 등이 이에 속한다.

4) 재정부담

의료보험사업에 소요되는 재원을 조달하는 방식은 조세로 부담하는 방식과 피보험자와 사용자의 보험료로 조달하는 방식 등 국가에 따라 다르나 우리나라의 경우는 사회보험 방식을 원칙으로 가입자가 부담하는 보험료와 약간의 정부지원으로 운영되고 있다.

보험료는 직장 가입자와 지역 가입자가 각각 다르게 산정되어 적용되는데, 직장 가입자는 표준보수월액[2]에 보험료율을 곱하여 산정한다. 보험료율은 8%의 범위 안에서 심의위원회의 의결을 거쳐 대통령령으로 정하

2) 표준보수월액이란 직장가입자가 사업장에서 받은 연간 보수총액을 근무월수로 나눈 금액(월 평균보수월액)을 기초로 보수월액의 일정범위마다 등급을 매기고 각 등급마다 표준이 되는 금액을 정하여 놓은 금액을 말한다.

도록 되어 있으며, 2008년 기준 보험료율은 5.08%이고 2009년에도 경기 침체 등을 고려하여 동결될 것으로 보인다. 보험료는 고용주와 피용자가 각각 절반씩 부담하며(공무원인 경우는 정부와 본인이 반씩 부담) 사립학교 교직원의 경우는 가입자, 학교법인, 정부가 각각 5:3:2로 부담한다.

반면 지역 가입자의 보험료 산정은 매우 복잡한데 가입자의 소득, 재산(전월세, 자동차포함), 생활수준 및 경제활동참가율을 참작하여 정한 점수를 합산한 보험료부과점수에 점수 당 금액을 곱하여 보험료 산정 후 경감률 등을 적용하여 세대 단위로 부과한다.

5. 산업재해보상보험

1) 산업재해보상보험의 의의 및 특성

산업재해보상보험(이하 '산재보험')은 산업화가 진행되면서 급격히 증가하는 산업재해로부터 근로자를 보호하기 위하여 1964년에 사회보험 중 가장 먼저 도입(법 제정은 1963년)된 우리나라 최초의 사회보험제도로서 이후 수십 차례의 개정을 통해 적용대상과 급여수준을 확대하였다.

처음 도입당시인 1964년에는 상시근로자 500인 이상의 사업장으로 대규모 광업 및 제조업 부분에만 적용하였으나 2000년 7월부터는 5인 미만의 사업장에도 적용함으로써 근로자의 안전망 확보에 기여하게 되었다.

산재보험은 사업장에서 일하는 근로자들이 업무수행 중 또는 업무수행과 관련하여 부상·질병 또는 사망하는 경우에 산재근로자나 부양가족의 생활을 보장하기 위해 국가가 책임을 지는 의무보험으로, 근로기준법 상 형사책임과 보상책임을 담보하기 위한 제도이다.

산재보험은 근로자의 업무상 재해에 대하여 사용자의 고의 및 과실 여부를 묻지 않는 무과실주의를 채택하고 있으며, 다른 보험과는 달리 보험료는 원칙적으로 사업주가 전액 부담한다. 즉, 가입자와 수급자가 일치하지 않는다.

또한, 실질적인 손해액과는 관계없이 산재보험급여는 평균임금을 기초로 정률보상방식을 채택하고 있으며, 손해액을 민사소송에 의하지 않고 행정관청의 지도와 벌칙 등을 통하여 신속하게 처리할 수 있는 제도를 도입함으로써 근로자에 대한 보상을 중시하고 있다.

2) 적용대상

산재보험은 산업재해 보상보험법 제5조에 의거하여 상시 1인 이상을 고용한 모든 사업 또는 사업장의 강제 가입을 원칙으로 하고 있으나 다만, 사업의 위험률, 규모 및 사업장소 등을 고려하여 대통령령으로 정하는 사업은 적용을 제외하고 있다.

산재보험의 가입자는 상시 1인 이상을 고용하고 있는 사업주이나 보험급여의 수급자는 업무상의 사유에 의한 부상·질병·신체장애 또는 사망 등 업무상 재해를 당한 근로자(그의 유족을 포함)이며, 산업재해와 무관한 자영업자는 제외한다.

이 밖에도 원칙적으로 사업의 사업주도 산재보험의 적용대상에서 제외되며, 현장실습생, 해외파견자, 산업기술 연수생, 외국인 산업기술연수생, 중소사업주 등에 대해서는 구체적으로 명시함으로써 적용특례를 인정하고 있다.

또한 산재보험은 사업주의 가입의사와 관계없이 적용되는 당연적용사업(정부투자·출연기관, 종교 및 정치단체, 비영리법인 등)과 사업주의 가입의사에 따라 가입할 수 있는 임의적용사업으로 분류된다.

3) 급여의 종류와 재정부담

산재보험의 가장 중요한 급여조건은 산업재해가 발생하였을 때, 그 산업재해가 업무 수행성과 업무 관련성이 있느냐의 여부이다. 왜냐 하면, 산재보험의 성격상 무과실 책임주의에 입각하여 사용자가 재정부담을 전액 부담해야 하기 때문에 업무와 관련이 있는 재해의 경우에만 보상받을 수 있도록 하고 있다.

산재보험의 급여는 산재로 인해 발생하는 비용을 보장하는 현물급여와 소득손실을 보장하는 현금급여로 나뉜다. 현물급여로는 요양급여를 들 수 있고, 현금급여에는 휴업급여, 장해급여, 간병급여, 유족급여, 장의비, 상병보상연금, 특별급여 등이 있다.

요양급여는 산재로 인한 부상 또는 질병치료를 위한 요양비로서 전액을 현물로 지급하나, 부득이한 경우에는 요양비로 지급이 가능하다(단, 3일 이내는 사용자가 부담).

휴업급여는 요양급여와 동시에 지급되는 현금급여로서 요양기간 중의 소득보장을 위한 것으로, 1일당 평균급여의 70/100을 지급토록 하고 있다(단, 3일 이내는 제외).

장해급여는 장해등급(1-14등급으로 구분)에 따라 연금이나 일시금으로 지급하며, 유족급여는 유가족이 받게 되는 일시금 또는 연금지급형태로 유가족 수에 따라 사망근로자 평균임금의 67%(4인 이상)부터 52%(1인)까지 지급하도록 하고 있다.

또한 장의비는 평균임금의 120일 분을 지급하고, 상병보상연금은 요양급여를 받은 후 2년이 경과되고도 치유되지 않을 경우 지급하는 것으로 단, 휴업급부와 병행하여 지급하는 것은 금지토록 하고 있다.

특별급부는 민법상 손해배상의 청구제도에 의하여 지급하는 금액을 말한다.

산재보험료는 사업주가 전액 부담하는 것을 원칙으로 하고 있으며, 보험료 산정은 산재보험의 보험연도의 임금총액에 보험료율을 곱한 금액을 보험료로 한다.

보험료율의 결정은 업종별 차등요율체제를 기본으로 하고 있으며, 부분적으로 개별실적요율제를 적용한다. 개별실적요율제란 보험급여액의 비율이 당해 보험료액의 85%를 넘거나 75% 이하인 사업에 대하여는 그 사업에 적용하는 보험료율을 50% 범위 안에서 인상 또는 인하할 수 있도록 하는 제도로서, 산재예방을 위하여 적극적으로 노력한 사업에 대하여 인센티브를 부여하기 위한 것이다.

보험료율은 매년 9월 30일, 사업의 종류별로 구분하여 노동부장관이 정하여 고시한다.

6. 고용보험

1) 고용보험의 개념 및 적용대상

고용보험제도는 근로자가 실직하였을 경우 실직근로자 및 그 가족의 생계지원은 물론 재취업을 촉진하고, 나아가 실업의 예방 및 고용안정, 직업능력개발을 통한 사전적 적극적 차원의 노동시장 정책수단이라 할 수 있다.

고용보험의 목적은 "실업의 예방, 고용의 촉진 및 근로자의 직업능력의 개발·향상을 도모하고, 국가의 직업지도·직업소개 기능을 강화하며, 근로자가 실업한 경우에 생활에 필요한 급여를 실시함으로써, 근로자의 생활의 안정과 구직활동을 촉진하여 경제·사회발전에 이바지함을 목적으로 한다."(고용보험법 제1조)고 밝히고 있다.

우리나라는 1993년 12월에 고용보험법을 제정하여 1995년 7월 1일부터 상시근로자 30인 이상 사업장에 적용하면서 최초로 도입되었으며, 그 후 1998년 10월부터는 근로자 1인 이상을 고용하는 모든 사업장에 확대·적용하여 모든 사업주는 의무적으로 가입하게 되었다. 또한 2004년부터는 모든 일용근로자의 고용보험가입이 의무화되어 1개월간 일한 날 수가 10일이 안 될 경우 실업급여를 받을 수 있으며, 재취업을 위하여 취업 알선을 받을 수 있고 실업자 재취직 훈련을 받을 경우 훈련비와 훈련수당을 지원 받을 수 있게 되었다.

고용보험의 적용대상은 원칙적으로 근로자를 고용하는 모든 사업 또는 사업장에 적용되지만, 사업의 규모 및 산업별 특성을 고려하여 사업장 및 피보험자가 관리가 어렵다고 판단되는 4인 이하를 고용하고 있는 농업·임업·어업 및 수렵업과 가사서비스업 등을 행하는 사업주는 근로자 과반수의 동의를 얻어 고용보험에 임의로 가입할 수 있다.

또한 고용보험도 산재보험과 같이 사업이 개시되어 적용요건을 충족하게 되었을 때 사업주의 가입의사와 관계없이 자동적으로 보험관계가 성립하는 당연적용사업(정부투자・출연기관, 종교 및 정치단체, 비영리법인 등)과 사업주의 가입의사에 따라 가입할 수 있는 임의적용사업으로 분류된다.

2) 고용보험사업의 종류 및 재정부담

고용보험사업의 종류는 크게 고용안정사업과 직업능력개발사업 및 실업급여로 크게 나누어진다.

고용안정사업은 중소기업이 우선적 지원대상이 되며, 국내・외 경기변동 등 경제상의 이유로 근로자를 감원하지 않고 고용을 유지하거나 실직자를 채용하여 고용을 늘리는 경우, 사업주에게 비용의 일부를 지원하여 근로자의 고용안정을 보장하기 위한 사업이다. 고용안정사업에는 고용조정지원사업, 고령자 등의 고용촉진사업, 고용촉진시설지원사업 등이 있으며, 이는 실업의 예방과 재취업 촉진 및 노동시장 취약계층의 고용을 촉진시키기 위한 사업이다.

직업능력개발사업은 사업주가 근로자에게 직업훈련을 실시하거나 근로자가 자기개발을 위해 훈련을 받을 경우 사업주 또는 근로자에게 일정비용을 지원해 주는 사업이다. 지원을 통해 인적자원의 질을 향상시키고 근로자 자신의 직무능력 향상 노력을 유인해, 기업과 근로자 모두에게 급변하는 경제상황에 능동적으로 대처할 수 있게 함을 목적으로 하는 사업이다.

실업급여는 근로자가 실직한 경우에 일정기간 동안 보험급여를 지급하는 것으로 구직급여와 취업촉진수당이 있다. 구직급여는 기본적인 생활보장을 위한 급여로서 상병급여, 훈련연장급여, 개발연장급여, 특별연장급여가 있다. 취업촉진수당은 재취업을 위해 필요한 실제비용에 대한 지원금의 성격으로 조기재취업수당, 직업능력개발수당, 광역구직활동비, 이주비 등이 있다.

고용보험은 노동부장관이 직접 관장하며, 그 재원은 근로자와 사업주가 부담하는 보험료에 의해 이루어지는데, 사업별로 보험료의 부담형태에는 차이가 있다. 실업급여의 보험료는 근로자와 사업주가 각각 절반씩 부담하는데, 실업급여 보험료 중 근로자 부담분(0.45%)에 대해서는 사업주가 매월 임금 지급 시 원천징수하여 일괄 납부할 수 있다.

이 밖에 고용안정사업과 직업능력개발사업의 보험료는 사업주가 전액 부담하고 있으나 보험부담 형태에는 차이가 있다.

고용안정사업은 모든 사용자가 일정비율의 보험료율을 적용받는 반면 직업능력개발사업의 경우는 사업장의 규모에 따라 보험료율에 차등을 두어, 규모가 클수록 보험료율이 높아지도록 규정하고 있다. 이는 중소기업에 유리하도록 하기 위한 규정이라기보다는 사업장 규모가 클수록 이를 많이 이용하는 경향이 있어 오히려 형평성을 확보할 수 있기 때문이다(김태성 · 김진수, 2006; 340).

7. 노인장기요양보험

1) 노인장기요양보험제도의 개념 및 의의

노인장기요양보험제도는 고령이나 노인성 질병 등의 사유로 일상생활을 혼자서 수행하기 어려운 노인 등에게 신체활동 또는 가사활동 지원 등을 제공하여 노후의 건강증진 및 생활안정을 도모하고 그 가족의 부담을 덜어줌으로써 국민의 삶의 질을 향상하도록 함을 목적으로 하는(노인장기요양보험법 제1조) 사회보험제도다.

노인장기요양법과 국민건강보험과의 차이점은, 국민건강보험은 치매 · 중풍 등 질환의 진단, 입원 및 외래치료, 재활치료 등을 목적으로 주로 병 · 의원 및 약국에서 제공하는 의료서비스를 급여대상으로 하는 반면, 노인장기요양보험은 치매 · 중풍의 노화 및 노인성 질환 등으로 인하여 혼자 힘으로 일상생활을 영위하기 어려운 대상자에게 요양시설이나 재가장기요양기관을 통해 신체활동 또는 가사지원 등의 서비스를 제공하는 제도다(www.longtermcare.or.kr).

앞서 국민연금에서 살펴보았듯이 우리나라의 인구 고령화 속도는 여타 선진국에 비해 전례를 찾아볼 수 없을 정도로 빠르게 진행되고 있으며, 노인부양을 위한 가족 간 갈등과 부양비용의 부담은 더 이상 개인이나 특정 가족의 문제로 아닌 누구나 닥칠 수 있는 보편적인 위험(risk)으로서 국가가 책임을 져야 할 사회적 문제로 인식하게 되었다. 이러한 인식 변화에 따라 과중한 가족의 부양부담을 경감하고 증가하는 노인 의료비 문제를 해결하기 위하여 사회보험방식인 노인장기요양보험제도를 도입하게 되었다.

노인장기요양보험제도는 김대중 대통령이 2001년 8월 15일 대통령 경축사에서 노인요양보장제도의 도입을 제시한 이후 2005년 입법예고와 3차례의 시범사업을 거쳐 2007년 4월 국회를 통과하여 2008년 7월 1일부터 전면적으로 실시하게 되었다.

2) 가입대상 및 수급권자

노인장기요양보험의 가입대상은 건강보험 가입자와 동일하며 수급권자는 65세 이상의 노인과 64세 이하의 자로서 치매, 뇌혈관질환 등 대통령령이 정하는 노인성 질병을 가진 자이다. 따라서 가입자와 수급권자가 일치하지 않을 수도 있으며, 이처럼 연령에 따른 수급대상자를 두 종류로 나누는 것은 보험급여의 범위에 차이점이 있기 때문이다. 즉, 65세 이상 노인의 경우에는 원인과 상관없이 보험급여의 수급권이 발생하지만, 64세 이하인 자가 요양인정을 신청한 경우에는 노화에 따른 질병이 있어 요양보호가 필요하다고 판단될 때만 수급권이 발생한다는 것을 의미한다.

3) 급여의 종류와 재원조달

장기요양보험의 급여는 현물급여를 원칙으로 하고 보완적으로 현금급여를 제공한다. 현물급여에는 재가급여와 시설급여가 있으며, 재가급여는 다시 장기요양요원이 가정을 방문하여 신체활동 및 가사활동 등을 지원하는 방문요양급여, 목욕설비를 갖춘 차량을 이용하여 수급자의 가정을 방문하여 목욕서비스를 제공하는 방문목욕급여, 의사나 한의사 및 치과의사의 지시를 받는 간호사가 방문하여 간호활동을 하는 방문간호급여, 수급자를 하루 중 일정시간 동안 장기요양기관에 보호하여 서비스를 제공하는 주·야간보호, 부득이한 사유로 일시적으로 가족의 보호를 받을 수 없는 수급자에게 일정기간 동안 단기보호시설에 보호하여 신체활동 지원과 심신기능의 유지·향상을 위한 교육·훈련 등을 제공하는 단기보호 및 수급자의 일상생활·신체활동 지원에 필요한 용구를 제공하거나 가정을 방문하여 재활에 관한 지원 등을 제공하는 기타 재가급여로 구분할 수 있다.

시설급여는 노인복지법에 규정된 노인요양시설, 실비노인요양시설, 유료노인요양시설, 유료노인전문요양시설 등 노인의료복지시설에 장기간 동안 입소하여 신체활동지원, 심신기능의 유지·향상을 위한 교육. 훈련 등을 제공하는 요양급여를 말한다(단, 노인전문병원은 제외).

현금급여는 장기요양기관이 현저히 부족한 지역(도서·벽지)에 거주하는 경우, 천재지변 등으로 장기요양기관이 실시하는 장기요양급여를 이용이 어렵거나, 신체·정신·성격 등의 사유로 가족 등이 장기요양을 받아야 하는 경우 현금으로 지급할 수 있는데, 가족장기요양비, 특례장기요양비, 요양병원장기요양비가 있다.

노인장기요양보험제도는 사회보험방식에 근간을 두고 있으나, 순수한 사회보험형태라기보다는 조세와 보험료, 그리고 이용자 본인부담(20%)에 의해 비용이 충당된다. 보험가입자는 건강보험료에 노인장기요양보험료율[3]을 곱하여 산정한 보험료를 납부하여야 하며, 국민건강보험공단은 건강보험료 부과 시 통합하여 징수하고, 통합징수한 노인장기요양보험료와 건강보험료는 각각 독립회계로 관리한다.

3) 장기요양보험료율은 복지부장관 소속 노인장기요양위원회의 심의를 거쳐 대통령령으로 정해지는데, 2009년에는 장기요양대상자가 확대되고, 저소득층의 본인부담이 한층 가벼워지는 등 장기요양 서비스 확대에 따라 장기요양보험료율을 4.05%에서 4.78%로 0.73% 인상하였다.

〈표 7-4〉 노인장기요양제도의 서비스 종류 및 내용

종 류			내 용
현물급여	시설장기요양급여 (4종)	노인요양시설	·노인 등을 노인복지법에 의한 의료복지시설(노인전문병원 제외)등에 장기간 입소시켜 제공하는 급여
		노인요양전문시설	
		소규모시설	
		노인요양공동생활가정	
	재가장기요양급여 (5종)	가정장기요양	·장기요양요원이 수급자 가정 등을 방문하여 신체활동 및 가사활동 등을 지원
		목욕장기요양	·장기요양요원이 목욕설비를 갖춘 장비를 이용하여 수급자의 가정 등에서 목욕
		간호장기요양	·방문간호기관 간호사 등이 의사 지시에 따라 가정 등을 방문하여 요양상의 간호 등을 제공
		주·야간보호 장기요양	·하루 중 일정시간 동안 장기요양기관에서 신체활동지원 및 기능훈련회복 등을 제공
		단기보호장기요양	·일정기간 동안 장기요양기관에 보호하여 신체활동지원 및 기능회복훈련 등을 제공
현금급여	특별현금급여 (3종)	가족장기요양비	·수급자 중 ① 도서·벽지 등 장기요양기관이 부족한 지역에 거주하거나, ② 천재지변 등으로 장기요양급여 이용이 어려운 경우 또는 ③ 신체·정신·성격 등의 사유로 가족 등이 장기 요양하는 경우에 지급
		특례장기요양비	·수급자가 장기요양기관이 아닌 노인요양시설 등의 기관에서 장기요양을 받을 때 그 비용의 일부를 지급
		요양병원장기요양비	·요양병원 입원 시 장기요양비용의 일부를 지급

출처 : 윤철수 외 공저, 2008; 196.

또한 서비스 이용자는 재가급여의 경우 당해 장기요양급여비용의 100분의 15, 시설급여의 경우는 당해 장기요양급여비용의 100분의 20을 본인이 부담하여야 하는데, 국민기초생활보장법에 의한 수급자는 전액 면제를 해주고 있으며, 의료급여수급권자, 소득, 재산 등 보건복지부장관이 정하여 고시하는 일정금액 이하인 자는 본인부담금을 50% 경감해 주고 있다. 또한, 법안 규정에 따른 급여의 범위 및 대상에 포함되지 않는 급여나 월 한도액 초과비용에 대해서는 수급자 본인이 전액 부담하여야 한다.

한편, 국가는 매년 예산의 범위 안에서 당해 연도 장기요양보험료 예상 수입액의 100분의 20에 상당하는 금액을 공단에 지원하여야 하며, 국가와 지방자치단체는 의료수급권자의 장기요양급여비용 중 공단이 부담하여야 할 비용과 관리운영 비의 전액을 대통령령이 정하는 바에 따라 각각 분담하여 부담하여야 한다.

제 3 절　국민기초생활보장제도

1. 국민기초생활보장제도의 도입 배경 및 의의

사회보장기본법 제3조 제3호에 의하면 '공공부조라 함은 국가 및 지방자치단체의 책임 하에 생활유지 능력이 없거나 생활이 어려운 국민의 최저생활을 보장하고 자립을 지원하는 제도를 의미한다'라고 정의하고 있는 바, 국민기초생활보장제도는 현행 우리나라 공공부조정책 중 가장 대표적인 제도이다.

국민기초생활보장제도는 1961년 생활보호법을 전면 개정하여 국민기초생활보장법으로 명칭을 변경한 것으로서 1999년 9월에 국민기초생활보장법이 제정, 공포됨에 따라 2000년 10월부터 시행되고 있다.

국민기초생활보장법의 제정은 우리나라 공공부조의 역사에 있어서 대전환을 이루게 된다. 과거의 생활보호법은 대상자 선정의 비합리성, 급여지급의 비현실성, 운영의 비효율성 등으로 인해 최소한의 생계를 보장하는 사회 안전망으로서의 기능을 제대로 수행하지 못하였을 뿐만 아니라, 그 동안의 경제성장에 따른 소득재분배에 대한 저소득층의 정치 · 경제적 불만을 해소하기에는 미흡한 점이 많았다.

따라서 국민기초생활보장법의 제정은 저소득층에 대한 시혜적 차원의 보호에서 헌법에 보장된 저소득층의 권리로 국가의 책임을 강조하여 최저생계비 이하의 모든 국민들에 대하여 국가가 기초생활을 보장할 뿐만 아니라 근로능력이 있는 국민에게는 체계적인 자활서비스를 제공하여 일할 수 있도록 하는 생산적 복지를 구현하고 개인의 능력을 최대한 발휘하게 하여 국가에 이바지하는 사회통합을 지향하고 있다는데 그 의미가 있다할 것이다.

2. 적용대상

국민기초생활보장제도의 수급권자는 부양의무자가 없거나, 부양의무자가 있어도 부양능력이 없거나 부양을 받을 수 없는 자로서 '소득인정액'이 최저생계비 이하인 자로 한다. 즉, 수급권자로 선정되기 위해서는 소득인정액 기준과 부양의무자 기준을 동시에 충족시켜야 한다. 그러나 여기에 해당되지 않더라도 생활이 어려운 자로서 일정기간 동안 이 법이 정하는 급여의 전부 또는 일부가 필요하다고 보건복지부장관이 정하는 자는 수급권자로 본다(법 제5조 제1-2항).

소득인정액 개념은 국민기초생활보장법에서 처음 도입된 개념으로 기존의 생활보호법 규정에 의하면 생활보호 대상자는 보건복지부 장관이 정하는 소득기준과 재산기준을 동시에 만족시켜야 했다. 즉, 소득은 없으나 재간이 기준을 초과하는 가구와 재산은 없으나 소득이 기준을 초과하는 가구는 생활보호 대상자로 선정되지 못하였다. 이러한 불합리성을 제거하기 위하여 수급권자의 선정기준을 재산을 소득환산액으로 환산한 금액과 소득평가액을 합한 소득기준(소득인정액)으로 단일화한 것이다.

소득인정액 = 소득평가액 + 재산의 소득환산액

※ 소득평가액= (실제소득-가구특성별 지출비용-근로소득공제)

※ 재산의 소득환산액 = ((재산 - 기본재산액-부채)×소득환산율)

여기서 소득평가액이란 가구의 실제소득이 아니라 실제소득에서 가구의 특성에 따른 지출요인과 근로소득공제를 반영하여 보건복지가족부령으로 정하게 되어 있으며, 재산의 소득환산액은 재산가액에 소득환산율을 곱하여 산출한 금액을 말한다. 이를 위하여 재산의 형태별로 적용할 소득환산율을 결정해야 한다.

요약하면, 국민기초생활보장제도의 수급권자가 되기 위해서는 2003년부터 시행된 소득인정액의 산정 기준에 따른 가구별 소득평가액과 재산의 소득환산액을 합산한 평가금액이 가구별로 최저생계비 이하이고, 부양의무자가 없거나 부양의무자가 있어도 부양능력이 없거나 부양을 받을 수 없는 자여야 한다.[4)]

〈표 7-5〉 2009년도 최저생계비 및 현금급여기준

구분	1인가구	2인가구	3인가구	4인가구	5인가구	6인가구
최저생계비	490,845	835,763	1,081,186	1,326,609	1,572,031	1,817,454
현금급여기준	405,881	694,607	900,048	1,105,488	1,310,928	1,516,369

※ 7인 이상 가구의 최저생계비는 1인 추가 시 245,423원씩 증가 (7인 최저생계비 2,062,877원)

※ 7인 이상 가구의 현금급여기준은 1인 추가 시 205,441원씩 증가 (7인 현금급여기준 1,721,810원)

보건복지부가 고시한 최저생계비의 변화는 〈표 7-6〉과 같다

〈표 7-6〉 최저생계비 변화

연도	1인가구	2인가구	3인가구	4인가구	5인가구	6인가구	인상률
2000년	324,011	536,614	738,076	928,398	1,055,588	1,191,134	3.0%
2001년	333,731	552,712	760,218	956,250	1,087,256	1,226,868	3.0%
2002년	345,412	572,058	786,827	989,719	1,125,311	1,269,809	3.5%
2003년	355,774	589,219	810,431	1,019,411	1,159,070	1,307,904	3.0%
2004년	368,226	609,842	838,797	1,055,090	1,199,637	1,353,680	3.5%
2005년	401,466	668,504	907,929	1,136,332	1,302,918	1,477,800	7.15%
2006년	418,309	700,489	939,314	1,170,422	1,353,242	1,542,382	3.0%
2007년	435,921	734,412	972,866	1,205,535	1,405,412	1,609,630	3.0%
2008년	463,047	784,319	1,026,603	1,265,848	1,487,878	1,712,186	5.0%
2009년	490,845	835,763	1,081,186	1,326,609	1,572,031	1,817,454	4.8%

출처 : 보건복지가족부 홈페이지(www.mw.go.kr)

4) 수급권자의 1촌의 직계혈족(부모, 아들·딸 등) 및 그 배우자(며느리, 사위 등)를 말한다.

3. 급여의 종류 및 수준

국민기초생활보장법 상의 급여는 생계급여, 주거급여, 의료급여, 교육급여, 해산급여, 장제급여, 자활급여 등 총 7가지가 있으며, 급여의 수준은 최저생활을 유지할 수 있는 최저생계비 이상이 되도록 정하여 필요에 따른 다른 급여를 병합하는 방식으로 지급한다.

최저생계비는 모든 사람의 의식주에 기본적으로 필요한 생계비, 주거비와 같은 현금급여와 교육비, 의료비와 같은 현물급여를 포함하며, 국민기초생활급여액의 결정은 가구별 최저생계비에서 가구의 소득인정액, 타 급여액 및 타 법령 지원액을 차감한 금액을 보충적으로 급여한다.

급여수준 = 최저생계비 - 가구소득(소득인정액) - 타 급여액 및 타 법령 지원액

또한 생계급여는 가구별 평가소득액과 가구원 수를 고려해서 차등 지급하게 되는데 최저생계비와 함께 공표한 현금급여 기준에서 주거급여와 가구소득을 제외한 금액을 생계급여로 지급한다.

생계급여 = 현금급여 기준(최저생계비 - 의료·교육급여 및 타 법령 지원액) - 가구의 소득인정액 - 주거급여액

이러한 급여지급의 원칙을 살펴보면 다음과 같다(보건복지가족부 홈페이지).

① 최저생활보장의 원칙

생활이 어려운 자에게 생계·주거·의료·교육·자활 등 필요한 급여를 행하여 이들의 최저생활을 보장

② 보충급여의 원칙

급여수준을 생계·주거·의료·교육 급여액과 수급자의 소득인정액을 포함한 총금액이 최저생계비 이상이 되도록 지원. 즉, 가구별 최저생계비와 소득인정액의 차액을 급여

③ 자립지원의 원칙

보장기관은 근로능력이 있는 수급자에게 자활사업에 참여할 것을 조건으로 생계급여를 지급 최저생활보장의 원칙생활이 어려운 자에게 생계·주거·의료·교육·자활 등 필요한 급여를 행하여 이들의 최저생활을 보장

④ 개별성의 원칙

급여수준을 정함에 있어서 수급권자의 개별적 특수 상황을 최대한 반영

⑤ 가족부양 우선의 원칙

급여신청자가 부양의무자에 의하여 부양될 수 있는 경우에는 기초생활보장급여에 우선하여 부양의무자에 의한 보호가 먼저 행해져야 함

⑥ 타급여 우선의 원칙

급여신청자가 다른 법령에 의하여 보호를 받을 수 있는 경우에는 기초생활보장급여에 우선하여 다른 법령에 의한 보호가 먼저 행해져야 함(TV시청료, 주민세, 건강보험료 등)

〈표 7-7〉 국민기초생활보장제도의 급여종류

급여종류		지급대상	급여내용	비고
생계급여	일반 생계급여	의료·교육·자활급여의 특례자, 에이즈쉼터거주자, 노숙자 쉼터 또는 한국갱생보호공단시설 거주자 등 정부로부터 생계를 제공받는 자를 제외한 모든 수급자	현금급여	현금급여기준에서 가구의 소득 인정액과 주거급여액을 차감하여 지급
	긴급 생계급여	갑자기 생계유지가 어려워 진 수급자	현금급여	
	시설 생계급여	국가가 인정하는 보장시설에 거주하는 자	현금 + 현물지급	주식비, 부식비, 연료비, 피복비 등을 지급(주거급여는 지급하지 않음)
주거급여		의료·교육·자활급여의 특례자를 제외한 모든 수급자	현금급여	가구 구성원 수에 비례하여 지급
의료급여		1종 대상자: 근로능력이 없는 자로 구성된 세대/미취학 자녀 또는 거동이 불편한 가구원을 보호하고 있는 자. 보장시설 대상자	진료비 전액이 무료	
		2종 대상자: 1종 대상자에 해당하지 않는 모든 경우	20%를 본인이 부담	
교육급여		수급자의 중·고등학생 자녀	부교재비·학용품비를 지급	고등학생의 경우 입학금, 수업료 및 교과서대 지급
해산급여		수급자 가구의 출산 여성	출산 시 50만원 현금 지급	
장제급여		수급자 가구원이 사망한 경우	사망자 1인당 40만원(근로능력이 있는 자가 포함된 가구)-50만원(근로능력이 없는 자로 구성된 가구) 지급	
자활급여		근로능력이 있는 수급권자	재활관련 프로그램	

* 보건복지가족부 자료를 재정리

참고문헌

김안호 외(2006). 『사회복지학개론』, 서울: 청목출판사.
김태성 · 김진수(2006). 『사회보장론』, 서울: 청목출판사.
사단법인 한국자활후견기관협회(2007). 장애인과 함께하는 활동보조인 양성 교재.
원석조(2002). 『사회보장론』, 경기: 양서원.
______(2008). 『사회복지정책론』, 경기: 공동체.
윤철수 외(2008). 『사회복지개론』, 서울: 학지사.

8
chapter

아동복지

제 1 절 아동복지의 개념과 권리

1. 아동복지의 개념과 의의

1) 아동복지의 개념

아동복지는 아동이라고 규정한 연령층에 속하는 사람에게 영양·교육·보호의 과정을 통하여 적절한 신체적·정신적 및 도덕적인 발전을 기하도록 하는 데 있다. 아동의 심신발달에 영향을 주는 장애를 제거하고, 그것으로부터 아동을 보호하도록 하는 여러 가지 방법을 아동복지라 한다. 즉, 아동복지는 빈곤, 방치, 유기, 질병, 결함 등을 지닌 아동, 또는 환경에 적응하지 못하는 비행아동에게만 관심을 두는 것이 아니라 모든 아동이 신체적·지적·정서적 발달에 있어서 안전하며 행복할 수 있도록 위험으로부터 보호하기 위하여 공사의 여러 기관에서 실시하는 사회적·경제적·보건적인 모든 생활을 의미하는 것이다.

2) 아동복지의 의의

아동복지의 필요성은 세 가지 관점에서 그 의의를 찾을 수 있다. 첫째, 아동 개인의 입장에서 한 인간으로서의 기본적인 생활에 대한보장이다. 출생해서 2세 정도까지의 영아기에는 가장 기본적인 것도 혼자 힘으로 하기 어렵고, 유아기와 학령기에는 기초적인 생활은 가능하지만 외부위험에 안전할 수 없고, 청소년기의 아동은 심리적으로 불안정하고 사회적으로 책임있는 역할을 기대하기에는 아직 미숙하여 보호와 양육이 필요하다. 둘째, 사회적인 입장에서 국가발전을 위한 인력의 보호이다. 아동을 심신이 건강하고 지식과 인격을 갖춘 성인으로 성장하도록 하는 것은 미래 사회를 이끌어 갈 훌륭한 인적 자본을 확보하는 것이다. 셋째, 앞으로 발생할 수 있는 사회문제 발생의 예방이다. 아동은 성인과 마찬가지로 생리적인 욕구를 가지고 있을 뿐 아니라 즐거움을 누리고자 하는 욕구도 있다. 아동은 스스로 욕구를 충족할 수 없으므로 부모나 사회가 이를 충족해 주어야만 한다. 아동의 욕구가 적절히 충족되지 않으면 건전한 성장과 발달이 어려울 뿐만 아니라 사회적인 문제를 야기할 수도 있다.

2. 아동의 권리

1) 아동에 대한 인식의 변화

(1) 고대

아동이 부족이나 종족 또는 집단의 재산에 지나지 않았다.

① 영아살해(infanticide), 철학자 플라톤, 세네카도 장애아의 영아살해를 묵인함.

② 아동매매와 아동노동의 착취

(2) 봉건주의 중세 시대

기독교의 영향으로 아동은 높은 훈련과 엄격한 통제의 대상.

① 1601년 영국 : 엘리자베스 빈민법(Elizabethan Poor Law)

② 18세기 산업혁명 : 계몽주의자 등장

- 장 자크 루소: 아동은 선한 존재.
- 코메니우스, 페스탈로치
- 프로이트, 에릭슨, 삐아제, 콜버그

(3) 1924년 아동권리에 관한 제네바 선언

① 아동의 적절한 성장에 대한 보장

② 위험(기아, 질병, 장애, 부적응 아동과 고아 및 기아)에 처한 아동에 대한 보호원칙.

③ 아동구제의 우선 원칙

④ 아동의 자립지원 원칙과 착취로부터의 보호

⑤ 아동육성의 궁극적 목표에 대해 원칙

⑥ 아동의 보호

⑦ 가족 내에서의 아동보호

(4) 유엔국제연합

유엔에서는 아동권리선언(1959)의 선포 20주년이 되던 1977년을 '세계아동의 해(the International Year of the Child)'로 정하고 아동권리선언의 이행을 촉구하였다. 10년이 지난 1989년 유엔총회에서는 보다 더 구속력을 가지고 아동의 권리를 보장하기 위해 '아동의 권리에 관한 국제협약(Convention on the Rights of the Child)'을 통과시켰다. 아동을 보호의 대상뿐만 아니라 적극적인 권리의 주체로 인식하고 있는 아동의 권리에 관한 국제협약은 무차별의 원칙, 아동의 최선의 이익 최우선의 원칙, 아동의 생존, 보호, 발달의 원칙, 아동의 의사존중 및 참여의 원칙이라는 4개의 주요 원칙을 중심으로 한다. 협약은 이러한 주요원칙을 중심으로 아동의 권리를 다음과 같이 구분하여 명시하고 있다.

① **생존의 권리** : 적절한 생활수준을 누릴 권리, 의료서비스를 받을 수

있는 권리

② **발달의 권리** : 교육, 놀이, 여가. 정보를 누릴 권리, 문화활동, 사상, 양심, 종교의 자유를 누릴 권리

③ **보호의 권리** : 각종 착취와 학대, 가족과의 인위적인 분리, 형법 등의 폐습으로부터 보호받을 권리

④ **참여의 권리** : 자신의 의사를 표현할 자유와 자기 생활에 영향을 주는 일에 대하여 말할 수 있는 권리, 책임감 있는 어른이 되기 위해 아동 자신의 능력에 부응하여 적절한 사회활동에 참여할 기회를 가질 권리

(5) 아동을 위한 세계정상회의(World Summit for Children-1990)

"아동에게 많은 미래를"이란 캐치프레이즈를 내걸고 사상 처음으로 동서남북을 막론한 국가정상들이 회동한 이 회담에서는 "1990년대 아동의 생존, 보호, 발달"을 위한 세계선언과 행동계획을 만장일치로 채택하였다.

2) 한국의 아동권리사상

한국은 '제네바 선언(1924)'보다 1년 앞선 1923년 '아동의 권리 공약 3장'을 발표하였다. 당시 민족의 새싹인 어린이를 사랑하고 씩씩하게 키우기 위하여 '어린이날'을 제정하였다. 아동의 권리 공약 3장의 정신은 이후 제정된 어린이헌장(1975년 제정, 1988년 전면 개정), 청소년헌장(1990년 제정, 1998년 전면 개정)으로 이어졌다. 아동의 권리에 관한 국제협약이 유엔에서 채택되자 우리나라에서도 협약가입을 준비하여 1990년 서명하였고 1991년 11월에 비준하여 협약의 당사국이 되었다. 이제 아동의 권리는 국가 전체의 의무이며 책임으로 받아들여지게 되었다. 아동권리의 유형은 복지권(welfare rights), 보호받을 권리(protective rights), 성인으로서의 권리(adult rights), 부모에 대한 권리(rights against parents)로 정리할 수 있다.

제2절 아동복지의 전제조건 및 제 원칙

1. 아동복지의 전제 조건

1) 가정과 부모

안정된 가정생활과 바람직한 부모역할은 아동발달에 가장 기본이 되는 요소다. 아동은 일차적으로 부모와 가족으로부터 생존에 필요한 생리적 욕구를 충족하며, 정서적인 인간관계를 경험하고, 사회화의 기초를 형성한다. 가족문제에 대해 사후복귀적이기보다는 예방적 차원에서 가족수당, 공적 부조, 취업모에 대한 대책 등과 같이 제도적, 거시적, 환경적 차원에서의 대책이 있어야 하며, 특수한 욕구를 가진 가족 구성원의 특별한 문제를 다룰 수 있는 가족상담, 가족치료, 가족보존서비스 등이 제공되어야 한다.

2) 경제적 안정

아동의 성장과 발달은 가정생활의 경제적 여건에 상당히 좌우된다. 경제적 불안정으로 가족이 해체되기도 하고, 부모의 아동양육방식에 부정적인 영향을 끼치며, 아동의 기본적인 욕구인 의식주도 해결하기 어려워질 수 있다. 빈곤가정의 아동에 대해 국가는 공적부조, 사회보험, 아동수당제도 등을 통하여 경제적 안정에 도움이 되도록 하여야 하며, 부모에게 취업훈련과 취업알선을 통하여 고용의 기회를 확대해야 한다.

3) 교육

교육은 아동의 성장과 발달을 돕는 다양한 지식과 자원을 제공하며 올바르게 성장하도록 이끌어준다. 아동의 발달에 맞는 교육의 기회가 박탈

될 경우 아동 자신의 욕구충족이 이루어지지 않을 뿐만 아니라 사회적으로도 능력 있고 자질을 갖춘 인적 자원이 부족해지게 된다. 그리고 특수한 장애를 지닌 아동은 조기에 특수교육을 받을 수 있도록 해서 자신의 능력을 최대한 향상시키고 발휘하도록 하며, 사회생활에 적응해 가도록 해야 한다.

4) 보건 및 의료

아동의 건강은 어머니의 건강과 밀접한 관련이 있다. 아동의 건강은 모체의 영양, 질병, 심리적 상태에 따라 영향을 받으므로 건강한 아동의 출생을 위해서는 태아기 때부터 모자보건을 위한 대책이 마련되어 있어야 한다. 아동이 자라는 동안 성장발육의 질병의 조기발견 및 치료를 위해서 정기적인 건강검진과 예방접종이 이루어지도록 해야 하며, 학교나 보육시설에서는 적당한 위생과 보건시설을 갖추어야 한다. 아동의 건강은 신체적 건강뿐만 아니라 정신적 건강도 매우 중요하다. 아동이 자신과 타인을 있는 그대로 수용하고 사고, 정서, 행동 면에서 자율성과 통합성을 갖고 삶을 살아갈 수 있도록 도와주어야 한다.

5) 놀이와 여가

아동은 즐겁게 뛰어노는 가운데 건강해지며 각 신체기관이 조화롭게 발달하고, 놀이를 통해서 실제 사물에서 벗어나 추상적이고 자유롭게 사고해 나갈 수 있다. 또 사회적 기술을 습득할 수 있는 맥락을 제공해 주며, 아동이 지닌 정서적 관심이나 문제를 탐색하고 극복하도록 해 준다.

6) 유해노동으로부터의 보호

모든 아동은 연소노동과 유해노동으로부터 보호되어야 한다. 우리나라의 경우 청소년의 아르바이트가 늘어나고 있지만 이들의 권리가 보호되지 못하여 임금체불, 초과근로, 신체적 학대 및 성희롱과 같은 부당한 대우가 문제가 되고 있다. 아동을 노동착취로부터 보호하기 위해서는 경제적 발전이 이루어져야 하며, 아동노동의 유해성에 대한 대중의 인식이 필요하다.

7) 특별보호

아동복지가 모든 아동의 복지를 실현하기 위한 것이나 특수한 욕구를 가진 아동에 대해서는 사회적으로 특별한 보호가 마련되어야 한다. 장애를 가진 아동이나 저소득층의 아동, 외국인노동자나 탈북자 가족의 아동들에 대한 대책을 마련하여 이들이 잘 적응할 수 있도록 해야 한다.

2. 아동복지의 제 원칙

1) 권리와 책임의 원칙

아동은 성인의 기대를 충족시켜야 하며, 자발적 활동이나 계획 등에 책임 있게 참여하여 자신들의 발전의 기회로 삼아야 한다. 부모는 아동의 보호육성을 위한 일차적 권리와 책임을 가지고 재정적 지원, 신체적 보호, 정서적 지도 및 기타 부모의 의무를 수행해야 한다. 사회는 부모를 다스릴 규정을 설정하고 아동을 고용하는 기업주들에 대한 규정을 부과하고 아동복지 대책의 개발을 위한 법을 개정하고 아동을 위한 복지시설을 설치하고 적절한 재원을 공급해야 한다.

2) 보편성과 선정성의 원칙

사회복지사업이 일반 아동을 위해 적용됨과 동시에 특수한 요구나 문제를 가진 아동에게 적절히 적용되어야 한다. 다시 말하면 보편성이란 전체 아동을 대상으로 즉, 성별이나 부모의 사회 계층적 지위에 관계없이 동등한 수준에서 예방적 서비스를 목적으로 사회가 책임을 지고 여러 가지 복지조치를 제도적으로 실시하는 것을 말한다. 선정성이란 요구가 있는 아동을 대상으로 치료적 서비스를 목적으로 사회가 책임을 지고 문제를 문제별로 분류하여 적절히 대처해 나가는 것이다.

3) 개발적 기능의 원칙

과거의 복지지향적 체계에서 개발지향적 체계로 전환·적용해야 한다. 보다 적극적이고 예방적이며 의도적으로 변화를 가져올 수 있는 개발적 기능이 아동을 위해 수행되어야 한다.

4) 포괄성의 원칙

여러 서비스를 종합적으로 마련해 주어야 한다. 어느 한 측면만을 충족한다고 해서 아동의 복지적 목표가 달성될 수는 없다.

5) 전문성의 원칙

아동들의 건전한 성장과 발달을 위해서는 이들을 위한 전문직 인력과 아울러 전문기구가 마련되어야 한다.

제 3 절 아동복지서비스의 분류

아동복지서비스는 서비스를 제공하는 장소에 따라, 서비스가 수행하는 주기능에 따라, 또는 서비스가 수행하는 방어선의 위치에 따라 분류될 수 있다.

1. 서비스 제공 장소에 의한 분류

아동복지서비스를 직접적으로 제공받는 아동이 어떠한 장소에서 생활하고 있는가에 따라 분류하는 방법이다. 아동이 가정에서 생활하면서 제공받는 서비스는 재가서비스, 가정을 떠나 시설이나 다른 가정에서 생활하면서 제공받는 서비스는 가정외 서비스라고 한다.

1) 재가서비스

재가서비스는 아동의 양육과 발달에 가정이 차지하는 몫이 큼을 감안할 때, 원가정의 기능 중 결핍된 부분을 지지하거나 보충해 줌으로써 원가정의 해체나 붕괴를 막아주는 기능을 수행한다.

2008년 7월 노인수발보장제도가 본격 시행되면 의료의 흐름이 '급 성기병상→요양병원→요양시설→재가서비스'로 전환되면서 노인의료비의 효율적 사용은 물론 노인의료비가 상당부분 절감될 것이라는 전망이 나왔다.

2) 가정 외 서비스

가정 외 서비스는 아동이 원가정을 떠나 일정 기간 동안 시설, 위탁가정 등에서 생활하면서 제공받는 양육 및 보호서비스를 말한다.

2. 서비스 기능에 따른 분류

서비스 기능에 따른 분류는 아동이 속해 있는 원가정에 대해 서비스가 수행하는 기능이 분류의 기준이 된다. 이러한 분류에 따르면, 아동복지서비스는 지지적 서비스, 보충적 서비스, 대리적 서비스로 구분된다.

1) 지지적 서비스

지지적 서비스는 사족과 부모 - 자녀관계 체계가 구조적으로 손상되지는 않았지만, 스트레스에 노출될 경우 아동복지에서의 초기문제를 다루는 제1방어선 역할을 한다.

2) 보충적 서비스

보충적 서비스는 보모의 보호, 양육의 질이 부적하거나 제약되어 있을 때, 이를 보충할 수 있도록 제공되는 서비스다.

3) 대리적 서비스

대리적 서비스는 부모의 역할 전부가 상실되었을 경우 아동에게 부모를 대신하여 제공되는 서비스를 의미한다. 즉, 아동이 속한 원가정이 완전히 해체되어 일시적 또는 영구적으로 부모 중 누구도 아도에게 보호, 양육의 기능을 수행할 수 없을 경우 제3의 가정이나 시설이 기능을 대신하는 서비스를 제공하는 것이다.

3. 방어선의 위치에 따른 분류

이 분류는 주커맨(Zuckerman, 1983)이 제시한 개념으로 앞서의 카두신(Kdushin, 1988)의 분류와 많은 부분이 중복된다.

카두신(Kadushin)은 아동과 무한한 성인들의 보호 하에 아동 집단의 공동생활을 위한 하루 24시간의 서비스를 제공하는 주거시설로 정의하였다. 카두신(Kadushin)의 3S service는 지지적 서비스(supportive service), 보완적 서비스(supplementary service), 대리적 서비스(substitute service)가 있다.

1) 제1차 방어선(first line of defense)

가정은 아동에게 부적응과 발달상의 문제를 막아주는 일차적인 방어선의 기능을 수행한다. 만약 가정이 아동의 기본적 욕구를 충족시킬 수 없는 위험에 처하거나 부모·자녀의 관계에 장애가 있을 경우는 가정의 기능을 회복, 유지, 강화하기 위한 서비스를 제공해야 한다. 지지적 서비스와 많은 부분이 중복된다. 지지적 서비스란 부모와 아동이 그들 각자의 책임을 다할 수 있도록 그들의 능력을 지원하고 강화시키고자 하는 서비스로 재가보호라고도 말하며, 가장 예방적인 접근 방법이다.

2) 제2차 방어선(second line of defense)

가정의 기능이 원활하게 수행되지 못할 경우 아동이 속한 원가정을 대신할 수 있는 다른 보호의 장이 필요하게 된다. 이런 경우 원가정생활의 환경에 가장 가까우면서, 지역사회에 대한 자유로운 접근이 보장되는 보호의 장이 제2차 방어선으로 제공되어야 한다. 이러한 2차 방어선의 대표적인 형태로 보육서비스, 가정위탁, 입양서비스 등이 있다.

3) 제3차 방어선(first line of defense)

아동의 원가정과 대리가정을 통해 보호, 양육서비스를 제공할 수 없는 경우는 시설에 수용하여 집단적인 보호를 제공할 수밖에 없다. 이 경우 원가정을 대리한다는 점에서 제2차 방어선과 동일하지만, 집단적 생활환경 아래에서 서비스가 제공된다는 것이 차이점이다. 시설보호는 소규모의 아동들로 구성된 그룹 홈에서 대규모 보호시설까지 규모와 형태가 다양하며, 대부분 공공기관과 민간복지기관이 운영하며, 공공재원의 지원을 받고 있다.

제 4 절 아동복지의 실천분야

1. 빈곤아동

빈곤문제는 경제적 결핍의 문제뿐 아니라 아동의 발달, 건강, 정신건강, 행동문제에 심각한 영향을 미치고 있어 아동 발달에 가장 큰 위험 요인이 되고 있다.

특히 만성적인 빈곤은 아동의 사회 부적응에 밀접한 영향을 미치며 성인기의 사회 부적응에 영향을 미친다.

1) 정부지원사업

① **소년소녀가정 지원사업** : 국민기초생활보장법에 의한 생계급여 및 교육급여 제공

가) 생계급여로는 주·부식비, 연료비, 피복비, 교통비, 교복비, 급식비, 교양 도서비

나) 교육급여로는 초·중·고교생의 학비 지원

다) 의료급여로는 1종 보호대상자로 선정, 외래 및 입원진료비 전액을 국가가 부담

라) 부가급여 보조비, 정서적 후원, 결연사업을 간접 지원

② **모·부자가정 지원사업** : 국민기초생활보장법에 의한 생계급여 및 교육급여 제공

가) 생계급여로는 주·부식비, 연료비, 피복비, 교통비, 교복비, 급식비, 교양 도서비

나) 교육급여로는 초·중·고교생의 학비 지원

다) 자녀학비 및 아동양육비 지원(6세미만 아동)

라) 복지자금 대여 지원(조기 자립 및 생활 안정을 도모)

마) 영구임대주택 입주를 지원

바) 모자보호·자립시설 및 모자일시보호시설을 운영(무주택 저소득, 학대받는 모자)

사) 미혼모시설 및 양육하는 미혼모를 위한 중간의 집을 운영

2) 아동학대

(1) 신체학대(이유 없는 처벌, 노동력 착취)

(2) 정서학대(협박, 경멸, 모독감, 수치심)

(3) 성학대(인신매매)

(4) 방임(장시간 아동을 위험한 상태에 방치하는 신체적, 무단결석, 만성적 태만을 허용하는 교육적방임 의료적 치료를 소홀히 하는 의료적 방임, 약속을 무시하고 마음에 상처를 입히는 정서적 방임)

3) 장애아동

우리나라의 경우 장애인복지법 제 2조에서는 장애인을 지체장애, 시각장애, 청각장애, 언어장애 또는 정신지체 등 정신적으로 결함으로 인하여

장기간에 걸쳐 일상생활 또는 사회생활에 상당한 제약을 받은 자로 규정하고 있다. 세계보건기구(WHO)가 발표한 국제장애분류에서는 기능장애, 능력장애, 사회적 불리의 세 측면으로 보고 있다. 기능 장애란 심리적·신체적으로 또는 해부학적인 구조나 기능의 일부가 상실된 경우를 말하는데 지적장애, 심리적 장애, 언어장애, 청각장애, 시작장애, 내과적 장애, 골격계장애, 기형장애, 일반적·감각적 및 기타장애가 포함된다. 능력장애란 기능장애의 결과로 인해 정상적이라고 생각할 수 있는 범위에서 행하는 능력이 제한을 받거나 결여된 상태로 태도장애, 의사소통 장애, 운동장애등이 포함된다. 사회적 불리란 기능장애나 능력장애의 결과로 개인에게 제한을 받거나 지장을 초래하는 경우를 말하는데 신체적 자립불리, 이동성 불리, 직업상 불리, 사회통합 불리 등이 포함한다.

4) 입양과 가정위탁

(1) 입양

입양의 개념은 친부모로부터 아동의 현재와 미래에 대한 모든 권리와 의무가 소멸되어 행정적·법적 권한에 의해 타인에게 양육의 권리와 의무가 이양되는 것을 말한다. 입양의 특성으로는 ① 비시설보호의 방법, ② 항구적인 가정을 제공, ③ 인간적인 욕구 충족, ④ 무제한적인 책임이 있다.

입양의 목적은 영구한 가정과 지속적이며 건전한 가족관계 형성하고 가문의 계승과 유산을 물려주는 수단이 있으며 불임부부가 부모역할을 할 수 있는 기회를 제공 자녀를 원하지 않는 부모를 위한 대체수단이다.

(2) 가정위탁서비스 개념

아동과 친가족, 위탁가정, 가정위탁지원센터 간의 긴밀한 관계를 요하는 가족지원서비스이다.

① 가정위탁이 필요한 경우

가. 부모의 이혼, 별거, 경제적인 파탄 등으로 일시적인 보호를 필요로 하는 아동

나. 부모의 학대나 방임 때문에 단기간의 격리를 필요로 하는 아동
다. 부모의 사망, 재혼 등으로 장기간 보호를 필요로 하는 아동(친인척들이 아동을 양육하도록 지원)

② 가정위탁 유형

가. 일반가정위탁 : 일반 가정에 위탁
나. 친인척가정위탁 : 대리양육과 친인척위탁으로 나뉘며 장기적인 보호
*대리양육 : 부모가 아닌 부양 의무자에 의한 양육(양육비 지원)
*친인척위탁 : 친인척의 경제적인 능력에 관계없이 위탁아동 친부모의 경제적인 형편에 따라 위탁아동으로 선정

5) 아동보육

(1) 아동보육서비스의 개념

① 과거 탁아서비스의 개념

과거의 보육의 개념은 탁아의 의미로 보호의 기능이 중시되었다. 이는 보충적 아동복지서비스의 기능이 가장 중요시된 것으로 아동이 가정에서 정상적인 양육을 받기 어려운 경우에 하루 중 일정한 시간 동안만 타인에 의해 제공되는 보호의 개념이었다. 저소득층 자녀 및 소외계층의 자녀들을 대상으로 구빈적인 차원에서 이루어졌다. 따라서 탁아서비스의 개념은 '보호자가 근로 또는 질병 등으로 인하여 아동을 보호할 능력이 없는 경우 보호자의 위탁을 받아 아동을 보호하는 서비스'이다. 즉, 부모에게 질병이 있거나 부모가 맞벌이를 하는 경우 그 가정을 요보호가정으로 보고 그 가정의 아동을 외부 시설에서 대신 맡아서 양육하는 의미이다.

② 현대 아동보육서비스의 개념: 포괄적 아동보육서비스

포괄적 아동보육서비스란 아동만을 대상으로 하여 이들의 연령에 의해서만 차별화되고 있는 기존의 보호, 양육, 교육적 서비스에서 벗어나, 개별 아동과 가정 및 지역사회의 특성을 고려하여 이들의 개별적 욕구와 문제를 해결하면서 보육의 목적을 달성하는 서비스이다.

참고문헌

강란혜 외(2005). 『아동복지론』, 서울: 대왕사.

공계순 외(2004). 『아동복지론』, 서울: 학지사.

박정란·서홍란(2001). 『아동복지론』, 경기: 양서원.

보건복지부(1996). 『제1차 아동권리협약 이행보고서』.

_________(1999). 『제2차 아동권리협약 이행보고서』.

_________(2004). "빈곤아동·청소년 종합대책 추진상황 및 향후 계획"

윤혜미(2005). "아동·청소년복지", 『충청북도사회복지5개년종합계획』, 충청북도 사회복지협의회.

이봉주(2004). "참여정부의 아동 및 가족복지서비스 정책의 현황과 과제", 『사회복지』, 163. 37-47.

이재완(2000). "지방자치시대의 지역복지 발전과제", 한국사회복지연구소.

참여복지기획단(2004). 참여복지5개년계획.

9 chapter

가족복지

제 1 절　가족에 대한 이해

1. 가족의 개념

오늘날의 가족은 한마디로 정의할 수 없을 만큼 매우 다양하다. 급속한 사회변동과 외적 환경의 변화로 말미암아 가족의 구조나 형태뿐 아니라 개인의 가족에 대한 의식이나 태도도 끊임없이 변화해 왔고, 또 한 사람의 생애를 통해서도 생활주기에 따라 다양한 가족형태를 경험할 수 있기 때문이다(김만두 외, 1993; 415). 가족은 국가나 민족 사이에 구조와 형태 또는 발달과정 면에서 차이가 있는 다양성을 지니고 있을 뿐만 아니라 한 국가 속에서도 사회가 발전하고 변천함에 따라 변화하며, 종교, 계급, 그리고 직업과 같은 사회·경제적 요인에 따라 다양하게 나타난다(문재우 외, 2008; 362).

이처럼 가족은 그 나라의 역사와 민족, 시대적 변천에 따라 개인이 경험하는 폭이 다양하기 때문에 한마디로 가족에 대한 정의를 내리는 것은 쉽지 않은 일이나, 가족에 대한 분명한 적의를 살펴보는 것은 매우 중요한 일이다. 그것은 가족복지에 있어 그 대상이 누구인가를 밝히는 과정이기 때문이다.

가족이라는 개념은 학자에 따라 다르고 시대나 문화에 따라 다르게 정의된다(김진원, 2009; 445).[1]

① **형태적 측면에서의 정의**: '일반적으로 영속적인 결합에 의한 부부와 거기에서 태어난 자녀로서 형성된 생활공동체' 또는 '혼인·혈연·입양 이외에도 구성원의 필요에 따라서 기타 관계된 지속적인 연대의식으로 생활을 함께 영위하는 집단'

② **기능적 측면에서의 정의**: '부부와 그들의 자녀로 구성되는 기본적인 사회집단으로서 이익관계를 떠난 애정적인 혈연집단이며, 같은 장소에서 기거하고 취사하며 동거하는 집단이고, 그 가족만의 고유한 가풍을 갖는 문화집단이며, 또한 가족생활을 통하여 인간의 기본적 인성이 형성되므로 인간발달의 근원 집단'

③ **체계론적 입장에서의 정의**: 가족이란 개인의 인성형성의 모체인 동시에 사회공통의 행동특징, 문화규범을 습득하는 사회화과정을 담당함으로써 사회의 기본조직이 되어 사회를 지탱해 나가는 필요불가결한 기본단위

2. 가족의 기능

가족이 수행해 왔던 기능은 부부의 성적 기능, 자녀출산의 기능, 생산과 소비를 함께 하는 경제적 기능, 양육의 기능, 교육의 기능, 부양의 기

---

1) 가족과 관련된 용어로 가정, 가구 또는 세대, 가문 또는 집안 등의 개념에 대해 살펴볼 필요가 있다. 가정(home)은 결혼과 공간적 성격을 의미하며, 가구(household)는 세대, 식구와 동의어로 혈연이나 비혈연의 사람들이 끼니를 함께 하는 주거생활단위로서 혈연관계나 심리적 관계보다 공동생활의 주거 단위로서의 성격을 강조를 둔 집단 즉 행정적 의미가 강하고, 가문(clan)은 동거가족의 범위를 넘어선 혈연관계에 기반을 둔 집단으로 하는 관계이며, 그 관계는 공동체적 상호유대와 정서적 융합의 성격을 띠고 있다.

능, 휴식과 오락의 기능, 종교적 기능 등이다(김진원, 2009: 446-447).

① **인구의 재생산기능(자녀의 출산과 양육, 성관계를 통한 세대유지기능)** : 가족은 일반적으로 자녀를 출산하며, 이러한 역할로 인해 사회는 안정을 유지한다.

② **가족원에 대한 보호기능(아동을 보호하는 기능)** : 가족은 아동양육의 1차 기관. 즉 아동에 대해 기본적인 먹을 것과 입을 것을 제공하여 아동을 보호하고 아동이 의료적인 보호를 받을 수 있도록 하는 것을 포함한다. 또한 가족은 가족구성원에 대한 보호의 기능을 담당하는데 대부분의 사회에서 가족구성원 중 아동, 노인, 장애인에 대한 일차적 보호는 가족에 맡겨지고 있다.

③ **가족의 사회화기능** : 아동이 사회의 생산적인 성원이 되기 위해서는 그 문화 속에 사회화되어야 하며, 언어습득을 해야 하고, 사회의 가치를 배우며, 사회의 규범에 따라 행동해야 한다. 가족은 아동에게 자신을 보호하고, 타인의 관계를 맺는 방법을 가르치며, 사회에 적응할 수 있는 기술을 습득시킨다.

④ **성행동을 규제(부부의 성적 기능)** : 성행동을 규제하는 데 실패한다면 개인들 간의 충돌을 일으키게 된다. 또한 성행동을 적절히 통제하지 못한다면 사회의 혼란이 초래된다.

⑤ **애정의 원천(정서적 지지 기능)** : 사회가 발달하고 복잡해질수록 사람들은 가족 내에서 애정과 친밀함을 발견하려고 노력한다. 인간은 애정과 정서적 지지, 그리고 긍정적 인정을 필요로 한다. 이러한 애정과 인정 없이 개인의 정서적, 지적, 신체적, 사회적 성장은 부진하게 된다. 가족은 애정과 인정을 받을 수 있는 중요한 원천이다.

⑥ **경제적 기능(경제적인 협조의 단위로서 기능)** : 전통적으로 가족은 성별에 따라 일을 나누어 맡는 경제적인 협조의 단위이다. 가족은 보통 소비단위로 생각하기 쉬우나 생산단위이기도 한다. 즉, 아내의 자녀양육이나 가사노동, 남편이 아내를 돕는 일, 자녀의 가족원 돌보기, 청소하기 등은 모두 생산적인 활동이다.

⑦ **지위와 사회적 역할 부여**: 결혼을 통해 가족을 형성하게 되면 부부에게는 남편과 아내라는 새로운 역할이 부여되고 사회로부터의 진정한 성인으로서의 지위를 얻게 된다. 또한 아동도 역시 가족구성원이 되면서 가족 내에서의 역할과 지위를 갖게 된다. 가족에 따라 경제적, 문화적, 종교적 지위가 결정되고, 가족 내에서의 역할수행에 의해 개인적, 사회적 정체감의 많은 부분이 형성된다.

가족의 기능을 가족구성원 개개인에 대한 기능(대내적 기능)과 사회전체에 대한(대외적 기능) 기능으로 나누어 이들을 각각 고유기능, 기초기능, 부차적 기능으로 나누어 살펴볼 수 있는데 이를 도표화하면 〈표 9-1〉과 같다.

〈표 9-1〉 가족기능의 유형

<table>
<tr><th>차 원</th><th>대내적인 기능
(가족구성원 개개인에 대한)</th><th colspan="2">대외적인 기능
(사회전체에 대한)</th></tr>
<tr><td rowspan="2">고유기능</td><td>애정, 성</td><td colspan="2">성적 통제</td></tr>
<tr><td>생식, 양육</td><td colspan="2">종족보호(자손의 재생산), 사회구성원 보충</td></tr>
<tr><td rowspan="2">기초기능
(경제적 기능)</td><td>생 산(고용충족, 수입획득)</td><td colspan="2">노동력 제공, 분업에 참여</td></tr>
<tr><td>소 비(기본적·문화적 욕구충족, 부양)</td><td colspan="2">생활보장, 경제질서의 유지</td></tr>
<tr><td rowspan="5">부차적 기능
(파생적 기능)</td><td>교 육(개인의 사회화)</td><td colspan="2">문화발달</td></tr>
<tr><td>보 호</td><td rowspan="2">심리적
신체적</td><td rowspan="4">사회의 안정화</td></tr>
<tr><td>휴 식</td></tr>
<tr><td>오 락</td><td rowspan="2">문화적
정신적</td></tr>
<tr><td>종 교</td></tr>
</table>

출처: 김주수 외, 198: 43.

〈표 9-2〉 가족기능의 변화

전 통 사 회	현 대 사 회
경제 공동체의 기능	생산기능의 상실 및 약화 소비기능 유지
성행위와 출산통제의 기능	성과 출산통제 기능 약화 부부간의 성생활 기능 강화
자녀양육과 사회화의 기능	자녀양육 기능 강화 자녀양육 기능 국가와 공유 사회화 기능 왜곡
정서적 유대와 여가의 기능	정서적 유대와 여가 기능 강화
사회보장의 기능	기능 왜곡(핵가족 책임론) 사회보장 기능 국가와 공유
지위계승(계급재생산)의 기능	지위계승 기능 강화
성역할 사회화의 기능	성차별적 사회화
가사노동	가사노동의 사회화 · 상품화 · 기계화

출처: 여성사회연구회, 1999 : 김선아 외, 2006; 286에서 재인용.

3. 가족의 유형

가족은 가치관의 변화, 인구동태의 변화, 종교관이 변화, 생태계의 변화, 노동형태의 변화 등 여러 가지 사회적 요인들에 의해 다양하게 변화되었다. 전통적인 입장에서 가족의 형태를 구분하는데 있어, 듀발(Duvall)은 초기에 자녀를 중심으로 자녀가 성장할 때까지를 '확장된 가족단계'라고 규정하며, 자녀들이 집에서 떠나고 부모만 남아 있는 기간을 '수축 가족단계'라고 명명하고, 이후 이를 더 세분화하여 ① 1단계: 결혼한 부부만으로 구성된 가족, ② 2단계: 한 명 또는 그 이상의 자녀들과 부부로 구성된 가족, ③ 3단계: 한 명 또는 그 이상의 자립한 자녀들과 부부로 구성된 가족, ④ 4단계: 노부부 가족의 4단계로 가족발달 형태를 설명하였다(김진원, 2009; 447-448).

〈표 9-3〉 가족의 유형

분류 기준	유 형
가족의 크기	• 대가족(large family)과 소가족(small family)로 나눌 수 있는데, 이는 가족원의 수로만 기준을 삼은 것임. • **대가족**은 가부장적 가족이나 확대가족이 해당되며, **소가족**은 부부가족, 핵가족이 해당됨.
가족의 구성	• **핵가족**(nuclear family): 부부와 혼인으로 출산한 자녀로 구성됨. • **직계가족**(stem family): 결혼한 자녀 중 한 부부가 부모와 동거하는 가족으로 가족이 영속되는 것을 전제로 함. • **방계가족**(collateral family): 확대가족이라고도 하는데, 이는 형제자매의 부부 혹은 그 이상으로 확대된 혈연을 같이한 사람들과 한 가족을 이루는 경우임.
부부의 권력	• 부부의 권력을 중심으로 부권가족, 모권가족, 평등가족으로 나눔. • 가족의 시초에는 **모권가족**(matriarchal family)이었고, 사회에 질서가 잡히면서 **부권가족**(patriarchal family)으로 바뀌었고, 근대사회에 이르러서는 **평등가족**(equalitarian family)으로 발전하고 있음.
가계계승	• **부계가족**(patrilineal family), **모계가족**(matrilineal family), 그리고 **양계제가족**(bilineal family)으로 나눌 수 있음. • 이에 따르면 우리나라는 현재 부계 중심 가족에 해당함.
거주형태	• 결혼한 부부가 부와 처의 어느 쪽에서 사느냐에 따라 부거가족(夫居家族), 모거가족(母居家族), 양거가족(兩居家族), 신거가족(新居家族)으로 나눌 수 있음. • **부거가족**(patrilocal family)은 아버지 또는 남편의 편에서 사는 것이고, **모거가족**(matrilocal family)은 어머니 또는 아내 편의 가족과 사는 가족이며, **양거가족**(bilocal family)은 형편에 따라 어느 편에서도 살 수 있는 가족임. • 우리나라의 경우는 대부분 결혼과 더불어 분가함으로써 **신거가족**(neolocal family)에서부터 출발한다고 볼 수 있음.
가족관계 중심	• 가족관계의 중심을 어디에 두는가에 따라 부부 중심 가족(husband-wife oriented family)과 친자 중심 가족(parent-children oriented family)으로 나눌 수 있음. • 남편과 아내로서의 역할과 기대에 큰 비중을 두는 가족은 **부부 중심 가족**이고, 부모와 자녀로서의 도리와 기대에 큰 비중을 두는 가족은 **친자 중심의 가족**임.
부부의 결합형태	• 배우자의 수에 따라 부부가 1인으로 결합되어 있는 형태를 **단혼제 또는 일부일처제**(monogamy)라고 하고, 남편이나 아내가 동시에 한 사람 이상의 배우자와 결혼생활을 할 수 있는 제도를 **복혼제**(polygamy)와 여자가 1인이고 남자가 다수인 **일처다부제**(polyandry)로 나눔.
기타유형	• 최근 가족해체가 증가하고 생활형태가 다양해지면서 이에 따라 다양한 가족 형태가 등장하고 있음. • 예를 들면, **한부모가족(부자가족, 모자가족)**, **소년소녀가족**, **노인가족**, **독신자가족**, **무자녀가족(신세대 맞벌이부부, 딩크족)** 등을 들 수 있음. • **혼합가족**: **재혼가족**으로 이전 결혼에서 자녀가 없는 사람들이 재혼하는 경우와 이전 결혼관계에서 최소 한 명의 자녀를 둔 사람들이 재혼하는 계부모가족형태가 있음(김선아 외, 2006). 재혼가족은 가장 복잡한 가족형태를 이룸. • 또한 기능적 결손의 측면에서 빈껍데기 가족(empty shell family)을 들 수 있으며, 이 외에도 동성애가족(same-sex family), 공동체가족(commune), 재결합가족(blended family) 등도 증가하고 있음.

출처: 최옥채 외, 2004: 286-288의 내용을 표로 재구성.

제 2 절 현대사회와 가족문제

1. 가족문제

일반적으로 가족의 문제란 가족 내부의 문제나 가족주기 상에 직면한 문제로 보는 경향이 크다. 그러나 가족문제는 그 사회의 여러 가족들에게서 나타나는 공통의 문제이며, 다른 가족과 주변 사회에 미치는 파급효과 또한 크며, 개별가족은 물론 사회의 공동 대처가 필요한 문제영역이라 할 수 있다(문제우 외, 2008; 365).

김만두 · 한혜경(1993; 416-419)은 현대사회에서 나타나는 가족문제를 다음과 같이 정리한다.

① **빈곤이나 자원의 결핍으로 인한 문제**: 가족생활에 필요한 경제적 자원의 결여는 가족의 생존 자체를 위협할 수 있다는 측면에서 가족생활의 곤란 중에서도 가장 기본적인 문제이다. 빈곤가족은 주로 가족의 생계를 책임지는 사람의 사망, 질병, 실업, 장애, 노령에 의해 발생하며, 빈곤으로 인한 가족문제는 다양하고도 심각하며, 심한 경우 가족해체를 가져오기도 한다. 저소득 가족의 경우 노동력은 있으나 그 기회가 주어지지 않으며 주어진다 해도 저임금으로 가계에 타격을 받게 된다. 임금 중심의 현대사회에서 하층 근로자의 생활의 불안정, 실업, 저임금에 대한 불안은 커다란 가족문제의 원인이 된다.

② **가족 내 인간관계의 문제**: 가족구성원이 각기 모순된 욕구와 의지를 가짐으로써 가족 내의 인간관계가 왜곡되어 가족기능을 충분히 수행하지 못할 때 가족은 어려움을 겪게 된다. 즉 가족 내 가치관의 혼재, 역할갈등, 가족구성원의 특수한 성격, 습관 등이 원인이 되어 가족생활을 유지

하기 곤란하게 되는 경우이다. 물론 어느 가족에나 가족 내 긴장은 있을 수 있다. 그러나 심한 경우 이혼, 별거, 가출 등이 생기면 가족이 해체되거나 가족의 안정성을 상실한 결손가족이 될 수 있다. 가족 내 긴장은 아동에게 특히 나쁜 영향을 주며, 아동학대나 방임 등의 문제행동이 나타나기도 한다.

③ **불안정 가구의 증가** : 현대가족의 변화를 나타내는 가장 큰 특징은 흔히 말하듯이 확대가족이 감소하고 핵가족이 증가한 것이라기보다는, 소위 불안정한 혹은 비전통적인 가족이 증가하고 있다는 점이라고 말할 수 있다. 즉 사회적 보호를 필요로 하는 문제를 가지는 가구가 증가한 것이다. 예를 들면, 최근 이혼율의 증가로 인한 한부모가족, 여성가구주 가족의 증가, 조손가정의 증가 등은 심각한 사회문제로 대두되고 있다.

④ **피부양자의 보호문제** : 산업화로 인해 가족의 기능 중 생산기능, 교육기능 등이 다른 사회제도로 이양되고 현대가족에는 재생산기능과 보호를 필요로 하는 대상자의 보호기능만 남아 있다는 것이 일반적인 지적이다. 사실상 아직 대부분의 사회적 보호를 필요로 하는 대상자, 즉 아동, 노인, 장애인, 병자 등에 대한 보호가 가족에서 이루어지고 있다. 모로니(Moroney, 1976; 138-139)는 만일 가족이 제공하는 보호를 돈으로 환산한다면 엄청난 규모가 될 뿐만 아니라 가족이 제공하고 있는 정서적 지원은 돈으로도 환산할 수 없는 것이라고 지적하고 있다. 그러나 현대가족에서는 이들에 대한 보호문제가 점점 중요하고 심각하게 대두되고 있다. 확대가족적 유대 안에서 피부양자에 대한 보호가 자연스럽게 이루어지던 전통사회와는 달리 현대의 핵가족 안에서는 보호를 담당할 사람이 많지 않다. 비공식적으로 도움을 받긴 하지만 주거를 나름대로 결정하기 힘들고, 이동이 많은 현대사회의 여건상 비공식적인 도움을 받기는 점점 어려워지고 있다.

현외성 등(현외성 외, 1997; 272-276)은 가족문제 발생의 원인을 규명하기 위한 접근방법을 통해서 가족의 문제를 다음과 같이 정리하고 있다.

① **구조적 입장에서 본 가족문제** : 가족의 구조적 결함을 가족문제발생

의 근원으로 보는데, 그 대표적인 것이 결손가족이다. 우리나라의 국민기초생활보장법 수급권자나 사회복지기관의 수혜대상자의 거의 대부분은 결손가족이다. 또한 가족구성원간의 관계에서 발생되고 있는 문제들이 있다. 즉 가족구성원과의 연령차이가 심하지 않은가, 남녀형태가 골고루 있는가, 과잉가족이 있는가, 고령이나 불구인 구성원이 있는 가 등이 가족에 미치는 영향을 고려해야 한다. 여기서 유의할 점은 결손가족이나 구성원상 문제가 있는 가족뿐만 아니라 부모, 자녀를 구성하고 있는 현대가정에도 문제의 근원이 도사리고 있음을 염두에 두어야 한다.

② **기능적 입장에서 본 가족문제** : 가족은 생물학적, 심리학적, 경제적, 사회문화적 기능을 지닌 기능적 총체이다. 즉, 가족의 기능은 생물학적으로 종족을 유지하는 일, 심리학적으로 상호의존하여 애정의 욕구 충족, 경제적으로는 물질적 욕구충족, 사회문화적으로는 사회의 도덕이나 관습에 적응하는 일이다. 그러나 이러한 기능에 있어서 기능적 장애는 가족의 문제를 일으키는 주요원인이 된다.

③ **관계분석적 입장에서 본 가족문제** : 가족도 상이한 성격(personality)의 총화 이상의 것이기 때문에 가족의 관계됨을 파악함으로써 가족문제 개입이 가능해진다. 가족이란 관계면에서 적극성을 띄었다 해도 여러 상황에서 양가감정이나 부정적 감정을 피하기 어려울 때가 있다. 따라서 가족 내의 항상성 유지(homeostasis)의 힘이 어떻게 작용하는가에 대한 파악이 가족문제를 이해하는 데 중요한 것이다.

④ **사회경제적 조건에서의 가족문제** : 개인이 갖는 사회적 기능의 장애나 결여의 원인이 가족에게만 있다고 할 수 없다. 그것은 지역사회, 경제체제, 사회적 · 문화적 요인 등과 관련해서 가족문제를 파악해야 하며, 가족의 사회 · 경제적 조건에 대한 조사, 평가와 더불어 현존 조건에 대처하는 가족의 능력을 이해해야 한다. 많은 가족들이 빈곤, 질병, 실업, 비행, 범죄 등이 사회 · 경제적 문제에 직면하고 있으며, 이러한 요인이 가족의 관계면이나 기능면에서 많은 문제를 파생시킨다.

⑤ **역동적 입장에서의 가족문제** : 가족문제를 분석하는 데 앞서 보았던

구조적, 기능적, 관계적 또는 사회경제적 조건 등의 여러 측면, 역동적 상호작용에 의한 문제가 발생한다고 보는 관점이다. 가령 가족의 구조적 결함으로 인한 결손가정, 기능적 장애로 인한 경제적 부양기능 결여, 가족의 감정관계의 영향으로 인한 부부관계의 혼란, 부모자녀관계 혼란, 형제자매관계 혼란 등의 문제들이 상호역동적으로 발생된다는 것이다. 따라서 가족복지의 견지에서 가족의 집단역할이나 힘의 파장을 막을 수 있는 전문적 개입이 필요하다. 이러한 역동적 분석과 적절한 개입은 가족문제가 확대되기 전에 예방, 조기해결을 가능케 할 수 있다.

2. 한국의 가족문제

우리나라의 가족문제의 성향으로는 다음과 같은 것을 지적하고 있다 (남세진 외, 1995; 349-351).

첫째, 경제부양의 문제 즉 가족 소득문제가 많이 나타나고 있음을 알 수 있다. 가정의 빈곤문제, 취업여성의 증가, 가족 간 빈부 차이에 의한 상대적 박탈감 등은 가족의 경제적 부양문제와 직결되고 있다.

둘째, 핵가족화, 주말부부의 증가, 자녀수의 감소, 주거생활 변화에 따라 가족구성원에 대한 가족의 보호기능이 약화되는 데서 오는 문제가 증가하고 있다. 또한 가족의 보호업무를 주로 여성에게 의존해 오던 상황에서 여성의 경제활동 참여는 가족 내에서 아동, 노인, 장애인, 병약자 등을 양육하고 보호하는 기능의 동공화 현상을 초래할 가능성이 있다.

셋째, 가족의 통제 능력과 통제 기능이 약화되며, 가족 공동체로서의 사회화와 정서적 지지의 기능 수행이 약화되어 가고 있는 문제가 제기되고 있다. 도시에서의 잦은 이사로 인한 가족생활의 불안정성, 세대차이 문제, 부부불화, 부모역할 모델의 부족, 대화의 부족 등이 원활한 가족 기능 수행에 문제를 일으킴으로써 가족문제를 발생케 하는 중요한 요소가 되고 있다.

넷째, 결손가정의 증가에 따른 문제가 많이 발생하고 있다. 자녀유기,

별거, 이혼, 배우자 부정의 증가와 향락산업의 발달 등으로 결손가정이 많이 생겨나고 그 속에서 정신적 장애 아동, 가출 및 비행청소년 등 문제를 가진 자녀가 많이 배출되고 있을 뿐만 아니라, 결손가정의 증가에 따른 가족구성원의 각종 심리적·경제적 소외문제 등이 많이 나타나고 있다.

제 3 절 가족복지의 이해

1. 가족과 사회복지

가족은 사회의 유지와 발전을 위해 필수 불가결한 제도이며, 건전한 가족생활을 보장하는 것이 바로 사회의 중요한 의무로 되어가고 있다. 특히 도시사회의 급격한 핵가족화, 맞벌이, 농촌지역의 해체현상, 여성취업인구의 증대 등 산업화 과정에서 가족은 사상 유래가 없는 중대한 변동을 일으키고 있다.

현대 사회에서 가족은 상부상조의 복지기능을 많이 상실했으나 사회의 기본 제도이자 정서적 욕구를 충족시켜 주는 장소로서의 기능을 가족이 하고 있다는 점은 여전히 중시되고 있고, 사회문제의 해결을 일차적으로 가족이 담당할 수밖에 없기 때문에 가족에게 기대되는 복지의 책임은 매우 크다. 그러나 현대 가족은 자본주의 구조적 모순, 산업화, 가족규모와 기능의 축소와 약화, 가족형태의 다양화, 가부장주의 가치와 양성 평등주의 가치의 혼재 등의 요인들로 인해 결손가족문제, 가족폭력문제, 비행청소년 가족문제, 노인가구 가족문제, 장애인 가족문제, 알코올 가족문제 등의 사회문제를 어느 때보다도 심각하게 경험하고 있다

가족문제는 더 이상 개별가족의 문제가 아니고, 그것을 해결하기 위해서는 사회적 관심과 개입이 필요하다. Kamerman과 Kahn(1978)은 현대

의 여러 가지 가족병리, 예를 들어 가족해체, 아동의 인권침해, 한부모가족의 급증, 사생아의 증가 등 지금까지는 그렇게 많이 볼 수 없었던 사회병리현상의 급증에 직면하여 가족이라는 것을 재발견하기 위해서는 가족에 대한 일관된 사회적 중요성을 갖춘 사회복지 대응에 관한 국민의 합의와, 가족에 대해 보다 통합되고 체계화된 사회복지적 접근이 필요하다고 보았다(조흥식 외, 2003; 51-53).

2. 가족복지의 개념

가족복지[2]의 개념은 문화적 양상에 따라 다양하게 의미를 가질 수 있음을 전제하면서, 여러 학자들의 정의를 살펴보면 다음과 같다(조흥식 외, 2003; 56-58).

① **Feldman과 Scherz(1968)** : 가족복지란 전체로서의 가족은 물론 그 구성원들의 사회적 기능수행을 효과적으로 증진시킴으로써 가족구성원들 모두에게 행복을 도모하도록 하기 위한 사회복지의 한 분야이다.

② **김만두(1982)** : 가족복지란 가족의 집단성을 확립하도록 하고, 개개 가족구성원의 인격의 성장과 발달을 원조하며, 항상 변화하는 사회에 대응하여 적극적인 적응능력을 가질 수 있는 가족, 즉 대사회적으로 적응하는 가족으로서의 확립이라고 하는 세 가지 목표를 가지고 전개하는 활동이라고 하였다.

③ **김상규 외(1994, 203)** : 가족복지란 한마디로 가족의 행복을 유지시키는 것을 말하는데, 모든 국민은 인간다운 생활을 할 권리를 가진다는 헌법(제34조)의 기본이념에 입각하여 가족생활을 보장하는 사회적 제노력(제도적, 정책적, 기술적 서비스)을 총칭하는 말이다.

④ **전준우(1988)** : 가족복지란 가족이 안고 있는 여러 가지 문제상황에서 가족을 통합시키고 적응하도록 서비스를 제공하기 위한 사회적 집단

---

2) 가족복지는 영어로 family social work, family social welfare, family science, family welfare, family service 등으로 사용되고 있다.

의 노력으로 수행되는 조직적 활동을 의미한다고 하였다.

⑤ **일본 현대복지학총람(신섭중 외 역, 1995)** : 가족복지란 개인생활상의 모든 요구충족이 그 사람의 가족생활의 양태에 의해 규정됨에 착안하여 가족원으로서의 개인의 가족집단에의 적응이나 가족생활 그 자체의 유지 및 질적 향상을 도모함을 목적으로 하는 사회복지의 한 분야라고 하였다.

이상의 학자들의 정의를 통해 가족복지란 첫째, 목적 면에서는 국민의 생활권의 기본이념에 입각하여 가족의 행복을 유지시키고자 하는 것이며, 둘째, 주체 면에서는 가족을 포함한 사회구성원 전체가 된다. 셋째, 대상 면에서는 가족구성원 개개인을 포함한 '한 단위로서의 가족 전체'가 되며, 넷째, 수단 면에서 제도적 · 정책적 · 기술적 서비스 등 조직적인 제반 활동이 된다. 그리고 다섯째, 범위 면에서 사회복지의 한 분야가 되고 있음을 알 수 있다.

요컨대 가족복지란 가족의 전 생애에 걸쳐서 행복하고, 안정된 바람직한 삶을 추구하는 사회구성원 전체의 집단적 노력을 말한다고 하겠다. 이를테면 가족복지는 가족해체, 가족붕괴, 가족구성원의 사회적 역기능 수행 등의 문제에 의도적으로 개입하는 것을 의미하고 있다.

3. 가족복지의 대상

어떤 [illegible] 가족복지의 대상이 되느냐 하는 문제는 가족복지정책과 가족복지서비스의 [illegible] 조직 등에 영향을 미치고 상호연관성을 가지기 때문에 매우 중요하다. 그[illegible] 가족복지의 대상은 그 나라의 경제적 여건이나 사회환경에 따라 달라[illegible] 있기 때문에 하나의 관점이 모든 국가에 똑같이 적용될 수 없다는 [illegible]을 전제로 하지 않으면 안된다(전재일, 2006; 196).

가족복지의 대상은 광의와 협의로 나누어 볼 수 있는데, 광의로 볼 때는 모든 유형의 가족들로 이들이 앞으로 당면할 가능성이 있거나 현재 당면하고 있는 모든 가족문제이며, 협의로 보면 가족생활상의 문제에 봉착하고 있는 위기의 가족으로 결손가족, 해체가족, 그리고 가족생활주기에 따라 발생되는 발달적 및 상황적 스트레스를 특별히 겪고 있는 가족들이다(남기민, 2005; 385).

좀더 구체적으로 가족복지의 대상영역을 살펴보면, 다음과 같다(최성균 외, 2007; 338 : 전재일 외, 2006; 197).

① **개인과 가족의 기능과 가족관계에 관한 문제** : 부부갈등, 별거, 이혼, 재혼, 가정폭력, 부모·자녀관계 갈등, 청소년 문제, 직장부적응, 일탈행동, 미혼모 문제, 아동학대, 아동유기, 가족 유기, 부랑인, 고아, 가족성원의 역할 불이행·갈등, 가족성원의 증가나 감소 등.

② **빈곤이나 사회자원의 결핍에 관한 문제** : 경제문제, 직업문제, 주택문제, 건강문제로서 저소득, 실업, 무주택, 만성질환, 신체장애, 정신장애, 세대주의 사망, 한부모 가족, 소년·소녀 가장 가족, 독거노인가족 등.

③ **위기상황에 처한 문제** : 가족성원들이 능력은 있으나 일시적으로 긴급하거나 긴장상황 때문에 역할수행이 어려운 상태로 실직, 질병, 사업실패, 이민, 이주, 불의의 사고, 가족원의 자살, 수감 등.

이러한 문제상황에서 개인과 가족의 기능회복과 문제해결을 위해 원조를 필요로 하는 가족이 바로 가족복지의 대상이 되며, 더 나아가 예방적인 차원에서 가족들을 보호하고 문제대처능력을 배양시키는 서비스도 포함된다.

4. 가족복지의 기능

가족문제에 대한 구체적인 가족복지서비스를 제공하기 위한 사회복지의 기능은 여러 가지 학자들의 견해에 따라 다양하게 나타난다.

① **장인협(1981; 219)** : ㉠ 사회적 조건의 개선이나 향상을 위한 정책이나 제도 수립에 적극 참여하고, ㉡ 가족의 분열을 사전에 예방할 수 있는 지역사회보호(community care)나 거택보호를 개발하는 것, ㉢ 핵가족에

수반되는 문제점을 사전에 예방하기 위한 가족생활교육(family life education)을 수행하는 것.

② 김덕준 외(1981; 219) : ㉠ 가정을 위한 서비스의 제공, ㉡ 교육적 활동에 참가, ㉢ 전문교육을 위한 참여 및 공헌, ㉣ 사회조사에 참가, ㉤ 사회환경의 개선.

③ Feldman과 Scherz(1981) : ㉠ 가족구성원이 가지고 있는 잠재력을 최대화시켜 그들의 생활주기에 부딪칠 위험과 긴장에 잘 대처할 수 있는 능력을 증진시키는 예방적 기능, ㉡ 발생할 문제를 해결하는 치료적 기능, ㉢ 파괴 또는 손상된 가족의 기능을 이전의 형태로 환원시키기 위한 재활적 기능(송성자, 1997; 87).

④ 공세권 외(1994) : ㉠ 가족개발기능(건전가정 육성을 위한 가족교육, 역할개발, 생활개선과 가족보건), ㉡ 가족복지기능(가족결손 예방과 치료를 위한 가족상담과 가족치료, 역할지원, 재활지원), ㉢ 가족보호기능(독립적 사생활이 어려운 가족의 생활보호, 건강보호와 시설보호), ㉣ 자원개발기능(지역사회 내의 복지 여건 조성을 위한 기금조성, 조직개발, 인력활용).

가족복지서비스 기능에 대하여 岡村重夫는 조직적이고 체계적으로 설명하고 있는데, 이를 정리하면 다음과 같다(김상규 외, 1994; 211).

1) 의뢰적(송치적) 기능

가족문제의 진단에 기초해서 가족복지관이 직접적으로 어떤 구체적인 서비스를 베푸는 것이 아니고 그 문제에 대해서 가장 효과적인 서비스를 줄 수 있는 지역사회의 자원을 발견하여 사례를 소개하고 활용하도록 돕는 것이다.

2) 조정적 기능

가족복지관은 가족선제를 서비스의 단위로 하고 가족전체가 가족으로서 기능을 발휘하도록 하는 데 목적을 두고 원조한다. 동일가족에 대해서 가족복지기관 이외의 다른 전문분업적 기관인 의료기관, 아동상담소, 부녀상담소, 보건소, 학교, 직업안정기관에서 가족생활의 일부나 혹은 가족의 일원을 대상으로 원조를 하는데 이러한 각종의 기관에서 베푸는 다수의 서비스가 상호 모순되지 않고 통합적으로 일관성이 있어서 대상자의 가족전체의 복지를 이루는데 조화적 효과를 가져오도록 하는 기능이다.

3) 개발적 기능

지역사회 활동이나 소집단 활동, 그리고 개발적 활동을 통하여 각 가족에 있어서 모든 가족성원이 그 지위에 맞는 역할을 실행하는 기회, 능력, 태도를 발전, 촉진시키는 기능이다. 여기서 말하는 지역사회활동이라고 하는 것은 매우 중요한 의미를 가지고 있는데 즉, 그 지역사회 내에 여러 가지 사회적 자원, 예컨대 사회보장제도, 주택문제, 복지시설, 교육시설, 법제의 개선 등을 사회행동 및 지역주민의 자발적 협력을 보조해서 이룩하게 하는 것을 의미한다.

4) 회복적 기능

가족이 정상적인 기능을 발휘하도록 그 장애요인인 빈곤, 실업, 질병, 신체적 및 정신적 장애, 중독, 양친의 장시간 노동 등의 환경적인 요인과 부부불화, 친자간의 갈등 등 인간관계의 곤란을 가진 가족성원과 가족을 직접 원조하여 줌으로써 가족 역할이나 책임을 수행하여 가족기능을 회복시키는 것이다. 이러한 회복적 기능에는 공적부조에 의한 원조와 아동상담소 지도, 직업지도 및 알선, 주택알선, 가임보조(家賃補助) 가정지도 및 가족계획지도, 가족진단 및 가족치료를 통해서 달성할 수 있다.

제 4 절 가족복지의 프로그램

현대사회 가족이 당면한 다양한 문제를 해결할 수 있는 가족복지 프로그램은 다양하다. 그 중 몇 가지를 살펴보면 다음과 같다(조흥식 외,

2003; 65-69 : 김만두 외, 1993; 422-425 : 현외성 외, 1997; 279-281 : 남기민, 2005; 388-390).

1. 소득보장

가족을 경제적으로 지원하기 위한 소득보장은 아동양육을 위한 가족의 부담을 덜어주려는 가족수당 혹은 아동수당을 통해서 이루어지고 있다. 그 외에 저소득층의 가족에게 일정소득을 유지하도록 하기 위해 소득세를 환불해 준다든가 혹은 누진소득세를 매기는 방법을 사용하기도 한다.

2. 주택정책

지역사회가 정부예산이나 이자가 싼 대출을 통해 공공주택을 제공하거나 자녀가 많은 가족에게 싼 주택의 우선권을 주기도 하고 어린이에게 적합한 주거환경을 만들어 주거나 혹은 노인을 부양할 수 있는 주거공간을 장려함으로써 가족의 주택문제를 지원해 주는 정책이 이루어지고 있다.

3. 가족에 대한 사회복지서비스

가족복지서비스는 주로 인간관계에 관한 과학적 지식과 기술에 기반을 둔 전문적 서비스이며, 그것은 가족의 기능회복과 사회적응능력의 향상을 위해 원조하는 것을 의미한다. 가족에 대한 사회복지실천의 목표는 가족 내의 개인이나 구성원이 가족생활을 원만하게 수행하도록 도와주는 데 있다. 가족서비스의 대표적인 프로그램을 살펴보면 다음과 같다.

1) 가족에 대한 직접적인 개입: 가족상담

핵가족화와 도시화, 지역사회 기능약화로 인한 가족의 고립으로부터 오는 문제들에 대한 상담서비스를 제공한다. 가족 내에서 가족구성원이 가족역할을 잘 수행하도록 하거나 가족관계상담, 가족구성원이 다른 사회제도와 관계를 잘 맺도록 돕는 것도 포함된다. 가족상담은 오랫동안 가족기관의 핵심적 서비스로, 상담의 목적은 유용하고 만족스러운 삶을 영위할 수 있도록 모든 가족성원의 노력을 증지시키는 데 있다.

구체적으로 자녀양육에 관한 정보부족 및 어려움, 불안감 증대 등의 문제에 대해 상담해줄 수 있는 상담체계로서 정보제공 및 의뢰서비스를 제공하고, 같은 문제를 가진 가족을 위해 자조집단을 형성하는데 도움을 주기도 한다. 혹은 부모역할을 훈련시키는 프로그램도 가능하다.

2) 가족치료(family therapy)

가족치료는 집단치료의 새로운 형태로 1950년 후반부터 미국의 여러 지역에서 실시되어 오늘날도 새로운 방법으로 계속 발달되고 있다.

환자의 증상은 가족 상호 간의 역동적 관계의 표현이며 산물이다. 따라서 가족의 참여 없는 환자만의 치료는 사실상 어려운 일일뿐만 아니라 증상이 호전되더라도 병적 가족환경에 돌아감으로써 다시 악화될 수도 있다. 즉 아픈 개인은 아픈 가족을 반영한 것이며 환자로 지적된 개인은 환자라는 명칭이 붙기 때문에 장애를 받는 것이다. 따라서 환자의 발병이나 재발에 미치는 요인이 거의 가정환경인 가족임을 알게 되었고 결국 가족치료를 시도하게 된 중요한 동기가 되었다.

이러한 가족치료의 목적은 가족 간의 상호관계에 변화를 일으켜 가족원 사이에 반응하고 서로 의존하는 공동영역을 포함한 관계형태를 가지게 하는데 있다. 가족치료 모델은 심리내적 갈등을 처리하여 가족관계를 개선하는데 목적을 가지며, 정신분석학적 모형은 문제중심을 가족 간의 역기능적 의사소통에 두고 있는 의사소통 모델, Minuchin의 구조적 모델, Bowen의 정서적 역기능 체계이론, Haley의 전략적 모델이 주요 모델로 분류된다.

3) 가정생활교육(family life education)

가정생활교육은 집단경험을 통해 가족구성원의 인간관계와 사회기능을 향상시키기 위한 교육적 프로그램과 서비스로서, 가족 구성원으로 하여금 집단 및 지역사회 생활의 정상적 형태 및 긴장요소를 이해하도록 하여 대인관계를 향상시키고 상황적 위기를 예방·완화시키는 것이 목적이다. 단순히 말해서, 가족생활교육은 개인과 가족생활에 대한 교육을 제공하는 것이다. 가족생활교육은 개인들이 더 만족스럽고 성취하는 사람을 사는 것을 돕기 위하여 인간상호 간의 관계, 가족관계 및 성관계에 대하여 가르친다. 또한 많은 사람들에게 이를 수 있는 잠재성을 가지는 인간서비스에 대한 예방적인 접근법이다. 대표적인 예가 부모역할 훈련 프로그램이다.

4) 가족옹호(family advocacy)

여러 가지 이유로 사회적, 경제적, 정서적, 심리적 서비스를 받지 못하는 가족을 위한 적극적인 개입으로서, 가족옹호는 지역사회에 필요한 변화를 가져오기 위해 사람들로 하여금 기술의 적용 및 사회행동의 사명을 가지고 가족 욕구에 대한 직접적이고 전문적인 지식을 이용케 함으로써 가족의 생활 조건을 향상시키도록 계획된 전문적 서비스이다.

가족 옹호의 목표는 현존의 공적·사적 서비스와 전달체계의 향상뿐만 아니라 새롭고 변화된 형태의 서비스를 개발하는 것이다. 또한 지역사회의 많은 가족들에게 영향을 미치는 약물중독, 알코올중독, 정신지체 및 인권남용과 같은 공동의 문제해결을 위해 협동적인 사회행동을 하기도 한다. 이것은 일종의 프로그램 전략으로 여러 가족서비스기관들이 협력하여 어떤 이유로 필요한 경제사회적 서비스의 수혜를 받지 못하는 가족들을 대신하여 직접적 개입을 통해 서비스를 확보하거나 또는 그런 서비스를 개발하도록 상호 유도하는데 그 의의가 있다.

5) 가족에 대한 수발(family caregiving ; 가족보호)

가정 내에서 발생하는 각종 장애문제에 대해 적절한 사회적 보호(social care)를 제공하여 줌으로써 가족의 역할수행과 능력고취를 향상시키는 기능을 수행하는 것이다. 예를 들면 발달장애아동을 가진 가족, 치매노인 가족, 만성질환자를 가진 가족 등에 대한 각종 서비스를 말한다.

6) 가족계획사업

가족계획사업은 재생산적 건강보호 서비스의 일종으로 임신 전 위험사정, 임신중절, 성병에 대한 보호, 영양, 자녀 수에 대한 계획, 임신을 위한 서비스 등을 제공함으로써 건강한 가족생활을 하도록 한다. 또한 예방성과 치료성을 띤 혼전, 혼후 상담서비스가 있는데, 이는 훈련을 받은 전문가가 혼전, 혼후에 파생되는 여러 가지 문제를 해결하고자 하는 과정에 참여하여 행복한 결혼에 대비케 하고 만족한 부부관계를 유지토록 하기 위한 일종의 치료적 상담이다.

7) 가족보존과 가정기반서비스(family reservation and home-based services)

가족복지기관들은 다양한 가족의 욕구충족과 가족보존을 위하여 여러 가지 가족보존과 가정 기반서비스를 개발하고 있다. 그러한 서비스의 종류를 보면 ① 가정부 서비스, ② 형제자매결연(big brother-big sister) 서비스, ③ 가정법률상담, ④ 가정우애방문, ⑤ 여행자보조, ⑥ 학령 전 아동, 노인 및 정신질환자를 위한 주간보호, ⑦ 집단가정(group home) 서비스, ⑧ 재정상담, ⑨ 캠핑, ⑩ 청소년 · 노인 · 장애인을 위한 상황적 보호 프로그램, ⑪ 빈민을 위한 치과진료 및 보건유지 프로그램, ⑫ 개별학습(tutoring), ⑬ 직업안내, ⑭ 학령 전 아동의 인지기술과 사회성 및 정서적 발달을 도모하기 위한 모자프로그램, ⑮ 공공부조 기준에 해당되지 않는 가족의 특수한 욕구 및 공공부조의 수혜 대상이 되지 못하면서 빈곤한 가족을 위한 경제적 원조 제공 등을 들 수 있다. 이 외에도 가정위탁보호, 입양, 한계인구층, 즉 소수인종집단, 빈민, 노인, 알코올중독자, 미혼모 가족을 위한 각종 프로그램이 있다. 이러한 가족보존과 가정 기반 서비스들은 다양한 접근 및 치료방법, 상호 보완적인 서비스의 결합 형태로 행해지기 때문에 여러 다양한 전달체계에 의해 수행된다.

8) 이혼치료

이혼치료를 하는 데 있어서는 2가지 고려해야 될 중요한 사항이 있다.

첫째, 클라이언트가 이혼할 것인지, 안할 것인지를 돕고 이혼 또는 별거의 합의점을 찾도록 원조한다.

둘째, 건설적인 이혼전략을 수립한다.

① **재귀적 전략**(reflexive strategy): 주어진 상황 아래서 가능한 한 가장 효과적인 치료를 하기 위한 전략으로, 이혼 결정 전(前) 단계에서 사용된다.

② **상황적 전략**(contextual strategy): 치료자가 개입함으로써 환경에 영향을 주고자 시도하는 것으로 부부가 결정하고 타협할 수 있는 조건을 창조하려는 목적이 있다. 이혼결정단계와 정착단계에 사용된다. 이혼결정단계에서는 정서적 긴장수준을 내리게 하고, 부부사이의 역기능의 근원을 명료화한다. 정착단계에서는 협상을 위한 바람직한 분위기 조성, 협상을 구성·시도, 결정시 변호사와 클라이언트를 중재한다.

③ **현실적 실제적 전략**(substantive strategy): 치료자가 판단기준에 맞게 부부간에 구체적이고 세부적인 협약을 맺도록 유도한다.

최근에는 이혼 전 이혼숙려제도[3]를 통해 이혼으로 인한 가정해체를 적극적으로 방지하고 있으며, 이혼숙려제도의 시행으로 협의이혼을 신청했다가 취소하는 비율이 늘어나고 이로 인해 이혼건수가 감소하고 있다.

3) 이혼숙려제도는 성급한 이혼을 막기 위해 도입된 제도이다. 미국이나 한국에서 현재 시행되고 있다. 협의이혼신청 후 얼마간의 유예기간을 두어 성급한 이혼을 막는 것이 취지이다. 이혼의사를 확인한 후 자녀 양육 합의를 위해 자녀가 있을시 3개월, 자녀가 없을시 1개월의 숙려기간을 두도록 하고 있다. 한국 대법원은 이혼 숙려기간제를 골자로 하는 개정 민법을 2008년 6월 22일부터 시행하였다.

"홧김 이혼이 대폭 줄어들었다."

지난해 6월 22일 도입된 이혼숙려(熟慮)제로 인해 협의이혼을 신청했다가 취소한 비율이 25%로 늘어난 것으로 나타났다.

이혼숙려제는 부부가 협의이혼을 신청하면 바로 처리하지 않고, 의무적으로 1개월(자녀가 있는 경우 3개월) 동안 더 생각해 보도록 하는 제도다. 가정폭력 등 이혼해야 할 급박한 사정이 인정될 때는 숙려기간을 줄여주거나 면제하고 있다.

대법원에 따르면 지난해 7~12월 전국 법원에 접수된 이혼신청 건수는 7만 1천여 건, 처리건수는 5만 4천여 건이다. 이 기간에 이혼신청을 취소한 건수는 1만 3천여 건으로 '이혼신청 취하율(취소건수/처리건수)'이 25%에 이르렀다. 2007년 같은 기간의 16%보다 9%포인트 상승한 것이다.

대법원 관계자는 "이혼신청 취하율이 증가한 것은 이혼숙려제가 시행되면서 '홧김 이혼'이 줄어들었기 때문"이라고 말했다.

한편, 이혼신청건수는 2007년(6만 8천여 건)에 비해 지난해 2천여 건 늘어났지만 이혼숙려제가 도입되면서 처리기간이 늘어나 처리건수는 전년보다 2만여 건 줄어든 것으로 나타났다.

〈수원일보. 2009. 1. 14일자〉

참고문헌

공세권 외(1994). "가족정책의 기본골격과 접근방식", 『한국보건사회연구원 세미나 자료집』, 서울: 한국보건사회연구원.

김덕준 외 공저(1970). 『신사회사업개론』, 서울: 한국사회복지연구소.

김만두(1982). 『현대사회복지총론』, 서울: 홍익제.

김만두·한혜경(1993). 『현대사회복지개론』, 서울: 홍익제.

김상규 외(1994). 『사회복지론』, 대구: 형설출판사.

김선아 외(2006). 『인간행동과 사회환경』, 서울: 대왕사.

김성천·서윤 공역(1991). 『현대 가족복지론』, 서울: 이론과실천.

김익균(2003). 『가족복지론』, 서울: 교문사.

김진원(2009). 『인간행동과 사회환경』, 서울: 대왕사.
남기민(2005). 『현대사회복지학』, 경기: 양서원.
남세진 · 조흥식(1995). 『한국사회복지론』, 서울: 나남출판.
문재우 외 공저(2008). 『사회복지개론』, 서울: 계축문화사.
박상하 외 공저(2004). 『사회복지개론』, 경기: 양서원.
박종삼 외 공저(2007). 『사회복지학개론』, 서울: 학지사.
송성자(1997). 『가족과 가족치료』, 서울: 법문사.
신섭중 외 공역(1995). 『일본 현대복지학총람』, 서울: 대학출판사.
장인협(1981). 『사회복지개론』, 서울: 한국사회개발연구원.
전준우(1988). 『가족복지론』, 서울: 홍익출판사.
조흥식 외 공저(2003). 『가족복지학』, 서울: 학지사.
최성균 외 공저(2007). 『사회복지개론』, 서울: 대왕사.
최옥채 외(2004). 『인간행동과 사회환경』, 경기: 양서원.
최일섭 · 정은(2006). 『현대사회복지의 이해』, 경기: 공동체.
현외성 외 공저(1997). 『사회복지학의 이해』, 서울: 유풍출판사.
Feldman, F. L. & Scherz, F. H.(1967), *Family Social Welfare: Helping Troubled Families*, New York: Atherton Press.
Kamerman, S. B. & Kahn, A. J.(ed.)(1978), *Family Policy: Gouernmint and Families*, New York: Atherton Press.
Moroney, R. M.(1976), *The Family and the State: Considerations for Social Policy*, London: Longman.
수원일보. 2009년 1월 14일 자. 이혼숙려제 후 '홧김 이혼' 줄어.
YTN. 2009년 1월 12일 방송. 대법원, "홧김 이혼 줄었다"

10
chapter

노인복지

제 1 절 현대사회와 노인문제

1. 인구변화와 사회적 영향

1) 인구변화: 인구 고령화와 저출산

노인인구의 증가는 전 세계적으로 보편적인 현상이다. 우리나라 또한 사망률의 저하와 평균수명의 연장으로 인해 고령인구가 급증하고 있는 실정이다.

의학의 발전은 평균수명의 꾸준한 향상을 가져와 1960년에 52.4세에 불과하였던 전 국민의 평균수명이 1980년에는 65.8세로 늘어났고, 1995년에는 77.4세, 2000년에는 79.5세로 증가했으며, 2020년에는 84.1세로 증가될 전망이다.

〈표 10-1〉 평균수명의 추이

(단위 : 세)

연 도	1960	1970	1980	1990	1995	2000	2020
평 균	52.4	63.2	65.8	71.6	73.5	75.8	80.8
남	51.1	59.8	62.7	67.7	69.6	72.1	77.5
여	53.7	66.7	69.1	75.7	77.4	79.5	84.1

* 자료: 보건복지부, 보건복지통계연보, 2003.

평균수명의 증가와 더불어 1960년대 이후 꾸준히 증가해 온 노인인구가 최근에는 급속한 속도로 고령화가 진행되고 있어 세계적으로 가장 빨리 늙어가는 사회이다. 우리나라는 〈표 10-2〉에서 나타나듯이 2000년 노인인구 비율이 7.2%로서 고령화 사회(aging society)루 진입했고, 2018년에는 14.3%로 고령사회(aged society), 2026년에는 노인인구가 전체 인구의 5분의 1이 되는 초고령 사회(super-aged society)로 진입하게 될 것으로 예상되고 있다.[1)]

〈표 10-2〉 주요국의 인구고령화 속도 비교

구 분	도달년도			소요년수	
	고령화사회 (7%)	고령사회 (14%)	초고령사회 (20%)	고령사회 (7%→14%)	초고령사회 (14%→20%)
한국	2000	2018	2026	18	8
일본	1970	1994	2006	24	12
미국	1942	2014	2030	72	16
독일	1932	1972	2010	40	38
프랑스	1864	1979	2019	115	40

* 자료: 통계청, 장래인구특별추계, 2005.

1) 인구고령화의 진행 수준을 비교하는 방법으로 UN에서 정한 고령화 사회, 고령사회, 초고령화 사회의 분류를 많이 사용한다. UN은 전체인구 안에서 65세 이상의 노인인구 비율이 7%를 넘으면 고령화 사회(aging society)라고 하며 이 비율이 14%를 넘으면 고령사회(aged society)라고 한다. 그리고 20%를 초과하면 초고령사회(super-aged society)라고 규정하였다. 여기서 고령화 사회 진입(7%)부터 고령사회(14%)까지 도달한 소요년수를 고령화속도라 한다.

노년부양비[2]와 노령화지수(index of aging)[3]가 높아질수록 노인복지 문제가 사회적 이슈로 대두된다. 2000년에는 부양연령층 100명이 부양해야 하는 노인은 불과 10명이지만 2030년에는 100명이 30명의 노인을 부양해야 한다. 즉 노년부양부담이 2000년에 비해 3배 정도로 커질 것으로 전망된다(문재우 외, 2008; 315). 그리고 1970년 우리나라의 노령화지수는 단지 7.2%에 지나지 않았으나 2020년에는 76.5%에 이를 것으로 전망되고 있다.

〈표 10-3〉 노년부양비와 노령화지수(1970-2020)

구 분	1970	1980	1990	2000	2010	2020
0-14세 인구(천명)	13,709	12,951	10,974	10,233	10,080	9,013
15-64세 인구(천명)	17,540	23,717	29,701	33,671	35,506	36,446
65세 이상 인구(천명)	991	1,456	2,195	3,371	5,846	6,899
노년부양비(%)	5.6	6.1	7.4	10	14.2	18.9
노령화지수(%)	7.2	11.2	20	32.9	49.9	76.5

출처: 박종삼 외, 2007; 222.

한편 우리나라의 급격한 고령화의 원인으로 평균수명의 연장 속도와 함께 출산율의 감소가 지적되고 있다. 우리나라의 평균수명은 2000년에는 75.9세였지만 2030년에는 81.5세로 연장될 것으로 전망된다. 출산율의 감소는 합계출산율[4]을 기준으로 할 때 1980년에는 2.83명이었으나 2002년에는 1.17명으로 크게 하락하였다. 출산율의 급격한 하락은 고령화의 주된 요인으로 작용하고 있다(원석조, 2005; 216-217).

2) 사회적 영향

보건·의료기술의 발달과 문화생활의 향상 및 영양·위생상태의 발전으로 점차 사람들의 평균수명과 평균연령이 늘어나고 있으며, 또한 출생

2) 노인부양지수: 15세에서 64세의 생산인구가 부양해야 하는 65세 이상의 인구를 수치화한 것[(65세 이상 인구/15-64세 인구)×100].
3) 노인인구를 0~14세까지의 연소인구로 나눈 지수[(65세 인구/0-14세 인구)×100].
4) 가임 여성 1인당 평생 갖는 자녀 수.

률과 사망률은 동시에 줄어들어 노인의 절대인구가 증가하고 있다. 따라서 사회의 전체인구에 대한 노인인구의 비율이 급격히 높아짐에 따라 노인문제가 사회에서 차지하는 비중이 확대되고 있는 것이다(최성균 외, 2007; 281). 노인인구의 증가는 생산가능한 인구가 부양해야 할 노인인구의 상승을 의미하며, 장기적 요양보호를 필요로 하는 노인이 점차 늘어나게 됨을 의미한다. 반면에 저출산율로 인한 연소인구의 감소는 미래의 생산가능인구의 감소로 연결되어 노인부양에 따른 노동자들의 사회적 부담(burden)은 날로 증가할 것이다. 고령화와 노인인구수의 증가는 성별 인구수의 불균형, 혼인상태의 차이, 동거가족 형태의 다양화 등과 결부되어 노인문제를 유발시키는 요인들로 작용하고 있는 현실이다(최일섭 외, 2006; 262).

우리나라의 경우는 산업화와 도시화, 그에 따른 핵가족 현상, 가치관의 변화에 의한 노인의 역할 및 지위상실 그리고 노인의 의존성에 대한 자연적 지탱구조가 파괴되면서 노인문제가 대두되기 시작하였다(김성순, 1978; 51-52). 그리고 짧은 기간 동안 급격한 사회변동과 아울러 고령인구가 급증하기 때문에 각종 노인문제가 심각하게 대두되고 있다.

고령화는 경제와 사회 전반에 영향을 주고 있다. 먼저 고령화는 경제에 부정적인 영향을 준다. 고령화로 인한 청년근로자층의 감소는 저축률과 노동생산성의 감소를 가져온다. 저축률과 노동생산성의 감소는 경제성장과 국민소득의 증가를 둔화시킨다. 그리고 노인인구의 증가는 사회보장연금, 건강보험 등 각종 사회보험의 지출과 정부 지원의 증가를 불가피하게 만든다. 사회보장연금보험료의 인상은 노년층과 청년층의 세대 간의 갈등을 야기할 수 있다(원석조, 2005; 217).

2. 노인문제의 양상과 원인

1) 노인문제의 양상

우리나라 노인들이 공통적으로 겪고 있는 고통, 즉 노인문제의 양상은 흔히 '4중고(四重苦)'로 표현된다.[5] 즉 수입의 급격한 절감에 따른 경제적 빈곤문제, 노화에 따른 건강보호문제, 역할상실에 따른 무위문제, 그리고 사회·심리적 갈등에 따른 소외문제 등이 가장 일반적인 문제로 제기되고 있다.

(1) 경제적인 빈곤문제

우리나라 빈곤층의 가장 많은 부분은 노인들이며, 실제적으로 빈곤층에 대한 공공부조프로그램인 국민기초생활보장 수급권자의 1/4이 노인이다. 따라서 노후생활에 있어서 소득의 상실은 경제적 빈곤의 요인을 가져 올 뿐만 아니라 그로 인하여 건강·가족관계·대인관계·주거조건·사회활동 및 정치적인 참여 등에 중요한 영향을 미치는 요인이 되는 것이다. 노인의 빈곤원인은 연금제도의 미성숙, 직업생활의 불안정성과 저임금노동 종사, 조기퇴직, 자녀의 양육과 교육 및 결혼비용의 과다지출, 가족의 부양의식의 약화, 개인적 노후준비 미흡, 노후 재취업의 어려움 등으로 야기되고 있다(최성균 외, 2007: 282). 노인들의 수입 절감으로 인한 빈곤상황은 자녀에게 생활을 완전히 의존하게 만들기에 노인들은 물질적인 어려움과 함께 심리적인 고통과 자존심까지 상하게 된다(최성재 외, 2003: 30).

(2) 건강보호문제

의약기술의 발달 등으로 평균수명은 연장되었으나, 신체적 노화와 사회의 급속한 변화에 부적응으로 인한 심리사회적 문제 등으로 노인의 건강

5) 노인의 고통이 되는 문제로는 소외 3고(苦)라고 하는 빈곤, 불건강, 고독감(소외)이라고 할 수 있으며, 이 3고는 근본적으로 역할상실에서 온다고 볼 수 있으니 3고에 역할상실을 더하면 노인의 고통은 크게 4고가 된다.

과 그에 따른 부양문제가 날로 심각해지고 있다(박차상 외, 2008; 50). 노인은 젊은이에 비해 유병률이 2~3배 이상이 되며, 만성적 질병과 합병증 현상도 빈번하여 잦은 의료진료가 필요하므로 많은 의료비가 필요하다. 그러나 대부분의 노인들은 퇴직 후 수입이 절감되거나 또는 수입이 없어 자녀들에게 경제적으로 의존하게 되는 것이 일반적이다. 자녀들의 경제적 사정이 좋지 않은 경우 충분한 경제적 부양을 받지 못하게 되는 문제도 많으며, 자녀의 경제적 사정이 나쁘지 않더라도 자녀들의 가치관 퇴락과 가치관 차이로 인해 경제적 부양을 받지 못하는 경우도 많다. 또한 핵가족화, 가족수의 소수화, 여성의 취업 등으로 가족 중에 노부모를 간호하고 보호할 수 있는 사람이 없거나 부족하기 때문에 보호의 문제가 심각해지고 있다(최성재 외, 2003; 31-32).

(3) 역할상실(무위)과 여가활동문제

대부분의 노인들은 지적으로나 육체적으로 근로할 수 있는 능력을 보유하고 있음에도 퇴직제도에 따라 강제로 은퇴해야 한다. 많은 경우 직업적 역할에 수반하여 다른 사회적 역할도 수행하게 되는데, 퇴직으로 이러한 부수적인 역할까지 상실하게 되는 경우가 허다하다. 그리고 직업역할의 상실은 자아의 지지기반을 잃게 됨으로써 부정적인 자아상을 형성할 가능성도 커지게 된다(최성재 외, 2003; 29). 그리고 우리나라 은퇴노인들 중 많은 노인들이 노년기에 있어서 적절한 역할과 규범을 확립하지 못한 채 방황하고 있다. 따라서 대다수의 노인들은 TV 시청이나 신문보기, 화투, 장기, 바둑, 집안일 등의 단순한 '역할 없는 역할(roleless role)'만을 수행하고 있을 뿐이다(문재우 외, 2008; 317).

(4) 심리사회적 소외와 고립문제

우리나라 노인이 고독 및 소외감을 느끼는 현상은 세대 간의 가치가 혼재되어 있는 과도기 때문으로 풀이할 수 있다. 교육의 대중화로 일반적으로 자녀보다 낮은 교육수준인 부모세대는 뒤처지게 되고 상호역할간의 부적응과 여성의 사회진출로 인한 며느리의 시부모 부양에 대한 상황변화 등은 세대 간의 갈등을 만들고 이로 인해 노인은 쓸쓸함과 무의미함, 그리고 소외감과 고독감을 느끼게 된다(남기민, 2005; 349). 고독감의 문제를 가지고 있는 노인은 대체로 불유쾌함을 경험하며, 걱정을 유발시키고 내향적이 되며, 전반적인 대인관계에 부정적이 된다. 고독감의 증상이 심해지면 우울증으로 발전되어 정신건강상 심각한 문제를 유발하기도 한다(박차상 외, 2008; 53-54).

2) 노인문제의 원인

노인문제의 원인은 사회현상을 설명하는 이론에 입각하여 규명하는 것이 바람직하다. 따라서 사회문제의 이론적 관점을 통해 노인문제의 원인을 규명하고, 노인문제를 보다 구체적으로 설명할 수 있는 노년학 이론에 입각해서 문제의 원인을 살펴보면 다음과 같다.

〈표 10-4〉 노인문제의 원인

구 분		주요 내용
사회문제 이론	기능주의 이론	• 상당수의 노인들이 사회체계의 유지와 발전에 공헌하는 기능을 수행하지 못하거나, 또는 노인집단의 새로운 욕구에 사회가 적절한 기능을 발휘하여 대응하지 못하는 상태, 즉 상당수의 노인들이 사회에 대해 역기능적으로 되고 있는 상태가 노인문제라는 것임. • 원인: 사회가 노인을 사회변동에 적응하도록 사회화하는 데 실패하거나 아니면 사회의 분배기능과 사회화 기능 등이 노인집단들의 새로운 욕구의 변화에 적절히 대응하는 데 실패한 것, 즉 개인에게보다는 사회의 일부 기능, 구조 또는 제도에 그 원인이 있음.
	갈등주의 이론	• 사회가 희소자원을 더 많이 가지고 있는 중년층을 중심으로 조직화되어 있는 데 대하여 노년층이 기존의 희소자원 분배방식에 불만을 가지고 분배방식의 변경을 요구하여 중년층이 이를 문제라고 인식할 때 노인문제발생. • 원인: 개인의 결함이나 무능력에 있는 것이 아니라 사회의 현행 구조와 조직에 있다는 것임.

<table>
<tr><td rowspan="2">사회문제 이론</td><td>상호작용주의 이론</td><td>• 이 시각에 의한 사회문제는 사회의 주요한 한 집단이 어떤 현상을 문제라고 정의하면 문제가 되는 것임.
• 원인: 사회적인 낙인에 따라 행동하는 노인 개인에게도 있지만 더욱 더 큰 원인은 일차적으로 노인을 낙인찍는 사회제도나 사회의 일반적 인식이 잘못된 데 있다고 할 수 있음.</td></tr>
<tr><td>교환주의 이론</td><td>• 재산소유 및 통제권의 약화, 노인 지식의 낙후, 노인의 종교적 전통에의 연결 약화, 노인의 생산성 약화, 상호의존성의 약화 등으로 인해 노인의 교환자원의 부족, 가치성의 저하, 또는 고갈 등이 나타나고 노인이 집단으로서 또는 개인으로서 교환관계를 형성하는 데 열세를 면치 못하는 지위로 하락됨으로써 노인문제가 발생됨.</td></tr>
<tr><td rowspan="3">노년학 이론6)</td><td>분리이론
(은퇴이론)</td><td>• 노인은 젊은 이에 비해 건강이 약화되고 죽음에 임하는 확률이 높으므로 개인의 입장에서는 최적의 만족과 사회체계의 입장에서의 중단 없는 계속을 위하여 노인과 사회는 상호간에 분리되기를 원하며, 이러한 분리는 정상적으로 피할 수 없는 일이라는 것.
• 개인이나 사회를 위하여 노인이 사회로부터 분리되고, 사회 역시 노인을 사회에서 분리시켜야 함.</td></tr>
<tr><td>활동이론</td><td>• 활동에 많이 참여하고 또한 친밀한 활동을 할수록 노인의 생활만족도가 높이 유지되므로 노년기에도 많은 사회적 관계의 활동에 참여하는 것이 필요하며, 특히 퇴직으로 인하여 상실된 역할활동을 대치할 만한 다른 활동의 참여가 필요하게 된다는 것.</td></tr>
<tr><td>현대화이론</td><td>• 현대화라는 사회적 변화가 노인의 지위를 하락시키고 있다는 것 즉, 현대화의 정도가 높을수록 노인의 지위는 더 약해짐.
• 현대화에 핵심적인 요인인 건강기술의 발전, 경제적 생산기술의 발전, 도시화의 촉진, 교육의 대중화가 인과적으로 영향을 미쳐 노인을 노동의 현장에서 퇴직시키고, 교육의 대중화가 인과적으로 영향을 미쳐 노인을 노동의 현장에서 퇴직시키며, 사회적·지적·도덕적으로 고립화시킴으로써 결국은 노인의 지위를 약화시키고 있음.</td></tr>
</table>

출처: 최일섭 외, 1999: 317-328 : 권육상, 2001: 115-121 : 최순남, 1997: 31-61.

6) 노년학 이론에는 이외에도 하위문화이론, 역할이론, 연속이론, 연령계층이론, 실존사회학이론, 사회심리학적 시각, 정치경제학적 시각, 도덕성과 정치경제적 접근 등이 있다. 자세한 내용은 최순남(1997), 『현대사회복지론』, 한신대학교출판부. pp. 31-61을 참조하길 바람.

제 2 절 노화와 노인의 정의

1. 노화(Aging)의 개념

1) 노화의 정의

나이를 먹는다(aging, 加齡)는 의미로서 시간의 흐름에 따라 늙어가는 현상을 말하는 것이다. 노화는 인간의 정상적인 성장과 발달과정 전체의 일부이므로 생물학적 측면은 물론 심리적 및 사회적 측면까지 포함되는 것으로 보다 포괄적으로 이해되어야 한다.

생물학적 측면(biological aging)의 노화 특징은 ① 노화는 시간의 흐름에 따라 세포나 조직, 기관 등의 유기체 전반에 걸쳐서 일어나는 점진적 변화이다. ② 시간의 경과에 따라 생기며 시간적 과정에 관련되거나 혹은 제약되는 것으로 환경의 변화에 적절히 반응하게 되는 조직과 기능의 결합을 갖게 한다. ③ 외상이나 전염병 혹은 외적·환경적 인자에 의해 발생되는 것이 아니라 본질적으로 생체에 내재되어 있는 필연적인 과정에 의해 생기는 것이다. ④ 노화는 나이를 먹음에 따라 생리적 기능의 저하, 스트레스에 대한 회복력의 저하, 예비력의 저하, 그리고 이혼율 및 죽음의 확률 등이 점진적으로 증가하는 현상이다. 심리적 노화(psychological aging)는 축적된 경험에 의한 행동, 감각, 지각기능, 자아에 대한 인식 등이 시간의 변화에 따라 변하는 것을 의미한다. 그리고 사회적 노화(sociological aging)는 생활주기를 통해 일어나는 규범, 기대, 사회적 지위 및 역할의 변화 등을 의미한다.

결론적으로 노화란 시간의 흐름에 따라 인간 유기체 전체에 보편적이며 점진적으로 일어나는 신체적, 심리적, 그리고 사회적 변화의 과정이다. 즉 노화는 일면적인 현상이 아니라, 노인의 개인적 요인(예: 유전, 질병,

성격, 학습능력, 생활력 등)과 환경적 요인(예: 사회적 지위, 가족관계, 지역성, 민족성 등)간의 복잡한 상호작용에 의해 나타나는 다면적인 변화의 과정이라 할 수 있다(김진원, 2009; 185-186).

2) 노화에 관한 이론

생물학적 노화현상에 대한 이론들은 30여 가지 이상이나 있으며, 쇼크(Nathan Shock)는 노화현상에 대한 이 이론들을 세 개의 범주로 분류한다(김태현, 1998; 42-45).

① 유전학적 이론(Genetic Theory of Aging): DNA분자로부터 세포로 인자를 전달하는 과정에서 생기는 결손(defeat)의 의미로 노화를 설명함.

② 비유전학적 이론(Nogenetic Theory of Aging): 세포활동을 방해하는 변화가 세포 내에 발생된다고 주장을 하는 입장들.

③ 생리학적 이론: 어떤 하나의 단일 기관이 제기능을 발휘하지 못하게 되는 것이나 신체의 규칙성 및 통제 메커니즘이 손상을 입는 것에 근거를 두고 노화를 설명하는 것.

〈표 10-5〉 생물학적 노화현상에 대한 이론

구 분		주요 내용
유전학적 이론	DNA 손상이론	모든 세포들은 하나의 핵을 소유하며 그 속에는 DNA라고 불리는 아미노산의 분자 속에 저장된 유전인자에 따라 세포 내에서 화학반응을 증진시키고 세포가 제 기능을 잘 할 수 있도록 단백질을 생산해 내지만, DNA분자가 손상을 입게 되면 세포가 제 기능을 하는데 필요한 효소를 생산하지 못하게 되어 노화가 일어난다는 것이다.
	예정계획이론	개인은 갖고 태어난 일정한 유전적 프로그램이 있어 미리 짜여진 유전적 계획에 따라 노화가 일어난다고 봄. 즉 유기체는 유전인자 속에 노화의 속성이 미리 프로그램화되어 있다가 시간이 경과함에 따라 그 속성이 나타나게 된다(예 : 키, 몸무게, 사춘기 때 나타나는 증후들, 여성의 중년기 이후의 증상들).

유전학적 이론	오류재해이론	유전학적 인자가 세포로 전달되는 도중에 잘못(errors)이 발생한다는 것. 이러한 잘못들은 정확히 복제되지 못한 효소들을 생산하는 원인이 되고, 그로써 세포는 제대로 기능할 수 없게 되며 궁극적으로 죽게 된다는 것이다.
비유전학적 이론	소모 및 파괴이론	유기체를 하나의 기계로 가정하여 많이 사용하게 되면 부속기관들이 닳게 되고 기계가 파손되는 것과 같이 신체기관들도 오래 활동하게 되면 점진적으로 퇴화하게 되며 그 퇴화의 산물이 노화라고 보는 것이다.
	노폐물 축적이론	세포 속에 해로운 물질과 제거될 수 없는 노폐물이 생성되어 축적되고 이렇게 축적된 노폐물이 세포가 정상적으로 기능하는 것을 방해하여 결국 노화현상이 생긴다는 것이다.
	교차연결이론	세포의 내·외부에서 두 개의 큰 분자들이 서로 상대에게 부착되는 것을 말함. 즉 세포 속의 여러 가지 단백질 사이에 시간이 지나면서 서로 묶는 다리놓기 현상이 일어나 단백질이 갖는 기능과 작용이 떨어져 노화현상이 나타난다는 것이다.
생리학적 이론	스트레스이론	생활에서 오는 스트레스들이 점차 쌓임으로써 노화된다고 주장. 즉 스트레스들은 잔여 찌꺼기들을 남기게 되고 이것들이 계속 축적되면 유기체에 남아있는 능력이 고갈되어 노화과정을 촉진시킨다는 것이다.
	단일기관이론	심장혈관계가 무기력 또는 무능화되어져 노화현상이 일어난다는 설명. 즉 심장혈관계의 무능력은 동맥경화증이나 혈관이 나빠지는 질병에 의해 생기게 되고 이것이 노화를 가져온다는 것이다.
	자연면역이론	질병과 싸우는 신체의 면역체계에 손상이 생기면서 노화가 일어난다고 봄. 즉 체내의 면역체계가 항체를 만들 때 정상세포까지 파괴하는 항체를 생산해내게 되고 이러한 자동면역항체가 계속 증가하여 정상 세포를 파괴함으로써 노화가 진행된다는 것이다.

출처: 김태현, 1998: 42-45.

2. 노인의 개념

1) 노인의 정의

노인(老人)[7]이란 용어에는 심신기능의 쇠퇴인 늙어가는 현상인 노화(老化)라는 의미와 시간의 흐름에 따라 물리적, 기계적으로 측정되는 달력상의 나이인 역연령(曆年齡)이라는 두 가지 의미가 포함되어 있고, 동시에 노인이 처해 있는 역사적·사회적·문화적 영향도 작용하기 때문에 그 개념을 일률적으로 정의하는 것은 단순하지 않다. 따라서 노인의 개념을 규정하기 위해서는 개인의 정신적, 신체적, 사회적 및 문화적 요인 등을 모두 고려해야 한다.

(1) 노인에 대한 일반적 정의

노인에 대한 개념정의를 일반인들이 자연스럽게 이해하는 개념에 의해 정의를 내리면, 노인은 ① 생리적·생물학적인 면에서 퇴화기에 있는 사람, ② 심리적인 면에서 정신기능과 성격이 노인 특유의 보수·온건·의존·경직 성향으로 변화되고 있는 사람, ③ 사회적인 면에서 지위와 역할이 상실된 사람으로 정의된다(이인수, 2006; 32).

(2) 노인에 대한 조작적 정의

조작적 혹은 인위적 정의는 실제로 관찰하여 노인으로 규정하기에 편리하도록 만들어낸 정의로 사회과학적 조사연구상 편의, 정책 및 행정적 편의 등을 위해 쓰이고 있는 것이다(최순남, 1997; 63-66 : 최성재·장인협, 2003; 47-51 : 현외성 외, 2008; 4-7).

---

7) 노인이란 사전적으로 '나이가 많은 사람'으로 정의하고 있으며, 늙은이, 고령자, 노년, 한아비, 어르신 등 다양한 용어를 사용한다. 영어권 국가에서는 older person(늙은 사람), the aged(나이든 사람), the elderly(연장자), senior citizen(선배 시민), golden age(황금연령층) 등 다양한 용어가 사용되고 있으며, 프랑스는 제3세대라는 용어를, 중국에서는 60대를 장년(長年), 70대 이상을 존년(尊年)이라는 용어를, 그리고 일본에서는 실버(silver), 또는 노년이라는 용어를 노인이라는 용어와 함께 쓴다.

① 늙음 자체(老性自體)를 근거로 규정한 노인

1951년 국제노년학회의 정의를 통해 볼 수 있다. 즉, "노인이란 인간의 노화 과정에서 나타나는 생리적·심리적·환경적 행동의 변화가 상호 작용하는 복합 형태의 과정이다"라고 정의하고, 환경 변화에 적절히 적응할 수 있는 자체 조직에서 결함을 가진 사람, 생활 자체가 자신을 통합하려는 능력이 감퇴되어 가는 시기에 있는 사람, 인체의 기관, 조직 기능 등에 감퇴 현상이 일어나는 시기에 있는 사람, 삶 자체에서 적응이 정신적으로 결손되어 가는 사람, 인체의 조직 및 기능의 소모로 적응 감퇴 상태에 있는 사람이라고 정리한다(Report on the 2nd International Conference of Gerontology, 1951 ; 5).

② 역연령(暦年齢: chronological age)에 의한 노인

시간경과의 단위인 달력상의 시간에 의해 일정한 연령에 도달한 사람으로 정의하는 것이다. 뉴가르텐(B. Neugarten)은 미국 노인 집단을 세 단계, 즉 ① 연소 노인(young-old, 55~65세로, 이들 대부분은 일을 할 수 있으며 돈 버는 능력과 사회적 승인이 최고조에 달해 있을 때이다) ② 중고령 노인(middle-old, 65~75세로, 퇴직자들이 많이 포함한다) ③ 고령 노인(old-old, 75세 이상으로, 신체적으로 약하고 병약하며 고립되고 궁핍한 계층의 노인들)으로 분류한다. 그리고 애칠리(Atchely)는 연소 노인을 60~74세, 중고령 노인을 75~84세, 그리고 고령노인을 85세 이상으로 분류한다. 우리나라는 만 60세를 '회갑년(回甲年)'으로 하는 전통이 전해져 오고 있으나 노인복지법에서는 65세로 규정하고 있다.

③ 사회적 역할 수행 능력정도에 의한 노인

사회적 역할 수행 능력정도로 심신의 노화로 인해 사회 활동을 할 수 없는 사람을 노인으로 보자는 견해이다. 즉 주요한 사회적 지위와 역할이 상실된 상태에 있는 사람을 노인으로 보는 것인데, 사회적 직업활동에서 퇴직 또는 가정에서의 주부의 지위와 역할을 이양한 상태에 있는 사람이 여기에 해당되는 노인이다. 예를 들어 노인의 연령선을 정년제나 연금수

급 연령에서 찾는 것이다.

④ 개인의 자각(self-awareness)에 의한 노인

늙음에 대한 개인의 자각(self-awareness)으로 자기 자신이 몇 세부터 늙음을 자각하고 스스로 노인임을 인정하느냐 하는 심리적 자각을 기준으로 하는 견해이다. 이러한 정의는 노화의 생물학적·사회적 및 심리적 측면을 어느 정도 내포하고는 있지만, 개인의 주관에 따라 다양한 면이 있어 객관성이 크게 결여되어 보편적으로 사용하기 힘든 정의이다.

⑤ 기능적 연령(functional age)에 의한 노인

개인의 특수한 신체적 및 심리적 영역에 있어서의 기능의 정도에 의해서 노인을 규정하는 것이다. 기능적 연령에 의한 노인은 노화로 인한 다른 능력의 감퇴에도 불구하고 어떤 특수한 신체적·심리적 및 사회적 영역에 있어서의 업무를 수행할 수 있다는 전제에서, 개인이 특수한 업무를 적절히 수행할 수 없는 경우에 노인으로 규정된다.

⑥ 공식적·행정적 규정에 의한 노인

이 방식은 노인을 실정법상이나 공식적·제도적 장치의 규정에 의해 노인을 규정하는 경우이다. 우리나라 노인복지법이나 국민기초생활보장법상에서 말하는 노인의 개념은 65세 이상을 말하며, 국민연금법상의 노령연금 급여대상자로서 노인은 60세 이상으로 하고 있다.

(3) 소결

윤진(1985)은 노인의 연령을 신체적 혹은 달력의 나이(chronological age), 신체적 성숙이나 건강 수준에 따른 생물학적 나이(biological age), 심리적 성숙과 적응에 따른 심리적 나이(psychological age), 사회규범에 따른 사회적 나이(social age), 자신이 스스로 느끼는 자각적 나이(self awaring age)의 다섯 개로 분류하고 있는 것과 같이, 한 개인을 노인으로 분류할 때는 여러 측면에서 종합적으로 고려해야 할 필요성이 있다.

2) 노인의 특성[8)]

(1) 신체적 특성

노화에 따라 신체적 변화가 나타나며, 이에 따른 노인의 신체적 특징은 다음과 같다(아산사회복지사업재단, 1985).

〈표 10-6〉 노인의 신체적 변화

신체 구성 성분의 변화	신체적인 변화 현상
총체수분량의 감소 (total body water) 체지방량의 증가 실질 기능 세포량(cell solid)의 감소 등	피부의 건조, 주름, 세포수의 감소 등 세포 간에 지방 축적(간이나 심장조직) 세포증식 능력과 조직 재생능력 감소, 기초대사저하, 기관의 기능적인 퇴행성 초래 등
뼈의 미네랄량 감소	뼈 조직 약화
소화기계의 변화(치아탈락, 씹는 힘의 약화, 소화효소분비 감소, 장운동의 둔화 등)	식욕 저하, 영양소의 소화 흡수 기능 감퇴(영양소 이용률 저하) 변비(소화관 운동부족)
순환기계의 변화(심장기능 저하, 동맥혈관의 변화, 혈액순환 장애 등)	심장박동수·심장활동지수 감소, 동맥경화, 고혈압, 뇌출혈, 심근경색, 심부전증 등의 발병 위험률 증가
신경계의 변화(신경계 기능 저하)	학습능력·지각·운동기능의 감소, 신경자극 전달능력 저하, 신체항상성 유지 능력 저하
내분비계의 변화(내분비 기관의 형태적인 위축)	호르몬 분비 저하
폐기능 감소	폐활량 감소, 신혈류량·사구체 여과율 등
신장기능의 감소	영양소 재흡수량 감소
간기능의 감소	영양소의 대사적인 변화

㉠ 신체구조의 쇠퇴를 들 수 있는데, 피부 및 지방조직의 감소, 세포의 감소, 골격 및 수의근의 약화, 치아의 감소, 심장비대 및 심장박동의 약화 등의 현상이 나타난다.

㉡ 신체의 외면상의 변화를 들 수 있는데, 백발의 증가, 두발의 감소, 주름살의 증가, 얼룩반점의 증가, 신장의 감소 등의 현상이 나타난다.

8) 김진원(2009), 『인간행동과 사회환경』, 서울: 대왕사, pp. 185-214. 내용 정리.

㉢ 만성질환의 상병률 증가를 들 수 있는데, 동맥경화증, 고혈압, 당뇨병, 심장병, 신장병 등의 만성질환이 나타난다.

(2) 심리적 특성

① 감각 기능의 변화(감각기능 둔화)

감각기능은 신체의 내적 및 외적 상황과 변화에 대한 정보를 수집하여 뇌에 전달하는 기능을 말하며, 이러한 정보수집의 수단이 바로 시각, 청각, 미각, 후각, 촉각 및 통각의 기관들이다. 이러한 감각기능은 노화가 진행되면서 그 기능이 감퇴 및 저하된다.

② 인지적 변화

인지적 변화로서 지각기능과 정신기능을 살펴보면 다음과 같다.

㉮ 지각기능

감각기관에 의해 수집된 정보를 의식적인 수준에서 처리하고 평가하는 기능으로서, 연령증가에 따라 지각과정의 속도가 저하되고 있다는 것이 일반적인 연구결과이다. 따라서 노인은 환경의 변화에 즉각적으로 대처하지 못하여 안전사고를 당하는 비율이 높게 된다. 이는 특히 신체적 노화로 인해 외부의 자극과 정보를 처리하는 신경계 계통의 활동속도가 감소되었기 때문이다.

㉯ 정신기능

인간이 인간다운 기능을 하는 특징적인 기능으로 감각 및 지각기능들을 기초로 하며, 지능, 기억력, 학습능력, 사고력, 문제해결능력, 그리고 창의력 등으로 구분되는데, 노년기에는 일반적으로 지능이 쇠퇴한다고 보고 있으나, 지능에는 여러 종류가 있으므로 특정 영역의 지능만을 근거로 지능의 약화를 주장할 수는 없는 것이다. 기억력[9]은 노년기에 이르게 되면

9) 선행의 경험을 파악하는 능력으로, 기억은 단기기억(short-term memory, 5~10초 후에 회상해 내는 것), 최근기억(recent memory, 1시간~며칠 후 회상해 내는 것), 장기기억(remote memory, 오래전에 일어났던 일로서 생의 과정을 통해 자주 회상되었던 것을 회상하는 것), 최고기억(old memory, 오래전에 일어났던 일로서 한 번도 회상해 본 적이 없는 것을 회상해 내는 것) 등으로 분류된다.

일반적으로 단기기억과 최근기억이 약화되며, 암기보다는 논리적인 것의 기억능력이 더 많이 감퇴되는 것으로 알려지고 있으며, 보는 것보다 듣는 것의 기억력이 뛰어나므로 노인의 학습능력 증진을 위해서는 청각을 활용한 교육방법이 효과적이다. 학습능력은 연습이나 경험을 통하여 정보 및 기술을 습득하는 능력을 의미하며, 일반적으로 연령증가에 따라 저하되는 것으로 알려지고 있으나, 학습기간과 반응기간이 충분히 주어지면 노인층이 청년층보다 학습의 증진이 더 많이 일어나며, 학습의 과제가 의미있고 동기가 분명할수록 노인층과 청년층의 차이가 줄어든다고 보고되고 있다. 사고능력과 문제해결능력은 연령이 증가함에 따라 저하되는 것이 일반적이지만, 단순히 연령증가만이 그 원인이라 단정짓기는 어려우며, 연령과 교육수준, 인생경험, 지능, 직업, 동년배 효과 등의 요인이 복합적인 영향을 미친다. 창의력은 자기실현이나 또는 실제로 적응하고 실현시킬 수 있는 독특한 반응이나 생각을 말하는 것으로, 30대에 정점에 이른 후 이후부터 조금씩 감퇴되지만, 60~70세에도 20대와 동일한 수준의 창의성을 발휘할 수 있으며, 80세에도 여전히 중요한 일들을 훌륭하게 수행하는 경우가 많다.

③ 정서적 변화

노년기에 이르면 감정표현능력의 저하가 이루어지는데, 이는 연령증가에 기인한 것이라기보다 사회문화적 요인에 더 큰 원인이 있다. 즉 감정표현을 억제하는 것이 사회문화적으로 보다 바람직한 것이라는 사회적 압력에 순응한 결과라고 할 수 있다.

④ 성격 변화

노년기로 접어들면서 여러 가지 신체적·인지적 노화현상으로 인해 성격적 특성도 변화를 보이게 된다. 노인의 성격은 일반적으로 우울증 경향의 증가, 내향성 및 수동성의 증가, 성역할 지각의 변화(양성화), 경직성의 증가, 조심성의 증가, 친근한 사물에 대한 애착심, 유산을 남기려는 마음, 생에 대한 회상의 경향, 시간전망의 변화, 의존성의 증가 등의 특성을 나타낸다.

(3) 사회적 특성

노년기에는 친구와 가족의 죽음, 직업적 지위와 수입의 상실, 신체적 건강, 아름다움의 저하, 그리고 전체적인 삶의 목적상실 등 얻는 것보다 잃는 것이 많은 시기이므로 상실의 시기 혹은 역할 없는 역할을 갖는 시기라고도 한다. 즉, 노년기에는 이전까지의 역할의 변화에는 새로운 역할이 추가되고 책임이 증가되고 이로 인한 자신의 성장과 발전이 이루어지게 되는 등의 사회적 이익이 많이 생긴다. 그러나 노년기에는 사회화 과정에서의 소외와 고립의 증가, 수입의 감소, 이에 따른 의존성의 증가, 사기의 저하 등의 사회적 손실이 훨씬 크게 된다.

제 3 절 노인복지의 개념 · 목표 · 원칙

1. 노인복지의 개념

산업화의 진전에 따라 사회복지 욕구가 다양하게 급증되고 사회복지 대상자도 다계층화, 다연령화, 다지역화됨으로써 사회복지 실천 분야도 다양화되고 있으나, 특히 급속한 고령화현상과 관련하여 노인복지는 앞으로 중요한 실천분야로 간주될 것으로 전망된다(이혜원, 2000: 129).

21세기의 주요국가적 과제로 꼽히고 있는 노인복지(elderly welfare 또는 welfare of the elderly)는 많은 사회문제 가운데 특히 노인에게 일어나는 문제를 예방하고 해결하기 위한 체계적이고 조직적인 사회적 노력이라고 간략히 정의할 수 있다. 노인복지는 사회복지의 이론과 실천방법론, 그리고 가치와 원리를 공유하고 있다고 할 수 있는데, 이런 점에서 노인복지는 사회복지의 한 분과영역으로 인정되고 있다.

최성재와 장인협은 노인복지를 노인이 인간다운 생활을 영위하면서 자기가 속한 가족과 사회에 적응하고 통합할 수 있도록 필요한 자원과 서비스를 제공하는 데 관련된 공적(公的) 및 사적(私的) 차원에서의 조직적 제반 활동이라고 구체적으로 정의한다. 여기서 인간다운 생활이란 그 노인이 속한 국가사회의 발전적 수준에 비추어 의식주의 기본적인 욕구를 충족하고 건강하고 문화적인 삶을 사는 것을 뜻하며, 가족과 사회에 적응하고 통합되는 것은 노인이 그가 속할 수 있는 사회적 조직화에서 사회적, 심리적으로 소외감을 느끼지 않게 되는 것을 의미한다. 자원과 서비스를 제공하는 것은 이용 가능한 인적, 물적 자원을 찾아 연결시켜 주거나 보충하여 주며, 사회적 적응에 있어서 문제를 해결해 주고, 나아가서 개인의 발전을 위한 욕구충족에 필요한 서비스까지 제공해 주는 것을 의미한다. 노인복지에 관련되는 활동은 공적 차원뿐만 아니라 사적 차원(민간 차원)에 있어서의 활동을 포함하며, 그것이 간헐적이고 무계획적으로 이루어지는 것이 아니라 계획에 의해 조직적으로 이루어지는 활동이어야 한다(최성재 · 장인협, 2003; 300-301).

2. 노인복지의 목표

최성재 · 장인협(2003; 313-314)은 노인복지의 일반적 목표를 다음과 같이 제시하고 있다.

① 국민적 최저수준의 생활유지

노인도 국민의 한 사람으로서 국가의 경제적 및 사회적 여건에 맞는 인간다운 생활을 유지할 수 있도록 최저한의 경제적 보장을 받아야한다. 최저한의 수준은 경제적인 조건, 정치적 상황, 과학적 지식의 상태, 정치적 압력 단체의 활동 정도 등의 영향에 따라 달라지는 상대적인 성격을 띠고 있다. 최저 생활수준을 설정하는 기준에 대한 합의된 이론은 없지만, 적어도 건강하고 문화적인 생활을 영위할 수 있는 정도에서 기준이 설정되어야 할 것이다. 구체적으로 이러한 최저 생활수준은 빈곤선(poverty line)이라는 개념으로 설정되고 있다.

② 사회적 통합의 유지

사회적 통합은 개인이 자기가 속한 사회체계인 가족, 이웃, 집단, 조직, 지역사회 및 국가사회 등에 사회·심리적으로 유대감을 갖고 적응하고 있는 상태를 말한다. 노인은 일반적으로 퇴직으로 인하여 사회적 역할을 상실함으로써 사회로부터 소외와 고립의 감정을 느낄 수 있고, 또한 가정에서도 경제적 역할의 상실, 지적 및 가치적 갈등으로 소외와 고립감을 느끼기 쉽다. 그러므로 노인복지의 모든 프로그램은 노인이 가정과 이웃 및 사회에서 소외되고 있다는 감정을 줄이고 사회체계 속에 연결되어 사회체계의 삶의 주류에 같이 참가하고 있다는 느낌을 줄 수 있어야 할 것이다.

③ 개인의 성장욕구 충족

노년기는 인간의 성장발달 단계의 마지막 단계로서, 이 시기에 있는 개인은 개인으로서 특수한 발전의 욕구가 있고, 또한 성공적인 노년기 삶을 위한 발달과업이 있다. 그러므로 노인복지 프로그램은 노인이 개인으로서 자기의 고유하고 특수한 욕구를 충족하고 또한 노년기의 발달과업을 잘 영위할 수 있도록 하는 데 그 목적을 두어야 할 것이다. 평균수명 연장으로 노년기는 점차 연장되고 있으며, 우리나라도 머지않아 평균수명 80세에 도달하게 될 것이므로 노년기는 노화의 부정적 영향을 잘 수용하면서 심리적 및 사회적으로 더욱 성숙하고 성장하는 시기가 되어야 할 것이다.

3. 노인복지의 원칙

노인복지의 목적달성을 위해 지켜야 할 바람직한 원칙에는 존엄성 및 개인존중의 원칙, 개별화의 원칙, 자기결정의 원칙, 권리와 책임의 원칙, 보편성과 선별성의 원칙, 개발적 기능의 원칙, 전체성의 원칙, 전문성의 원칙, 노인의 시대적 욕구 반영 원칙이 있다(최성재·장인협, 2003: 315-319). 노인복지의 원칙은 1991년 12월 16일 유엔총회에서 채택된 노인을 위한 유엔원칙(United Nations Principles for Older Persons)에 가장 잘 반영되어 있으므로 여기에서는 이에 대한 원칙들을 소개한다(보건복지부, 2000).

〈표 10-7〉 노인을 위한 유엔원칙

원 칙	주요 내용
자립/독립 (Independence)	• 소득, 가족과 지역사회의 지원 및 자조를 통하여 적절한 식량, 물, 주거, 의복 및 건강보호에 접근할 수 있어야 한다. • 일을 할 수 있는 기회를 제공받거나, 다른 소득을 얻을 수 있는 기회에 접근할 수 있어야 한다. • 직장에서 언제 어떻게 그만둘 것인지에 대한 결정에 참여할 수 있어야 한다. • 적절한 교육과 훈련 프로그램에 접근할 수 있어야 한다. • 개인의 선호와 변화하는 능력에 맞추어 안전하고 적응할 수 있는 환경에서 살 수 있어야 한다. • 가능한 오랫동안 가정에서 살 수 있어야 한다.
참여 (Participation)	• 사회에 통합되어야 하며, 그들의 복지에 직접 영향을 미치는 정책의 형성과 이행에 적극적으로 참여하고, 그들의 지식과 기술을 젊은 세대와 함께 공유하여야 한다. • 지역사회 봉사를 위한 기회를 찾고 개발하여야 하며, 그들의 흥미와 능력에 알맞은 자원봉사자로서 봉사할 수 있어야 한다. • 노인들을 위한 사회운동과 단체를 형성할 수 있어야 한다.
보호 (Care)	• 각 사회의 문화적 가치체계에 따라 가족과 지역사회의 보살핌과 보호를 받아야 한다. • 신체적, 정신적, 정서적 안녕의 최적 수준을 유지하거나 되찾도록 도와주고 질병을 예방하거나 그 시작을 지연시키는 건강보호에 접근할 수 있어야 한다. • 그들의 자율과 보호를 고양시키는 사회적 법률적인 서비스에 접근할 수 있어야 한다. • 인간적이고 안전한 환경에서 보호, 재활, 사회적 정신적 격려를 제공하는 적정 수준의 시설보호를 이용할 수 있어야 한다. • 그들이 보호시설이나 치료시설에서 거주할 때도 그들의 존엄, 신념, 욕구와 사생활을 존중받으며, 자신들의 건강보호와 삶의 질을 결정하는 권리도 존중받는 것을 포함하는 인간의 권리와 기본적인 자유를 향유할 수 있어야 한다.

자아실현 (Self-Fulfillment)	• 자신들의 잠재력을 완전히 개발하기 위한 기회를 추구하여야 한다. • 사회의 교육적, 문화적, 정신적 그리고 여가에 관한 자원에 접근할 수 있어야 한다.
존엄성 (Dignity)	• 존엄과 안전 속에서 살 수 있어야 하며, 착취와 육체적 정신적 학대로부터 자유로워야 한다. • 나이, 성별, 인종이나 민족적인 배경, 장애나 여타 지위에 상관없이 공정하게 대우받아야 하며, 그들의 경제적인 기여와 관계없이 평가되어야 한다.

제 4 절 한국의 노인복지

1. 노인복지정책과 서비스

노인복지정책에 의거하여 제공되는 주요 노인복지서비스는 소득보장, 사회참여지원, 주택보장에 의한 주거지원, 의료보장에 의한 건강지원, 기타 사회복지 서비스로 나누어진다. 세부내용은 아래의 〈표 10-8〉과 같다.

〈표 10-8〉 주요 노인복지정책과 서비스

구 분		주요 내용과 현황
소득 보장	국민연금	• 1988년부터 시행되었기 때문에 완전노령연금 수급을 받을 수 있는 20년 후인 2008년부터 제 역할. • 국민연금급여: 노령연금, 장애연금, 유족연금, 반환일시금 • 급여현황: 115만명 정도(국민+특수직역연금)
	공공부조	• 65세 이상 노인으로 부양의무자가 없거나 부양의무자가 있더라도 부양능력이 없고 재산이 정부가 정한 일정한도 이하인 경우 정부가 현물 또는 현금급여를 제공. • 2001년 전체인구 중 3.2%가 국민기초생활보장수급자인 반면, 노인은 10.1%를 차지함. • 전국민 대비 노인비율은 7%를 상회하나 공공부조 수급인구의 24.2%가 노인인구임.

소득보장	경로연금	• 1991년부터 생활보호대상노인에게 지급해오던 노령수당 → 1997년 경로연금으로 바뀜. → 2007년 기초노령연금으로 전환. • 1998년 7월부터 65세 이상의 생활보호대상자 및 일반 저소득 노인을 대상으로 확대지급되었고, 2000년 10월부터는 65세 이상의 기초법 수급권자 및 일반 저소득 노인에게 지급하고 있음. • 경로연금대상자는 65세 이상 국민기초생활보장 수혜자, 시설보호자 또는 저소득 노인으로서 월소득액이 40만 3,000원 이하, 재산액이 4,000만원 이하인 경우에 해당함.
	경로우대제도	• 1980년 경로우대제도, 1990년 노인승차권제도, 1996년 교통수당으로 전환. • 65세 이상 노인이 수도권 전철, 도시철도, 고궁, 능원, 국·공립박물관, 국공립공원을 이용할 경우는 무료고, 철도, 국내항공기, 국내 여객선은 운임 할인을 적용 • 교통수당현황: 분기별 지급, 시도별 교통요금에 따른 차등지급.
건강지원	건강보험	• 노인건강보험이용: 1인당 의료비 일반 의료비보다 높음.
	노인장기요양보험	• 치매, 중풍 등의 중증질환자(요양등급 1-3등급)에 대해 시설요양과 재가요양 급여를 2008년 7월부터 시행.
	의료급여	• 의료보험 혜택을 받을 수 없는 저소득층(기초생활보장 노인+차상위계층)을 위한 공공부조로서의 의료서비스제도. • 2002년 노인인구 중 26.3%가 의료급여 혜택을 받았음.
	노인건강지원사업	• 노인건강검진사업: 기초생활보장노인. 1차(12항목, 2만원), 2차(30항목, 2만2천원) • 안검진 및 개안수술: 검사비, 수술비 등 수술비 총액 중 본인 부담금지원 • 치매상담센터: 대상자등록, 치매상담, 예방 및 간병교육, 재가서비스, 시설입소 안내
주거지원		• 노인복지시설: 주거복지시설(양로시설, 노인공동생활가정, 노인복지주택)과 의료복지시설(노인요양시설, 노인전문병원, 노인요양공동생활가정)
사회참여지원	고령자고용촉진법	• 고령자 기준 고용률은 고령자 우선고용 직종별로 상이. • 임금피크제 보전수당, 고령자 적합 일자리 창출, 고령자 고용촉진 장려금 지급
	노인복지법에 의한 고용지원	• 노인취업알선센터 운영 • 지역사회 시니어클럽(CSC) 운영 • 노인일자리사업 • 노인일자리박람회 • 시장형 초기투자비 지원사업 • 노인인력전담기관: 한국노인인력개발원

사회 서비스	재가노인복지사업	• 방문요양서비스 • 주 · 야간보호서비스 • 단기보호서비스 • 방문목욕 및 방문간호서비스 • 노인돌보미바우처 사업 • 독거노인 생활관리사 파견사업 • 결식우려노인 무료급식지원
	경로당 운영혁신	• 난방비 및 운영비 지원, 경로당 순회프로그램 지도자 배치, 노인복지관 연계프로그램 실시
	노인복지관 운영	• 사회교육사업, 노인일자리사업, 종합상담사업, 건강증진사업, 목욕 및 노인용품전시 사업, 자원봉사 · 활성화사업, 독거노인 생활관의 파견사업, 노인주거개선사업, 교통안전봉사사업
	노인교실 운영	• 노인교실, 노인학교, 노인대학, 경로대학 등으로 불림. • 현황: 1,500여개, 15만명 이용추정 • 운영현황: 운영주체, 도 · 농간 편차가 매우 크고, 취미 오락 위주 프로그램에 치중. 단, 노인복지관 및 사회복지관은 사회교육사업.
	노인자원봉사 활동지원	• 노인 자원봉사축제, 노인전문자원봉사 프로그램 개발
	노인휴양소	• 개념: 위생, 여가, 편의시설을 갖추고 단기간 동안 심신휴양 지원 • 현황: 4개소(대전, 경기화성, 충주, 경북 상주) 운영

출처: 박차상 외, 2008: 79-169 : 보건복지가족부, 2008a. 참조.

2. 노인복지시설

우리나라 노인복지법에 규정하고 있는 노인복지시설의 종류는 크게 노인주거복지시설, 노인의료복지시설, 노인여가복지시설, 재가노인복지시설, 노인보호전문기관으로 구분하고 있으며, 각 시설들을 다시 세분하여 규정하고 있다(노인복지법 제31~39조의 5).

〈표 10-9〉 노인복지시설의 종류

분 류	시설 종류
노인주거 복지시설	1. **양로시설**: 노인을 입소시켜 급식과 그 밖에 일상생활에 필요한 편의를 제공함을 목적으로 하는 시설 2. **노인공동생활가정**: 노인들에게 가정과 같은 주거여건과 급식, 그 밖에 일상생활에 필요한 편의를 제공함을 목적으로 하는 시설 3. **노인복지주택**: 노인에게 주거시설을 분양 또는 임대하여 주거의 편의·생활지도·상담 및 안전관리 등 일상생활에 필요한 편의를 제공함을 목적으로 하는 시설
노인의료 복지시설	1. **노인요양시설**: 치매·중풍 등 노인성질환 등으로 심신에 상당한 장애가 발생하여 도움을 필요로 하는 노인을 입소시켜 급식·요양과 그 밖에 일상생활에 필요한 편의를 제공함을 목적으로 하는 시설 2. **노인요양공동생활가정**: 치매·중풍 등 노인성질환 등으로 심신에 상당한 장애가 발생하여 도움을 필요로 하는 노인에게 가정과 같은 주거여건과 급식·요양, 그 밖에 일상생활에 필요한 편의를 제공함을 목적으로 하는 시설 3. **노인전문병원**: 주로 노인을 대상으로 의료를 행하는 시설
노인여가 복지시설	1. **노인복지관**: 노인의 교양·취미생활 및 사회참여활동 등에 대한 각종 정보와 서비스를 제공하고, 건강증진 및 질병예방과 소득보장·재가복지, 그 밖에 노인의 복지증진에 필요한 서비스를 제공함을 목적으로 하는 시설 2. **경로당**: 지역노인들이 자율적으로 친목도모·취미활동·공동작업장 운영 및 각종 정보교환과 기타 여가활동을 할 수 있도록 하는 장소를 제공함을 목적으로 하는 시설 3. **노인교실**: 노인들에 대하여 사회활동 참여욕구를 충족시키기 위하여 건전한 취미생활·노인건강유지·소득보장 기타 일상생활과 관련한 학습프로그램을 제공함을 목적으로 하는 시설 4. **노인휴양소**: 노인들에 대하여 심신의 휴양과 관련한 위생시설·여가시설 기타 편의시설을 단기간 제공함을 목적으로 하는 시설
재가노인 복지시설	1. **방문요양서비스**: 가정에서 일상생활을 영위하고 있는 노인(이하 "재가노인"이라 한다)으로서 신체적·정신적 장애로 어려움을 겪고 있는 노인에게 필요한 각종 편의를 제공하여 지역사회안에서 건전하고 안정된 노후를 영위하도록 하는 서비스 2. **주·야간보호서비스**: 부득이한 사유로 가족의 보호를 받을 수 없는 심신이 허약한 노인과 장애노인을 주간 또는 야간 동안 보호시설에 입소시켜 필요한 각종 편의를 제공하여 이들의 생활안정과 심신기능의 유지·향상을 도모하고, 그 가족의 신체적·정신적 부담을 덜어주기 위한 서비스

재가노인 복지시설	3. **단기보호서비스**: 부득이한 사유로 가족의 보호를 받을 수 없어 일시적으로 보호가 필요한 심신이 허약한 노인과 장애노인을 보호시설에 단기간 입소시켜 보호함으로써 노인 및 노인가정의 복지증진을 도모하기 위한 서비스 4. **방문 목욕서비스**: 목욕장비를 갖추고 재가노인을 방문하여 목욕을 제공하는 서비스
노인보호 전문기관	**중앙노인보호전문기관, 지방노인보호전문기관** 국가 및 지방자치단체는 노인학대에 관한 다음 각호의 업무를 담당하는 노인보호전문기관을 설치하여야 한다. 1. 노인학대의 예방 및 방지를 위한 홍보 2. 학대받은 노인의 발견·상담·보호와 의료기관에의 치료의뢰 및 노인복지시설에의 입소의뢰 3. 노인학대행위자, 노인학대행위자로 신고된 자 및 그 가정 또는 업무·고용 등의 관계로 사실상 노인을 보호·감독하는 기관이나 시설 등에 대한 조사 4. 노인학대행위자에 대한 상담 및 교육 5. 그 밖에 학대받은 노인의 보호를 위하여 필요한 사항

자료: 보건복지가족부, 2008a.

참고문헌

권육상(2001). 『최신노인복지론』, 서울: 유풍출판사.

김성순(1978). 노인문제의 대두와 그 배경, 한국사회복지(제6집), 한국사회복지연구소, 51-52.

김진원(2009). 『인간행동과 사회환경』, 서울: 대왕사.

김태현(1998). 『노년학』, 서울: 교문사.

남기민(2005). 『현대사회복지학』, 경기: 양서원.

문재우 외 공저(2008). 『사회복지개론』, 서울: 계축문화사.

박종삼 외 공저(2007). 『사회복지학개론』, 서울: 학지사.

박차상 외 공저(2008). 『한국노인복지론』, 서울: 학지사.

보건복지가족부(2008a). 『노인보건복지사업안내』.

_____________(2008b). 『요양보호사표준교재』.

보건복지부(2000). 『고령화 관련 국제행동계획과 노인을 위한 유엔원칙』.

__________(2002). 『마드리드 고령화 국제행동계획』.

__________(2003). 『보건복지통계연보』.

여성한국사회연구회 편(1999). 『노인과 한국사회』, 서울: 사회문화연구소.
원석조(2005). 『사회복지개론』, 경기: 양서원.
이인수(2006). 『21세기 노인복지론』, 서울: 대왕사.
이혜원(2000). 『노인복지론: 이론과 실제』, 서울: 유풍출판사.
최성균 외 공저(2007). 『사회복지개론』, 서울: 대왕사.
최성재 · 장인협(2003). 『노인복지학』, 서울: 서울대학교출판부.
최순남(1997). 『현대노인복지론』, 경기: 한신대학교출판부.
최일섭 · 정은(2006). 『현대사회복지의 이해』, 경기: 공동체.
최일섭 · 최성재 공편(1999). 『사회문제와 사회복지』, 서울: 나남출판.
통계청(2005). 장래인구특별추계.
한국노년학회 편(2002). 『노년학의 이해』, 서울: 대영문화사.
Cowill, D. O. & Holmes, L. D.(1972). *Aging and Modernization*, New York: Appleton-Century, Crofits.
Cumming, E. & Henry, W. E.(1961). *Growing Old: The Process of Disengagement*, New York: Basic Books.
Georgia M. Barrow(1996). *Aging, the Individual and Society*, New York: West Publishing Company.
Report on the 2nd *International Conference of Gerontology*, 1951.
법제처 http://www.moleg.go.kr/

11 chapter
장애인복지

제 1 절 장애인복지의 이해

1. 장애인의 개념

장애인이 무엇인가에 대한 개념은 한마디로 규정하기가 어려운 매우 복합적인 성격을 띠고 있다. 우리나라 「장애인복지법」에서는 장애인의 정의를 "장애인은 신체적·정신적 장애로 인하여 장기간에 걸쳐 일상생활 또는 사회생활에 상당한 제약을 받는 자를 말한다."라고 규정하고 다시 "장애인을 대통령령이 정하는 장애의 종류 및 기준에 해당하는 자를 말한다."라고 규정한 다음 신체적 장애를 주요 외부 신체기능의 장애, 내부기관의 장애 등으로, 정신적 장애를 정신지체 또는 정신적 질환으로 발생하는 장애로 규정하였다.

장애인이라 함은 신체 또는 정신적인 장애로 인하여 생활에 불편함을 갖는 사람을 일컫는다. 우리나라 장애인복지법에 의하면, '장애인이란 지체부자유, 시각장애, 청각장애, 평형기능장애, 음성 또는 언어기능 장애,

정신박약 또는 정신장애 등 심신의 지속적인 장애로 인하여 개인생활 또는 사회생활에 제약을 받는 자'로 규정하고 있다. 그러나 선진국과 비교해 볼 때, 내부 장애 및 만성장애 등이 삭제되어 있다.

한편, ILO(국제노동기구)는 장애자에 대해 다음과 같이 규정했다. "장애자란 신체 또는 정신상의 결함의 결과 적절한 직업을 확보·유지해 나갈 전망이 없는 실질적으로 손상을 받은 개인을 말한다." 국제연합의 결의에 의한 장애자의 권리선언에서는 "장애자란 말은 선천적이든 후천적이든 간에 신체적 또는 정신적 능력의 결여로 인해 일반의 개입 또는 사회생활에 필요한 것을 자기 자신으로 완전하게 또는 부분적으로나 가능할 수 없는 사람을 의미한다."고 했다.

상기 3개의 장애자의 정의를 통해서 다음과 같이 요약해 볼 수 있겠다. 첫째는 장애자는 신체적 정신적인 면에서 기능적인 장애를 가지며, 둘째는 이러한 장애는 사회생활이나 직업생활을 영위함에 있어서 영속적으로 제약을 받는 상태에 처하게 된다.

장애자에 대한 기본적인 인식에서 의학적·심리적으로 볼 수 있는 기능장애, 사회생활 곤란의 장애의 양면을 중시해야 하겠다.

2. 장애인 복지의 개념 및 목표

1) 장애인 복지의 개념

장애인 복지는 두 가지 측면이 고려되어야 한다. 하나는 장애인에 대한 바람직한 이념이나 목표의 정립과 관련되는 목적적 개념이다. 이것은 신체적·정신적·사회적 장애를 갖는다 하여도 인간의 존엄성과 가치가 인정되고 장애인 스스로 최선의 노력으로 만족된 생활을 영위하여 나가는 것을 이상으로 하는 것이다. 이를 위하여 인간의 전면 발달을 최적화된 기회를 보장하는 것이 장애인복지의 기본이념이며 목표이다. 복지사회는 사회문제를 해결하고 삶의 질을 향상시킬 당위성을 갖고 있으므로 인간의 존엄성에 기초를 두고 장애인의 정당한 생존권이 보장되어야 한다.

한편, 장애인 복지의 또 다른 측면의 개념은 복지정책, 제도, 원조 활동, 교육, 의료 등을 포함한 사회정책의 체제를 의미하는 실체 개념이다. 이러한 실체적 개념상 장애인 복지는 연금이나 보험에 의한 소득보장에서 출발하여 심신의 기능회복지도, 물리적·심리적 처우 및 노동환경의 정비 및 질병, 교육, 노동에 관한 장애인의 모든 욕구에 대응하는 정책에서부터 기술적인 측면에 이르기까지 일련의 정책을 포함하는 것으로 볼 수 있다.

오늘날 장애인복지 체제로는 이러한 목적적 개념과 실체적 개념을 동시에 포괄하는 것으로 이 두 개념 간에는 유기적 관련성을 지녀야 한다고 본다.

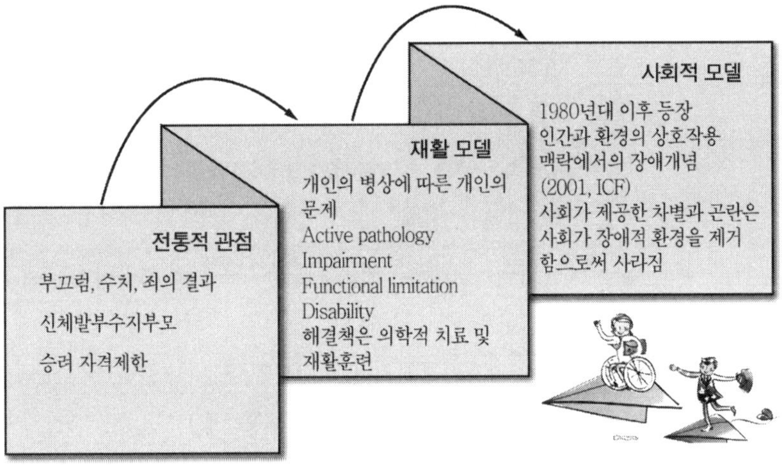

출처: 보건복지부, 2009.

〈그림 11-1〉 장애인 개념의 변화 개인적 모델에서 사회적 모델로

결국 장애인복지란 국가와 사회적 수준에서 장애인에 대한 인간으로서의 존엄한 권리를 보장하고 사회적으로 동등한 대우를 받도록 하기 위한 복지국가 사회의 목표인 삶의 질적인 향상의 혜택을 받도록 하기 위한 복지이념의 개념을 확립하고 이의 달성을 위하여 필요한 제반 국가 및 사회의 복지정책을 수행하는 복지의 실체적 측면을 포함하는 개념으로 요약할 수 있다.

이러한 의미에서 복지체제의 구조는 사회통합, 재활, 보호, 예방, 생활환경의 정비 및 개량 등의 하부 체계로 형성된다고 볼 수 있다.

2) 장애인복지의 목표

신체적 · 정신적 · 사회적 장애를 가진 상태라도 생명의 존중과 가치가 인정되고, 장애인 스스로가 최선의 노력으로 만족한 생활을 해 나가는 것을 이상으로 하며, 이를 위하여 인간의 전면발달의 최적화된 기회를 보장하는 것이다.

3) 장애인복지의 개념과 필요성

① 장애인복지-

ⓐ 장애인의 삶의 질을 개선하는 데 목적을 둔 사회적이고 조직적인 활동이다.

ⓑ "재활"의 개념으로도 볼 수 있다. 단순히 장애인의 손상된 능력을 회복하는 데 있지만 더욱 중요한 것은 잔존능력을 개발하는 데 있을 것이다.

② 좁은 의미- 고통과 빈곤을 경감시키는 것이다. 사회, 공공 또는 인간의 비영리 기능을 포함

③ 넓은 의미- 장애인의 사회적 안녕을 증진하는 모든 조직적인 사회적 반응들을 포함, 즉 사회문제를 예방하거나, 경감시키고, 해결하기 위한 공공기관과 민간기관의 광범위한 조직적 활동을 의미

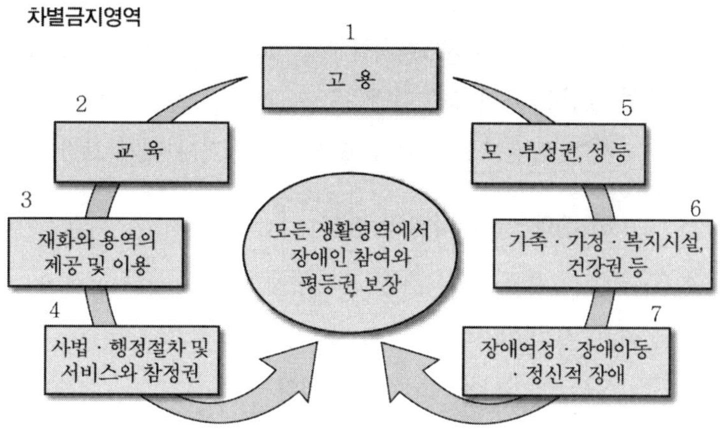

출처: 보건복지부, 2009.

〈그림 11-2〉 장애인복지의 필요성

4) 장애인복지의 특징

첫째, 장애인 문제의 복잡성-장애인은 의학적, 생리학적으로 불편할 뿐만 아니라 이로부터 파생되는 취학, 취업, 결혼 등의 문제에도 직면하고 있어 한사람의 장애인에게 나타나는 문제는 중층하된 복잡한 구조를 지닌다. 그 이유로 사회전체가 가지고 있는 잘못된 장애인관을 들 수 있다.

둘째, 장애인복지의 통합성으로, 장애문제는 다양하고 복잡한 만큼 해결방법도 다양하고 종합적으로 강구되어야 한다. 장애인복지는 단순한 사회복지 차원에서 뿐만 아니라 의료적, 교육적, 직업적, 사회적, 환경적 차원과도 관련되어 있는 종합성이 요구되는 복지다. 기타 여러 학문들과 통합성이 요구되는 분야일 것이다.

5) 장애인복지에서 고려해야 할 내용

첫째, 장애인 문제의 복잡성-신체적, 정신적 결함은 의학적 생리학적 장애상황에 고통뿐만 아니라 일상생활의 부차적 문제로 고통을 받는다.

둘째, 장애인 문제의 종합성-사회복지의 방법론적 영역을 벗어난 여러 분야에 걸쳐진 종합적인 과제이다.

셋째, 운동성-장애인의 위치를 구제 대상에서 권리주체로 높이고, 장애인복지 정책 및 제도 수립에서 자신의 권리의식을 높이고 참여하며 인식의 개선을 위한 운동이다.

넷째, 발달보장의 권리-교육적, 사회적 관계가 보장되어야 한다.

6) 장애인복지사업의 방향

첫째, 예방사업을 강화-장애인의 발생을 사전에 막기 위함-가장 인격적이고, 복지적이며, 경제적이다.

둘째, 조기발견 및 치료 체계의 구축

셋째, 사회보장제도의 마련-장애급여, 영세가정 장애수급자에 대한 보호수준을 향상, 장애 연금제

넷째, 재활사업을 적극적으로 전개-유용성을 회복시킴

다섯째, 장애인의 자립대책을 마련하고 스스로 일할 수 있는 여건 조성

7) 장애인 복지시설 종류

① 장애인 복지시설의 종류는 장애인복지법에 근거한다.

② 장애인복지법의 시행규칙에 의하면 장애인생활시설, 장애인지역사회재활시설, 장애직업 재활시설, 그리고 장애인유료복지시설 등으로 분류되고 있다.

ⓐ 장애인생활시설-장애유형별 생활시설(지체장애인생활시설 등), 중장애인요양시설, 장애 영유아생활시설(만 6세 이하의 유아) 등으로 나누고 있다.

ⓑ 장애인지역사회재활시설-장애인복지관, 장애인공동생활가정, 장애인주간보호, 단기보호시설, 장애인의료재활시설, 장애인수련시설, 수화통역센터, 심부름센터, 점자도서관, 점자 및 녹음서 출판시설 등이 있다.

ⓒ 장애인유료복지시설-치료, 상담, 훈련 등의 편의를 제공받고 그 비용 일체를 본인 부담하는 시설로 사설 치료시설 등이 대표적인 예라고 할 수 있다.

제 2 절 장애인의 재활

1. 의료재활

1) 의료재활의 개념

의료재활은 영어로 medical rehabilitation이라 하며 의학(醫學), 의술(醫術)로 재활의 개입을 의미하고 의학적 재활, 재활의료 등으로 불리운다.

의료 재활은 종합적인 장애인 재활사업의 첫 단계이며 중심적 역할을 담당하는 분야로서 장애인이나 그 가족의 가장 첫 번째 욕구이며 가장 큰 욕구이다. 그 이유는 어떤 사고나 질병으로 인해 장애를 갖게 됨으로 장애와 의료는 뗄 수 없는 관계에 있기 때문이다.

2) 장애인의 재활의학

의료재활이란 장애인의 재활과정 중 첫 단계로부터 전 과정에 관여하게 되는 가장 기본적이고 중요한 부분이며, 의료재활을 전문으로 취급하는 의학의 한 전문분야가 재활의학이다.

2. 교육재활(특수교육)

1) 특수교육이란

가. 특수교육진흥법 제2조에서 '특수교육'이라 함은 특수교육 대상자의 특성에 적합한 교육과정, 교육방법 및 교육 매체 등을 통하여 교과교육, 치료교육 및 직업 교육 등을 실시하는 것을 말한다.

나. 특수교육은 특수교육 대상자의 잠재력을 개발하고 장애를 경감·교정하기 위해 일반학교 교육프로그램 이상의 보충적인 서비스를 제

공하는 것을 의미하는 것으로 그들의 개별적인 요구를 충족시키기 위해서 특별히 고안된 교육을 말한다.

2) 특수 아동이란

일반아동에 비해 감각, 언어, 정신적 기능, 정서적으로 심한 결핍을 가지고 있는 아동으로 일반 아동의 교육, 지도, 방법, 기술로는 교육 효과의 기대가 어렵고 학습의 정착이 곤란한 아동을 말한다.

3) 특수교육의 목적

가. 장애 아동의 잔존 능력, 예를 들면 잔존시력, 잔존청력, 혹은 근력 등을 개발, 활용하되 보상적 측면의 능력을 개발함.

나. 그들의 적성을 발견하여 그에 맞는 적절한 직종을 권장하고 직업적 기능을 사전 교육하는 것.

다. 장래에 대한 희망, 즉 재활 능력에 대한 자각을 끊임없이 고취시키고 원만한 직업 생활을 영위하기 위하여 기능은 물론 자신감과 인간관계 능력도 길러야 함.

3. 직업재활

1) 장애인직업재활

장애인직업재활이란 장애인의 직업적 가용능력을 최대화시켜 직업을 갖게 하고 고용상태를 유지하며 직업을 통하여 정상인과 같은 삶을 영위하게 돕는 과정이라고 정리할 수 있다.

2) 장애인직업재활의 기본원칙

장애인직업재활의 이념은 일반적으로 인권의 존중, 생존권의 존중, 정상화의 존중, 평등의식의 존중 등으로 나누어 볼 수 있다.

① 모든 사람은 기본적인 인간의 가치를 가지고 있으므로 장애인도 심신의 결함 범위 내에서 인생의 행복을 추구하도록 지원해야 한다.

② 모든 사람은 사회성원의 일원이므로 장애인들이 사회에서 받아들여질 수 있도록 적응력을 신장시켜야 한다.

③ 모든 개인의 자질은 중요시되어야 하고 보호 및 계발되어야 하기 때문에 장애인의 자질도 존중되고 계발되어야 한다.

④ 장애인이 장애로 인한 결함의 한계성과 환경의 한계성을 인식하고 현실적으로 대처해 나가도록 도와야 한다.

⑤ 장애인의 신체적 욕구뿐만 아니라 정신적, 사회적, 경제적인 욕구를 참작하여 전인적으로 도와야 한다.

⑥ 장애인의 재활치료는 개인의 특성에 맞게 다양하고 융통성이 있어야 한다.

⑦ 문제를 의식하고 해결할 사람이 바로 장애인 자신이므로 재활과정에 장애인이 적극적으로 참여하도록 해야 한다.

⑧ 장애인의 재활은 도움이 필요할 때까지 계속해서 도움을 주는 과정이어야 한다.

⑨ 직업재활은 여러 문제가 복합되어 있으므로 각 영역의 전문가와 전문기관이 서로 협력하여야 한다.

⑩ 장애의 발생요인을 장애인 개인에게 전적으로 돌리기에는 사회적 책임이 너무나 크기 때문에 장애인의 재활은 사회가 책임져야 한다.

⑪ 장애인은 자신이나 재활프로그램에 대하여 심리적 반응이 항상 발생하므로 장애인의 심리적 동태를 파악해야 한다.

⑫ 재활과정이란 연속되는 복잡한 과정이므로 반드시 장애인과 재활프로그램에 대해서 계속적으로 평가해야 한다.

3) 장애인직업재활의 과정

직업재활과정이란 장애를 가진 모든 사람들이 직업을 가질 수 있는 능력이 있는지를 평가하고, 능력이 있을 시에 과학적인 훈련과 교육을 실시하고, 상담과 직업알선을 하고 마지막으로 사후지도를 함으로써 마무리되는 일련의 직업재활의 과정이다.

보편적으로 실시되는 직업재활과정은 직업상담, 직업평가, 직업훈련(적응훈련, 기능훈련), 취업알선(일반고용, 보호고용), 사후지도의 과정을 포함하고 있다.

4. 사회적 재활

장애인의 완전한 평등의 이념에 입각하여 아무런 차별과 불편을 느끼지 않고 사회의 주류문화를 공유하면서 직업생활, 가정생활 등의 사회생활을 충분히 영위하도록 국민의 수동적 태도와 사회적 인식의 개선을 뜻한다.

5. 심리적 재활

심리적 재활은 자기신체의 일부분의 장애로 인한 사회적 열등감과 불안 등이 있는데 이러한 장애를 없애고 사회적 기능을 최대로 수행할 수 있도록 하는 것을 말한다.

제 3 절 우리나라의 장애인복지

1. 장애인 복지정책의 과제

장애인 복지행정의 영역이 확대되면서 관련 부처간 장애인 복지 행정사무에 대한 분산이나 중첩이 발생하여 종합적인 장애인 복지정책의 조정이 어려워지고, 장애인 복지제도에 대한 관련 부처의 연계성 부족으로 장애인 복지 서비스의 중복 투자 혹은 예산낭비 등이 초래하고 있다. 1995년 지방자치제가 실시되고 있지만 현재까지 중앙집권적 요소가 강하게 남아 있을 뿐 아니라 각 자치단체는 오로지 지역 개발에만 초점을 맞추어 장애인 복지문제를 등한시 하고 있다.

따라서 장애인 복지에 대하여 중앙정부는 장애인 복지제도와 운영에 대하여 거시적인 차원의 접근을 시도하여 장애인 복지정책 결정을 이루고, 자치단체는 구체적은 사안에 대하여 복지정책을 집행하여야 할 것이다.

1) 장애인 범주의 확대

오늘날 점차 늘어나는 성인병으로 인해 많은 장애인이 발생하고 있다. 선진국의 경우에는 일찍이 심장, 신장 등 각종 내부기관의 장애를 가지고 있는 사람들과 정신장애를 가진 사람들을 장애인으로 간주하여 장애인복지서비스를 제공하고 있다. 미국의 경우에는 이 외에도 에이즈와 암 또는 알코올 중독을 장애의 범주에 포함시키고 있으며, 호주에서도 암과 에이즈뿐만 아니라 당뇨를 장애로 보고 있다. 또한 스웨덴에서는 신체적 장애, 정신적 장애, 내부장애 뿐만 아니라 사회적인 장애를 장애의 범주에 포함시키고 있다.

이상과 같은 장애의 종류는 그 나라의 경제, 정치, 사회적인 상황에 따라서 다양하게 분류되고 있으며 특히 구미의 선진국은 세계보건기구(WHO)의 기준에 유사하게 그 범위를 넓혀가고 있다. 이러한 상황에서 우리나라도 복지국가로 나아가기 위해서는 앞으로 장애의 범주를 단계적으로 확대하는 것이 바람직하다. 이를 위해서는 포괄적인 장애인의 정의와 개념의 도입이 필요하다.

2) 예방적이고 포괄적인 장애인복지서비스의 확대

다른 사회문제와 마찬가지로 장애인문제에 있어서도 예방이 최선의 대안인 것은 분명하다. 즉 사후적인 대책보다는 먼저 선행되어야 하는 것은 장애의 발생을 미연에 방지하는 것이다. 따라서 장애발생 예방에 관한 내용을 장애인복지법에 반영하는 것이 필요하다. 더 나아가 장애인에 대한 의료서비스를 증진시키기 위한 내용도 장애인복지법에 포함되어야 할 것이다.

3) 장애인고용촉진정책의 강화

장애인고용을 촉진하기 위해서 국가 또는 지방자치단체 또는 국영기업체가 장애인고용을 우선적으로 실시하여 사업체가 장애인을 고용하는 분위기를 조성·확산시키는 데 기여하여야 할 것이다. 따라서 이러한 공공부분에서의 권고조항을 의무조항으로 바꾸는 것이 바람직하다. 그리고 장애인 복지법 및 관련 법률에 있어서도 사업주의 부담경감을 위한 적극적인 지원정책과 중증장애인의 일반고용촉진을 위한 고용보조금제도 등도 전향적으로 검토되어야 할 것이다. 아울러 장애인의 보호고용의 정착을 위한 방안도 관련 법률에 포함되어야 할 것이다.

4) 장애인 통합교육을 위한 환경의 조성

장애인교육정책의 기본방향은 사회통합을 지향하는 방향으로 설정되어야 한다. 이러한 교육방향에 의해 장애인 복지 및 관련 법률에 있어 모든 장애아동이 능력에 맞는 적절한 교육을 받을 수 있으며, 조기교육과 중등교육 이후의 교육기회를 확대하고 그리고 이를 위한 특수교육기관의 증설과 전문 인력의 충원·배치에 관한 내용도 포함되어야 할 것이다.

5) 적절한 소득의 보장

장애와 빈곤은 악순환관계에 있으며, 장애로 인해 소득기회를 상실한 사람에게 적절한 수준에서의 소득이 필요하다. 이를 위해서 장애로 인한 근로능력의 상실과 이에 따른 근로소득의 상실을 상쇄할 수 있는 소득의 보장과 경제적 부담의 경감을 위한 내용들이 장애인복지법 및 관련 법률에 포함되어야 할 것이다. 특히 모든 장애인을 국민기초생활보장수급권자로 점차적으로 포함시켜 나가는 것도 필요하다.

또한 재가 장애인의 복지수혜를 확대하기 위하여 가정에서 생활하는 중증장애인에게 생계 보조수당을 확대, 지급하고 가정방문 서비스의 활성화, 주간 및 단기 보호 제도의 도입 등 재가복지 서비스를 다양화하여야 한다.

그리고 재활사업의 활성화를 위하여 장애인의 재활을 도와줄 수 있는 시설은 물론 전문 인력의 확충에 역점을 두어야 한다.

뿐만 아니라 장애인이 정상인과 동등하게 직업의 기회를 갖고 있을 때 장애인은 독립적인 삶을 살아갈 수 있다는 점에서 장애인의 직업훈련기관을 확충하고 교육의 질을 높여야 한다.

나아가 생활보호 대상자 등 저소득 장애인에 한정되어 있는 정부의 지원 대상을 단계적으로 확대할 필요가 있으며 그 이외에도 장기적인 관점에서 복지예산의 편성방향을 시설보호 사업 중심에서 재가복지사업중심으로 변화시킬 필요가 있을 것이다. 현재의 수용 보호 중심의 복지시설을 재활중심의 시설로 전환시킴으로써 사회 통합을 목표로 사회공동체의 의식과 참여의식 및 확고한 자아의식을 심어줄 수 있는 평생교육 지향적인 성격으로 변해야 한다.

2. 장애인 문제 및 장애인 복지정책 방향

1) 장애인 문제

장애인은 역사적으로 이상한 존재로서 사회적으로 거부당해 왔다. 현자 본인의 정신상태, 건강상태, 출생 시 외상의 유무, 출생 후의 신체적 질환이나 외상, 현대사회의 분업화된 산업사회의 인간소외적 구조의 영향, 매스컴의 공격적 공해, 더 나아가서는 본인이 자라며 격어온 전통과 습속 등 모든 것이 인간의 정신발달에 크든 작든 관계가 있는 것이라고 생각된다. 이러한 정신발달의 지체가 정신장애 등 직접 정신현상 그 자체에 장애를 가져오는 경우는 더욱 커다란 문제에 직면하게 되며, 후천적 사회환경적 원인에 의해 장애의 발생문제가 심각하게 제기되고 있다.

장애인 문제들의 핵심적인 사회문제로서 다음과 같은 것들이 거론되고 있다.

(1) 장애인 인구의 증가

국제통계는 인간의 10%가 장애인이라고 할 때 우리의 경우 장애인 출현율이 매우 낮은 것 같으나 우리나라의 경우 장애인구 적용기준이 선진국과 다르다. 선진국의 경우 내부 장애, 만성질환 등이 포함되기 때문이다. 우리나라의 경우 장애인구가 차지하는 비율이 결코 적은 것이 아니며, 이에 대한 대책의 양적, 질적인 많은 개선이 요구된다.

(2) 장애인 교육의 문제

우리나라 교육법에는 장애아동도 헌법에 명시하고 있는 교육을 받을 권리가 있으며, 이에 따라 장애인들에게 특수교육을 시행토록 되어 있다.

(3) 장애인 의료문제

의료는 장애인 재활의 기초가 되므로 장애에 대한 치료, 예방, 재활을 위한 의료 서비스의 확대가 중요하다.

(4) 장애인 직업재활 문제

장애인 복지의 궁극적인 목표는 모든 장애인이 자기능력을 최대한으로 개발하여 적성에 맞는 직업을 가지고 사회적, 경제적 활동에 참여하여 자립을 도모하는 것이라 할 수 있다. 우리나라도 장애인 직업훈련을 대폭 강화하는 한편 일반 기업에 취업이 어려운 장애인들에게 적성직종의 기능을 습득시켜 자립할 수 있는 일터를 마련하여야 한다.

(5) 장애인 가족 문제

대부분의 장애인이 가정에서 생활하고 있는 점을 감안, 이들에게 맞는 복지서비스를 개발하여 제공해야 한다. 그러나 장애인의 가족생활의 문제에 대해서는 연구되지 않고 있는 실정이다.

(6) 장애인에 대한 사회적 편견과 태도

장애인에 대한 장점을 이해하기보다는 약점에 대한 선입관적 이해가 많은 것 같이 생각된다. Cooley에 따르면, 장애인을 마치 '열등하다'라고 간주해 버리면 그들은 자신을 열등한 존재로 보는 경향이 있고 부정적 자아개념을 가지기 쉽다(Zastraw, 1982; 370-372 참조).

우리사회는 불행히도 육체적 아름다움에 대한 강조는 장애를 당한 사람들의 주의를 받는 대상이 되고, 때때로 불구가 된 사람을 피하거나 열등한 존재로 다룬다. 이러한 완전한 체격에 관하여 갖는 가치를 재평가하여야 할 필요가 있다.

2) 2009년 실시되는 장애인복지 제도

(1) 장애인복지의 목표

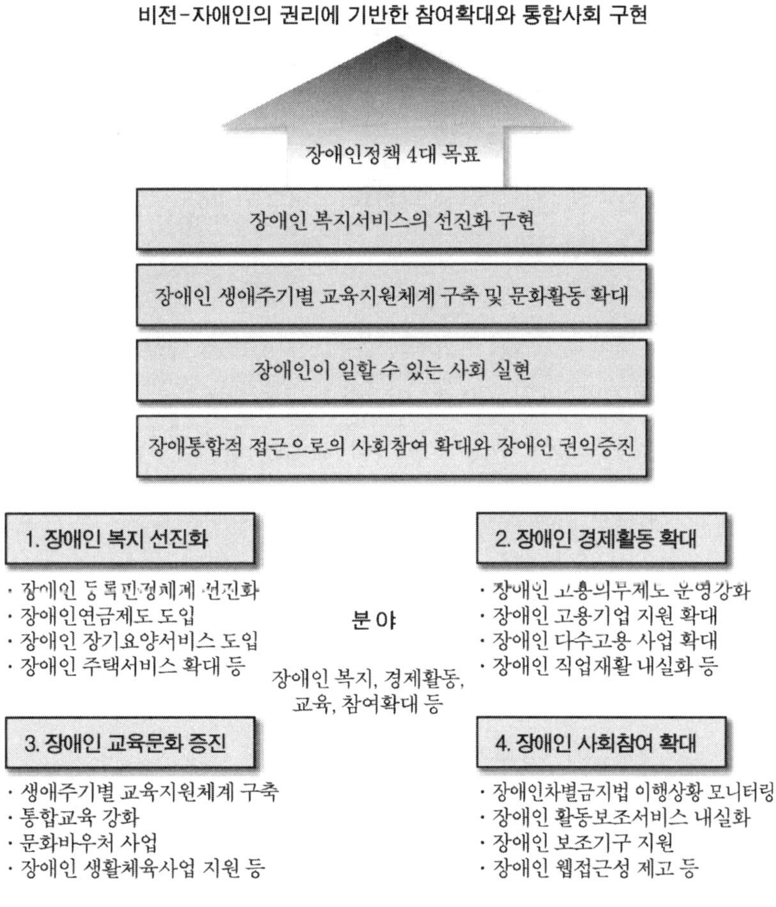

보건복지부 장애인복지 정책(2009년)

(2) 장애아동재활치료 바우처

2007년부터 지역사회서비스혁신사업의 일환으로 추진되어 온 '장애아동재활치료서비스 바우처 사업'이 전국적으로 확대 실시된다.

보건복지가족부가 홈페이지에 공개한 '2009 장애아동재활치료 사업 안내'에 따르면, 올해 2월부터 만 18세 미만의 저소득 장애아동에게는 월 20만원 상당의 재활치료 바우처가 제공되며, 지원대상은 만 18세 미만의 뇌병변, 지적, 자폐성, 청각, 언어, 시각 장애아동이다. 단, 5세 이하의 영·유아의 경우에는 뇌병변, 지적, 자폐성, 청각, 언어, 시각 장애가 예견되어 재활치료가 필요하다고 인정한 '의사진단서'가 있다면 등록 장애인이 아니라도 서비스를 받을 수 있다.

서비스 내용은 언어치료, 청능치료, 미술치료, 음악치료, 행동·놀이·심리운동 치료 등 '재활치료 서비스'와 장애 조기 발견 및 중재를 위한 '부모상담 서비스'다.

재활치료 바우처의 금액은 소득 수준에 따라 차등 지원된다. 바우처는 월 22만원을 기준으로 지급하되, 차상위계층은 월 2만원, 차상위 초과 전국가구평균소득 50% 이하의 계층은 월 4만원의 본인부담금을 납부해야 한다. 기초생활수급자는 본인부담금이 면제된다.

◈ 장애인등록

▶근거 규정

장애인복지법 제32조(장애인등록) 및 동법시행규칙 제3조 내지 제10조

▶장애인등록 신청 및 절차

-장애인등록을 신청하고자 하는 사람의 주소지 관할 읍·면·동사무소를 방문하여 장애인등록신청서를 작성하여 제출한다.

-읍·면·동사무소에서는 장애진단의뢰서를 발급하여 신청자에게 교부한다. 신청자는 의료기관의 전문의사로부터 장애진단 및 검사를 통해 장애진단서를 발급받아 주소지 관할 읍·면·동사무소에 제출하여 장

애인등록을 한다.

장애인등록절차

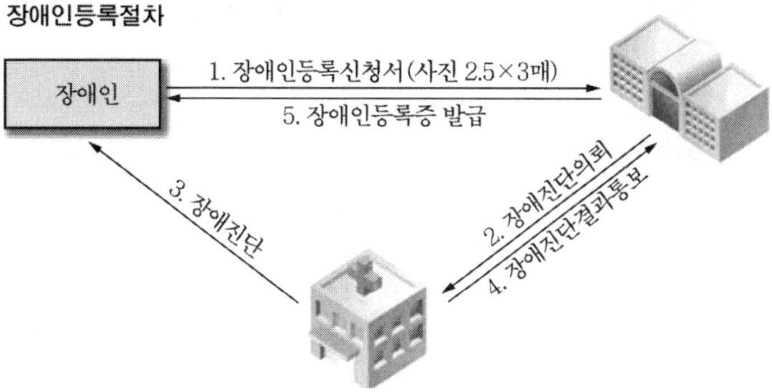

출처: 보건복지부, 2009년

(3) 장애인이 받는 혜택

- 승용차 구입 시 : 특별소비세가 면제된다.
- 장애인 또는 그 가족 명의의 승용차 1대 : LPG 연료의 사용 허용
- 자동차세, 등록세, 취득세, 면허세 등 승용차 관련 세액 면제
  도시 철도 요금 면제 : 구간에 관계없는 무료권을 교부
- 공영(마을) 버스 요금 면제- 지역별로 다르다.
- 열차 운임의 50%까지 할인.
- 전화료 할인 : 장애인 명의의 전화 1대에 대하여 114 안내 요금 면제, 시내 통화료의 50% 할인 등 장애인 명의 휴대폰(1대)의 가입비 면제 통화료와 초고속인터넷 회선료의 30% 할인.

참고문헌

감정기 · 최원규 · 진재문(2002). 『사회복지의 역사』, 나남출판.

강세윤 역(2005). 『장애인의 성(性)재활』, 영문출판사.

강영실(2007). 『장애인복지의 이해』, 신정.

김경준 외(1998). 『아동발달심리』, 서울: 학지사.

김영숙(1998). 미국의 가정내 아동학대 사례와 치료 - 가정 내에서의 아동학대-, 한국아동학대 예방협회세미나 자료.

김인숙(1999). 빈곤가족 해체의 현황과 대안.

김종해(1996). 사회복지와 영유아보육사업, 보육정책-보따리[9611]

______(1997), 사회복지 전담 공무원의 직무에 대해,

김창희(1985). 입양제도에 관한 연구-입양의 성립과 효과를 중심으로, 중앙대학교 박사학위논문.

김태천, 아동의 권리에 관한 협약,

김향초(1998). 청소년가출의 원인과 대책, 충청남도청소년종합상담실 제5회 심포지엄자료집.

김현수(1999). 청소년의 약물남용(유해화학), 약물 오·남용예방 및 치료접근에 관한 워크샵 자료집, 수원여자대학 심리상담연구소.

김형모(2000). 아동보호체계의 확립방안, 보건복지포럼 2000. 9(제47호), 한국보건사회연구원.

노혜련 · 장정순(1998). 육아시설 아동의 심리사회적 문제에 관한 연구, 한국사회복지학 통권 제34호, 한국사회복지학회.

문화관광부 청소년백서(2000).

문화관광부 홈페이지.

박경일(1996). 프랑스 · 영국 가족수당정책의 형성과정에 관한 비교연구, 사회보장연구, 제2권 2호, 한국사회보장학회.

박인선(2000). 아동학대 및 원인 및 영향, 가정폭력 및 아동학대 담당공무원 교육자료집, 경기도 수원여성의 전화.

박현이(1998). 비행청소년의 왜곡된 여성관과 성폭력과의 관계, 청소년 성폭력 예방과 성교육에 관한 교사 워크숍, 서울여성의 전화 워크숍 자료집.

권도용(1998). 『현대장애인복지개론』, 서울: 홍익제.

권도용 · 나운환 역(1994). 『장애인의 성과 결혼』, 서울: 엘맨출판사.

권선진(2004). "장애인 자립과 통합을 위한 정책과제". 장애인 복지정책방향 정책 세미나 자료집. 대한재활의학회.

권선진(2007). 『장애인복지론』, 서울: 청목출판사.

김형태·박소현·이희란(2005). "학령전 언어장애아동 진단모델 정립을 위한 질적 연구", 한국언어청각임상학회 10(3), 20-40.

류상렬(2002). 『사회복지의 역사』, 서울: 학지사.

문선화·정민숙·김종윤·이상호·장수한·김현주(2007). 『장애인복지론』, 양서원.

박경일·김경호·김희년·서미경·양정하·이경희·이명헌·장중탁·전광현(2003). 『사회복지학강의』, 경기: 양서원.

박광준(2002). 『사회복지의 사상과 역사』, 경기: 양서원.

변용찬·김성희·윤상용·권선진·조흥식·조성열·강종건·최승희(2006). 생애주기별 장애인의 복지욕구 분석 연구, 한국보건사회연구원.

손광훈(2007). 『장애인복지론』, 경기: 학현사.

신현석(2007). 『장애인복지론』, 경기: 공동체.

안병즙·정재권(1999). 『장애인의 이해』, 대구: 형설출판사.

양희택·정무성·노승현(2007). 『장애인복지개론』, 경기: 학현사.

이성규(2000). 『사회통합과 장애인복지정치』, 나남출판.

정무성 외(2004). 『현대 장애인복지론』, 경기: 학현사.

정영숙·이현지(2003). 『장애인복지론』, 경기: 현학사.

정일교·김만호(2007). 『장애인복지론』, 경기: 양서원.

함세남(2001). 『사회복지의 역사』, 경기: 학지사.

http://education.sangji.ac.kr/~jbsong/hakhoe/bogji/001.ht

http://www.cuk.ac.kr/%7Ewelfare/index7.html

www.humanrights.or.kr/HRLibrary/HRLibrary11-tckim1.htm

12 chapter

자원봉사

제 1 절 자원봉사의 개념

자원봉사라는 용어는 voluntary 또는 voluntarism의 번역어로서 자유의지라는 의미를 가진 라틴어 voluntas에서 유래되었으며, 자원봉사자는 voluntas와 eer(사람)의 합성어에서 유래된 것이다. 따라서 자원봉사자란 자유의지를 가지고 자발적으로 다른 사람이나 사회를 위해 헌신하는 사람을 일컫는 개념이다. 이 용어는 처음에는 군대지원병이나 자원병 등에 주로 사용되어 왔으나 점차 무보수로 봉사하는 사람이라는 의미로 확대되어 사용되게 되었다. 그리고 자원봉사활동이란 이러한 자원봉사자가 행하는 모든 행위와 활동을 말한다.

전통적 의미의 자원봉사는 지역공동체 중심으로 자유롭게 시작한 활동이었다면, 현대적 의미의 자원봉사는 당면한 사회문제 해결을 위한 것으로 그 활동형태나 유형이 다양하다(박용순, 2008; 404). 이에 따라 자원봉사의 개념이나 정의도 국가나 사회 그리고 학자에 따라 다소 상이하게 정의하고 있다.

미국사회사업가협회(NASW)가 출판한 사회사업사전에는 '자원봉사란 지단, 지역, 사회에서 발생하고 있는 여러 가지 사회문제의 영향을 예방하고 통제하며 혹은 개선하는 일에 종사하고 있는 공·사의 여러 조직에 대하여 주어진 여러 가지 서비스를 하는 개인'이라고 풀이하고 있다(강용규 외, 2007; 326).

또 데이블과 먼데이(Davil & Munday, 1984; 3 재인용)는 자원봉사자란 자신의 친족이 아닌 사람들을 위하여 자발적으로 무보수로 서비스하는 사람으로서, 일반적으로 비공식적인 이웃과의 만남을 통해서라기보다는 어떤 공식조직을 통해서 서비스하는 사람이라고 정의하고 있다(박차상 외, 2001; 391-392).

또한 우리나라의 자원봉사활동기본법 제3조에서는 '자원봉사활동이라 함은 개인 또는 단체가 지역사회·국가 및 인류사회를 위하여 대가없이 자발적으로 시간과 노력을 제공하는 행위를 말한다.'라고 정의하고 있으며, 자원봉사자를 자원봉사활동을 행하는 자로 정의하고 있다.

이러한 개념을 종합하여 볼 때, 자원봉사란 경제적인 반대급부 없이 자유의지를 가지고 자발적으로 다른 사람이나 사회를 위해 헌신하는 사람들의 다양한 활동을 의미한다고 할 수 있다(김안호 외, 2006; 357).

제 2 절 자원봉사의 특성

자원봉사의 특성으로는 자발성, 공익성, 무보수성, 지속성, 조직성, 이타성, 자아실현성 등이 있다.

1. 자발성

자원봉사는 타인의 강요나 억압에 의한 것이 아니라 사회와 이웃의 문제를 자신의 문제로 받아들여 자신의 자유스런 의지로 해결하고자 스스로 판단하고 행동하는 것이다. 이러한 자발성은 자신이 선택하고 결정한 것에 대하여 책임감을 가지고 능동적이고 적극적으로 자원봉사활동에 임하게 하는 원동력이 되므로 자원봉사의 가장 중요한 핵심적인 요소이다.

또한 자발성은 자원봉사자 스스로 활동을 그만 둘 수 있다는 의미도 포함하고 있다. 이것은 자원봉사자의 특성임과 동시에 한계이다. 언제든지 그만 둘 수 있는 자발성이 자원봉사자에게 있다고 해서 자원봉사활동이 무책임하게 전개되어도 좋다는 의미는 아니다. 자원봉사는 개인의 자발성에 기초를 두고 있지만, 공익 증진 영역에 기여하는 활동이므로 반드시 사회적 책임성을 갖고 있다. 따라서 약속한 활동에 대한 실천은 반드시 이루어져야 한다(김안호 외, 2006; 358 재인용).

2. 공익성

사람들이 행하는 모든 자발적 활동을 자원봉사라고 하지는 않는다. 자신 또는 특정인의 이익을 위한 활동이나, 취미 활동 등을 위한 활동은 자원봉사라 할 수 없으며, 개인이나 친분관계의 이해를 넘어 불특정 다수인의 안녕과 복지, 나아가 사회 전반적인 삶의 질을 향상시키고자 하는 활동이 자원봉사인 것이다.

3. 무보수성

자원봉사의 대가로 정신적인 보람과 만족 외에는 아무런 경제적 보상이나 어떠한 대가도 바라지 않는 것을 말한다. 최근 들어 자원봉사활동에 대한 최소한의 경비나 수당 등을 지급하자라는 주장이 있으나 경제적 보상이 자원봉사활동을 위한 매개체로서가 아니라 자원봉사활동에 대한 보상의 차원이라면 이는 순수한 의미의 자원봉사가 아니다. 최근에는 교통비나 식비 정도를 제공하는 경우가 있지만 기본적으로 자원봉사활동의 정신은 무보수성이라는 것을 유념해야 한다.

그러나 일정기간 동안 전적으로 자원봉사를 하는 이들에게는 활동에 필요한 기본적인 비용을 지불하는 것은 필요할 것이다. 또한 자원봉사자의 수행에 필요한 경비나 교통비, 식비 등의 활동비를 지급하는 것은 금전적 보상이라고 볼 수 없다(전재일 외 공저, 2001; 491-493).

4. 지속성

충동적으로 한두 번의 활동참여로 중단되는 것이 아니라 계획된 활동에 의해서 꾸준히 지속적으로 봉사활동을 실천해야 한다.

5. 조직성

자원봉사의 효율성 제고와 지속성을 증진시키기 위하여 체계적인 활동을 하여야 한다. 즉, 체계적으로 계획을 수립하고 재정을 관리하며 적절한 통제를 실시함으로써 인력과 자원을 효율적으로 사용할 수 있도록 조직화하는 것을 말한다. 활동에 필요한 교육을 실시하고 적재적소에 인력을 배치하며 필요한 인력과 재원을 마련하는 조직적이고 체계적인 활동을 말한다.

6. 이타성

자신의 이익이나 목적달성을 위한 것이 아니라 타인을 위하여 자신의 시간과 자원을 투자하는 희생정신을 말한다. 그러나 자원봉사자들은 희생과 봉사를 이유로 상대방을 무시해서는 안 되며 상대방의 인격을 존중해주어야 한다.

7. 심리적 보상

자원봉사자는 가치있는 봉사활동을 통하여 심리적 이득을 얻을 수 있다. 즉, 남을 위한 봉사인 동시에 봉사자 스스로도 심리적 만족감, 성취감, 개인적 성장의 기회, 새로운 기술 또는 경험의 습득 등과 같은 심리적 보상을 얻을 수 있다. 또한 자신에 대한 가능성과 잠재능력을 발견할 수 있고, 다양한 새로운 사람들과의 만남을 통해 인격이 성장될 수 있다.

제 3 절 자원봉사활동의 영역

자원봉사활동을 통해 제공될 수 있는 서비스의 종류는 매우 다양하며 그 대상 또한 개인에서 공공기관 및 정치 경제 분야에 이르기까지 포괄하고 있다. 봉사활동 서비스는 자원봉사자의 특기 또는 희망활동과 대상자의 욕구가 적절하게 연결되는 것이 매우 중요하며 그에 따라 세분화된 봉사활동이 이루어질 수 있다(김융일 외, 2003; 341).

자원봉사활동의 영역에 대해서는 아직까지 표준화된 영역은 없으나 개략적으로 복지 분야, 보건·의료 분야, 교육·문화·여가선용 분야, 정치·경제 분야, 환경 분야, 종교·교정 분야, 국제사회 분야 등으로 구분해 생각해 볼 수 있다.

1. 복지 분야

자원봉사활동의 대상에 따라 노인, 장애인, 아동, 청소년, 등을 대상으로 한 다양한 형태의 봉사활동을 펼칠 수 있는데, 그 방법으로는 대상자들을 위한 방문자 역할, 청소·빨래·식사·수리 및 수선·목욕 등 가사활동에 대한 지원, 이·미용 서비스, 상담, 외출보조, 사회복지사의 협력자 역할 등이 있다.

2. 보건·의료 분야

일반 자원봉사자가 병원 등 의료기관을 방문하여 봉사를 하거나 전문적인 의료기술을 가진 전문가가 펼치는 무료 보건·의료 봉사활동 등이 있다. 일반 봉사자의 경우는 호스피스 봉사, 환자 지원, 식사 서비스, 입원환자의 위문, 도서 대출 및 회수, 정신과 병동 프로그램 보조, 지역사회 보건소 및 의료복지기관의 보조자 등이 있다. 전문 의료 기술진에 의한 무료봉사는 한방, 치과, 재활의학과, 내과, 외과 등 전문의료진에 의한 무료검진 및 진료 등이 있다.

3. 교육·문화·여가선용 분야

교육 분야의 자원봉사활동 영역은 사회적 취약계층과 학습부진아에 대한 학습지도, 각종 학교에서의 자원봉사 활동, 진로 및 개인문제 상담 등 광범위한 영역이 있으며, 문화 또는 여가선용 분야는 미술이나 역사 및 과학박물관의 견학 안내자, 지역사회에서의 음악이나 미술, 춤, 연극 등 무료공연과 보조시도사도서의 활동 및 자원교사 활동, 번역봉사, 각종 경기장 안내, 어린이 놀이터의 감독, 취미활동 등의 자원교사, 청소년단체와 종교단체의 청소년지도자로서의 활동 등이 있다.

4. 정치·경제 분야

정치 분야의 영역은 공명선거 캠페인과 투표소의 보조자 역할, 부정선거 감시 및 고발 등의 활동이 있으며, 경제 분야의 활동으로서는 직업알선, 실업자나 기술이 없는 사람에 대한 교육 및 훈련 등의 활동이 있다.

5. 환경 분야

환경 분야의 활동은 산이나, 하천, 바다, 호수, 대기 등의 오염을 방지하기 위한 청소 및 오물제거, 재활용품분리수거 등 생활 속의 환경보호 실천과 유해환경 감시 및 신고 활동 등이 있을 수 있다.

6. 종교 · 교정 분야

종교 · 교정 분야의 경우는 주일학교 교사 등을 통한 종교교육의 교사활동, 선교활동 등이 있을 수 있으며, 교정 분야에서의 활동은 교정위원으로서 각종 활동과 교도소의 자원교사, 가석방자의 지도요원, 재소자의 법정후견인 및 상담보조원 등이 있다.

7. 국제사회 분야

국제사회분야의 자원봉사활동으로는 각종 국제기구를 통한 봉사, 국제기아 및 난민 돕기, 저개발국에서의 각종 봉사, 조선족 등 외국교포를 돕기 위한 활동 등이 있다.

한편 우리나라의 자원봉사활동기본법 제7조에서는 동 법의 적용을 받는 자원봉사활동의 범위를 아래와 같이 분류하고 있다.

① 사회복지 및 보건 증진에 관한 활동
② 지역사회개발 · 발전에 관한 활동
③ 환경보전 및 자연보호에 관한 활동
④ 사회적 취약계층의 권익증진 및 청소년의 육성보호에 관한 활동
⑤ 교육 및 상담에 관한 활동

⑥ 인권옹호 및 평화구현에 관한 활동
⑦ 범죄예방 및 선도에 관한 활동
⑧ 교통 및 기초질서계도에 관한 활동
⑨ 재난관리 및 재해구호에 관한 활동
⑩ 문화·관광·예술 및 체육진흥에 관한 활동
⑪ 부패방지 및 소비자보호에 관한 활동
⑫ 공명선거에 관한 활동
⑬ 국제협력 및 해외봉사활동
⑭ 공공행정분야 사무 지원에 관한 활동
⑮ 그 밖에 공익사업의 수행 또는 주민복리의 증진에 필요한 활동

제 4 절 자원봉사활동의 과제

최근 들어 자원봉사활동에 대한 중요성은 점점 높아지고 있으며, 국가와 민간 차원에서 범시민운동으로 확산되는 등 자원봉사를 둘러싼 환경도 급속히 변하고 있다. 특히 우리나라 국민의 공동체 의식은 IMF시절 국가경제를 위한 금모으기 운동을 비롯하여 서해안 기름오염제거를 위한 자원봉사자들의 활약은 전 세계를 놀라게 할 만큼 매우 성숙되어 있다.

1995년에 발표된 교육개혁 중에는 중·고생의 자원봉사 실적을 입시 및 평가에 도입하는 내용이 포함되었고, 대학에서도 사회봉사 과목을 졸업 필수 또는 선택과목으로 채택하기 시작하였다. 또한 일부 기업에서는 신입사원 채용이나 승진 시 자원봉사 경력자를 우대하고 있으며, 언론도 자원봉사 캠페인을 적극적으로 벌임으로써 자원봉사에 대한 일반 국민의 인식을 높이는 데 중요한 역할을 담당해 오고 있다.

그러나 이러한 자원봉사활동의 질적·양적 발전에도 불구하고 성공적인 자원봉사가 이루어지기 위해서는 아직도 해결해야 할 과제가 많이 남

아 있는데 이를 간략히 살펴보면 다음과 같다.

첫째, 자원봉사 참여자와 참여계층이 확대가 필요하다. 자원봉사에 대한 국민들의 인식제고와 국가 및 언론 등의 노력으로 인하여 자원봉사자의 수가 과거에 비하여 많이 증가한 것은 사실이나 천재지변이나 사회적 이슈가 되는 문제가 발생하였을 때에 일시적으로 참여하는 경향이 많다.

또한 우리나라에서는 일반 성인이나 중산층의 자원봉사활동 참여율이 낮은 것으로 나타나는데, 앞으로 복지사회를 실현하기 위한 사회적 연대의식을 강화하고 사회적 통합을 이루기 위해서는 교육받은 중산층 성인의 적극적인 참여가 요구된다(김안호 외, 2006; 366).

자원봉사자의 수와 참여계층의 확대를 위해서는 국민들과의 공동체 의식과 연대감을 향상시키기 위한 제도적 지원이 필요하다. 예를 들면, 자원봉사의 무상성을 해치지 않는 범위 내에서 자원봉사활동 중에 발생할 수 있는 사고에 대비한 보험에 가입하거나 보상제도를 마련하고, 자원봉사 마일리지제를 도입하여 필요할 때 우선적으로 자원봉사를 받을 수 있는 제도의 도입도 고려해 볼 수 있을 것이다.

둘째, 지역주민 전체가 참여하는 참여하여 지역사회에 뿌리를 내릴 수 있도록 자원봉사활동을 좀더 체계적으로 조직화할 필요가 있다. 자원봉사자를 모집하고 수요와 공급을 원활하게 하기 위해서는 자원봉사자의 욕구와 특기 등을 충분히 파악하여 적재적소에 배치할 수 있도록 자원봉사자에 대한 데이터를 구축하고 자원봉사수요처에서는 다양한 자원봉사자의 욕구와 특기를 살릴 수 있도록 활동내용을 세분화여야 한다. 그러기 위해서는 지역의 자원을 충분히 동원하고 수요와 공급을 조정할 수 있는 지역자원봉사센터 등을 활성화하여야 할 것이다.

셋째, 비록 자원봉사에 대한 일반 시민들의 의식이 많이 좋아졌다고는 하나 일시적인 참여가 아닌 생활문화로 정착시켜 지속적으로 자원봉사활동에 참여할 수 있는 사회분위기를 조성하여야 할 것이다. 미국의 경우 초등학교 입학연령만 되어도 한 달에 한 번 정도 부모와 함께 사회복지시설 등지에서 봉사활동을 하면서 더불어 사는 삶을 배우곤 한다. 기업이나 센터 등에서 가능한 가족단위로 참여할 수 있는 행사나 대회를 마련함으로써 보다 폭넓게 봉사활동이 확대되도록 기회를 제공해야 할 것이다(김융일 외, 2003: 346).

참고문헌

강용규 외(2007). 『사회복지개론』, 경기: 공동체.
김안호 외(2006). 『사회복지학개론』, 서울: 청목출판사.
김융일 외(2003). 『사회복지학개론』, 서울: 동인.
박용순(2008). 『사회복지개론』, 서울: 학지사.
박차상 외(2001). 『현대사회복지학』, 경기: 양서원.
전재일 외(2001). 『사회복지개론』, 대구: 형설출판사.

13 chapter

사회복지 윤리

제 1 절 사회복지 윤리의 개념

윤리란, 어떤 행동이 옳은지 또는 그른지 판단하는 것으로 사회의 가치 기준에 맞게 실천하였는지에 대해 판단 기준을 제시한다. 사회복지실천은 다른 사람을 원조하는 전문적인 활동으로 윤리성이 강조된다(양옥경, 2005; 83).

사회복지 윤리의 중요성이 대두되기 시작한 것은 사회복지전문직으로 발전하기 시작하면서부터 레비(C. Levy)는 "다양한 배경을 가진 사회복지사들이 자신이 행하는 복잡다단한 실천분야에서 직면할 수 있는 다양한 윤리적 쟁점에 대하여 올바른 판단을 내릴 수 있도록 하는 체계적인 준거틀"이 사회복지 윤리라고 정의하였다(김기덕, 2002; 117).

"리머"는 사회복지 윤리의 필요성을 다음과 같이 제시하였다(김상균, 2008; 130-131).

첫째, 전문가 자신의 가치관과 다른 사람들의 가치관 사이에 어떤 공통점과 차이점이 있는가를 체계적으로 확인하기 위해 필요하다.

둘째, 윤리적 딜레마의 실상을 이해하고 이에 대처할 수 있는 능력을 갖추기 위해 필요하다.

셋째, 다수의 상이한 가치들 사이에 관계정립 또는 위계설정을 위해 필요하다

넷째, 시대적 사항에 맞는 가치를 정립하기 위하여 필요하다.

다섯째, 사회복지 실천방법을 개발하거나 사회사복지사의 전문 경력을 발전시키기 위해서 필요하다.

사회복지실천에 있어서 윤리는 사회복지사가 사회복지실천현장에서 사회복지사업을 계획, 실행, 평가할 때 클라이언트와의 관계에서 전문가로서 마땅히 행하거나 지켜야 할 도리라고 할 수 있으며 이 기준과 원칙이 윤리강령이다.

윤리강령은 전문가들이 지켜야 할 전문적 행동 기준과 원칙을 기술해 놓은 것으로 전문가들이 공통으로 합의한 내용을 담고 있으며, 전문가가 전문직을 수행함에 있어 공통으로 협의한 윤리강령에 기반을 두고 활동하게 되며, 전문가 윤리를 따라야 하는 필요성은 대부분 전문가 협회나 조직이 윤리강령을 채택하고 있다는 사실에서 알 수 있다.

제 2 절 사회복지 전문직 윤리

1. 윤리강령의 기능

전문직은 그들만의 영역에서 지향하고자 하는 윤리강령을 제정하여 직업자체의 도덕성과 전문직으로서의 도덕성을 규정하고 있다.

사회복지전문직이 경우 윤리강령의 채택하여 사회복지사의 윤리성, 즉 직업적 윤리성이 공식적으로 표면화된 것은 1955년 출범한 전미사회복지

사협회가 1960년에 채택한 윤리강령이며, 이를 계기로 하여 사회복지사는 자신의 직업적 윤리적 가치관에 의한 실천이 강조되기 시작한 것이다.

윤리강령은 전문가들이 지켜야 할 전문적 행동기준과 원칙을 기술해 놓은 것으로 전문가들이 공통으로 합의한 내용을 담고 있다. 따라서 법적으로 제재할 힘은 없지만 전문가 단체가 합의해서 만든 것이기 때문에 사회 윤리적 제재의 힘을 갖는다. 윤리강령의 기능은 전문가들이 자신의 전문직 가치 기준에 맞게 실천할 수 있도록 판단하는 기준을 제시하는 데 있으며, 해당 전문직 실천 대상자들에게 그 전문직이 지켜야 할 기본적인 윤리행위를 알려주어 전문직의 비윤리적 행위에 대해 판단할 수 있는 기준을 제시하는 데 있다.

양옥경은 사회복지사 윤리강령의 기능을 다음과 같이 제시하였다(양옥경, 2005; 92-93).

첫째, 사회복지실천 현장에서 윤리적 갈등 시 지침과 원칙을 제공한다.

둘째, 자기규제를 통하여 클라이언트를 보호한다.

셋째, 스스로 자기규제를 가짐으로써 사회복지전문직의 전문성을 확보하고 외부 통제로부터 전문직을 보호한다.

넷째, 일반 대중에게 전문가로서의 사회복지 기본 업무 및 자세를 알리는 일차적 수단으로 가능하다.

다섯째, 선언적 선서를 통해 사회복지 전문가들의 윤리적 민감화를 고양시키고 윤리적으로 무장시킨다.

2. 윤리강령

앞에서 보았듯이 협회나 조직이 윤리강령을 채택하고 있으며 사회복지사 윤리강령은 사회복지사의 전문적인 가치와 윤리를 규정하고 있다. 이 장에서는 전미사회사업가협회의 윤리강령과 우리나라 사회복지사 윤리강령을 중심으로 살펴보고자 한다.

1) 미국의 윤리강령

미국 사회사업가협회 윤리강령은 서문, 윤리강령의 목적, 윤리의 원칙, 윤리의 기준 등으로 이루어져 있다. 서문에는 사회복지전문직이 주요사명을 인간의 복지향상과 모든 사람들의 기본적인 인간적 욕구충족을 돕는 것으로 명시하고 있으며, 사회복지사는 클라이언트와 함께 클라이언트를 위해 사회정의와 사회적 변화를 증진시켜야 하며, 사회복지 전문직의 사명은 서비스, 사회정의, 인간의 존엄성과 가치, 인간관계의 중요성, 성실성, 능력 등 핵심가치에 근거함을 제시하고 있다.

미국 사회사업가 윤리강령의 목적은 6가지로 제시하고 있다.

첫째, 강령은 사회복지의 사명이 근거하고 있는 핵심가치를 밝힌다.

둘째, 강령은 전문직의 핵심가치를 반영하는 폭넓은 윤리적 원칙을 요약하고 서회복지 실천에 지침을 제공하는 일련의 구체적인 윤리적 기준들을 수립한다.

셋째, 전문적 의무들이 상충될 때, 혹은 윤리적 모호성이 발생할 때, 강령은 사회복지사로 하여금 고려해야 할 바가 무엇인지 알 수 있도록 고안된 것이다.

넷째, 강령은 일반 대중들이 사회복지 전문직의 책임이라고 생각하는 것들에 대한 윤리적 기준을 제공한다.

다섯째, 강령은 사회복지의 사명, 가치 윤리원칙 그리고 윤리기준들에 맞도록 새롭게 일하는 사회복지사들을 사회화한다.

여섯째, 강령은 사회복지사들이 비윤리적 행동을 하지는 않는지 전문직 스스로가 평가할 수 있도록 기준들을 명시해 놓고 있다(서미경 외, 2005: 303-330).

윤리원칙들은 사회복지 핵심가치와 관련하여 제시하고 있다.

첫째, 사회복지사의 일차적인 목적은 욕구가 있는 사람을 돕고 사회문제를 해결하는 것이다(가치 : 서비스).

둘째, 사회복지사는 취약하고 억압받는 개인과 집단을 위해 또한 그들과 함께 사회변화를 추구해야 한다는 것이다(가치: 사회정의).

셋째, 사회복지사는 인간의 타고난 존엄성과 가치를 존중해야 한다는 것이다(가치: 인간의 존엄성과 가치).

넷째 사회복지사는 인간관계의 중요성을 인정해야 한다(가치:인간관계의 중요성).

다섯째, 사회복지사는 신뢰할 수 있는 방식으로 행동한다(가치: 성실).

여섯째, 사회복지사는 능력 내에서 실천하고 자신의 전문성을 개발하고 향상시킨다(가치: 능력).

윤리기준에 대하여 살펴보면

첫째, 클라이언트에 대한 사회복지사의 윤리적 책임과 관련하여 클라이언트에 대한 책임, 자기결정, 고지된 동의, 능력, 문화적 능력과 사회적 다양성, 이익갈등, 사생활 보호와 비밀보장, 기록에 대한접근, 성적 관계, 신체적 접촉, 성희롱, 인격을 무시하는 말, 서비스 비용, 의사결정 능력이 부족한 클라이언트, 서비스의 중단, 서비스의 종결에 대한 내용으로 이루어져 있으며,

둘째, 동료에 대한 사회복지사의 윤리적 책임과 관련하여 존경, 비밀보장, 다학문간 협동, 동료가 관련된 불화, 자문, 서비스의 의뢰, 성적관계, 성 희롱, 동료의 결합, 동료의 무능함, 동료의 비윤리적 행위 등

셋째, 실천현장에서의 사회복지사의 윤리적 책임과 관련하여 수퍼비전과 자문, 교육과 훈련, 업무평가, 클라이언트 기록, 청구서, 클라이언트 이동, 행정, 평생교육과 직원개발, 고용주에 대한 의무, 노사분쟁 등

넷째, 전문가로서의 사회복지사의 윤리적 책임으로 능력, 차별금지, 사적행위 금지, 거짓, 사기, 기만, 결함, 허위진술, 간정, 공적의 인정 등

다섯째, 사회복지 전문직에 대한 사회복지사의 윤리적 책임으로 전문직의 성실성, 평가와 조사 등

여섯째, 일반사회에 대한 사회복지사의 윤리적 책임으로 사회복지의 증

진, 대중 참여의 촉진, 사회적, 정치적 행동 등의 조항이 포함되어 있다.

2) 우리나라 윤리강령

우리나라 사회복지사 윤리강령은 1967년 창립된 한국사회복지사협회에 의해 처음 채택되었다. 사회복지사 윤리강령의 기초는 1973년 윤리강령 초안을 결의하였으나 제정되지 못하였고 1988년 3월 사회복지사 윤리강령 제정 공포되었고 이후 1992년, 2001년 2차례의 개정을 통하여 현재의 틀을 갖추게 되었다(www.weifare.net 사회복지사협회 홈페이지 참조).

우리나라의 사회복지사 윤리강령은 전문, 윤리기준, 사회복지사 선서 3부분으로 이루어져 있다. 전문은 사회복지사의 기본 행위와 사명, 최선의 노력, 다짐으로 이루어져 있으며,

윤리기준은 첫째, 사회복지사의 기본적 윤리기준으로 전문가로서의 자세, 전문성 개발을 위한 노력, 경제적 이득에 대한 태도에 대하여 제시하였고, 둘째, 사회복지사의클라이언트에 대한 윤리기준으로 클라이언트와의 관계, 동료와 클라이언트와의 관계에 대하여 제시하였다. 셋째, 사회복지사의 동료에 대한 윤리기준으로 동료, 수퍼바이저와의 관계에 대하여 넷째, 사회복지사의 사회에 대한 윤리기준에 대하여 다섯째, 사회복지사의 기관에 대한 윤리 기준, 여섯째, 사회복지사의 윤리위원회의 구성과 운영에 대하여 제시하고 있다. 선서는 인간의 존엄성에 입각한 책임감 있는 사회복지사로서 책임과 의무를 다하는, 그리고 윤리강령에 입각해 실천할 것을 맹세하는 내용으로 구성되어 있다.

이와 같이 윤리강령을 마련한 것은 내부적으로는 사회복지실천에서 사회복지사 자신의 행위에 대해 윤리적으로 임할 수 있는 자세를 갖추는 기능을 하며, 외부적으로는 사회에 대해 사회복지사가 나름대로 내부 자기규제 기능을 갖고 전문적으로 임하고 있는 전문직임을 알리기 위함이다. 윤리강령에 명시되어 있는 윤리위원회의 설치와 운영을 통해 이 규제를 엄격히 하고 있음을 알리고 있다(양옥경, 2005; 114).

제 3 절 사회복지윤리의 결정모델

1. 윤리적 갈등

윤리적 갈등이란 사회복지사가 전문가로서 지켜야 하는 윤리적 의무와 책무가 서로 충돌함에 따라 어떠한 실천행동을 선택하는 것이 올바른 것인지 판단하기 힘든 상태를 말한다(윤철수 외, 2008; 81).

따라서 사회복지실천현장의 사회복지사는 일상적으로 당면하는 윤리적 갈등 상황을 먼저 이해하여야 한다. 왜냐하면 윤리적 갈등상황이 해결되지 않는다면 윤리적 딜레마에 처하게 되고 이는 결과적으로 윤리적 의사결정이 되지 못하기 때문에 사회복지실천 과정이 원활하게 이루어지지 않는 것이다.

실제로 사회복지실천현장에서 사회복지사는 클라이언트, 동료, 기관, 전문직 자체 나아가 사회와의 관계 속에서 자신의 임무와 의무를 수행하면서 여러 가지 갈등 상황에 부딪치게 되고 윤리적으로 결정을 내려야 하는 윤리적 딜레마에 직면한다. 윤리적 딜레마는 둘 혹은 그 이상의 의무가 서로 상충하는 상황에서 발생하기도 하고, 사회복지사와 클라이언트 혹은 기관의 가치가 서로 달라 발생할 수도 있다. 또한 사회복지사가 준수해야 하는 윤리적 원칙이 서로 상충하여 갈등하는 상황이 유발될 수도 있다(양옥경, 2005; 69).

다양하고 복잡한 사회복지실천상황에서 어떤 경우에 윤리적 딜레마에 처하게 되는지 살펴보면 다음과 같다(윤철수 외, 2008; 81-82).

첫째, 직접적인 개입활동과 관련한 갈등 : 개인, 가족, 집단을 대상으로 실천할 때 비밀보장, 자기결정권, 온정주의, 진실의 의무 등 가치 상호 간의 충돌로 어떤 가치를 우선 가치로 하여야 할지 갈등상황이 발생할 수 있다.

둘째, 사회복지 정책 및 프로그램 차원의 갈등 : 간접적인 사회복지 실천영역으로 분배에 있어 우선 가치를 어떻게 설정하는가에 갈등이 생길 수 있다.

셋째, 사회복지조직체 및 동료사회복지사와 관련된 윤리적 갈등 : 조직의 일원으로서 겪는 갈등으로 조직의 가치와 전문적 가치가 상충될 때 직원으로서 조직에 대한 헌신과 사회복지사로서 클라이언트와 헌신 사이에 갈등이 발생할 수 있다.

앞에서 살펴본 바와 같이 윤리적 딜레마에서 사회복지사는 그것을 해결하고 바람직한 윤리적 결정을 할 것을 요구받으며, 그러므로 최소한의 행동지침을 제공하는 전문직과 관련한 윤리강령을 제시하고 있다. 하지만 윤리강령도 사회복지 실천현장에서의 모든 문제를 다루고 있다고 볼 수 없다. 그러므로 사회복지사는 가능하면 주어진 상황과 윤리기준을 연계하여 준수하는 것을 원칙으로 하지만 가치, 원칙, 기준이 상충될 때 우선순위를 정하여 결정하는 것이 중요하다.

결과적으로 사회복지사 윤리강령은 최소한의 행동지침을 제공하는 것이며 사회복지실천현장에서는 사회복지사의 전문적 통찰력에 바탕을 둔 윤리적 결정이 중요함을 인식하여야 할 것이다.

2. 윤리적 결정모델

윤리적 결정은 사회복지사가 겪는 윤리적 갈등상황에서 올바른 판단과 행위를 가능하게 하는 '결정원칙'과 '결정절차' 두 가지 요소로 구성되어 있다. 이 장에서는 로웬버그와 돌고프의 일반결정모델과, 리머의 윤리적 결정모델, 우리나라 양옥경의 견해를 중심으로 살펴보고자 한다.

1) 로웬버그와 돌고프의 일반결정모델

로웬버그와 돌고프는 사회복지사가 윤리적 의사결정을 하기 위하여 적용할 수 있는 일반적 의사결정모델 11단계로 제시하였다(이경남 외, 2008; 46-47).

단계1 : 문제가 무엇이며, 또한 문제를 지속시키는 요인이 무엇인지를 확인한다.

단계2 : 클라이언트, 희생자, 지지체계, 전문가 및 그 밖의 사람을 포함해서 당면문제에 관련되어 있는 사람들과 제도를 확인한다.

단계3 : 확인된 여러 관계자가 당면 문제와 관련해서 갖고 있는 가치인 사회의 가치, 전문적 가치, 그리고 클라이언트와 사회복지사의 개인적 가치를 확인한다.

단계4 : 당면 문제를 해결하거나 혹은 적어도 감소시킬 수 있는 목적과 목표를 확인한다.

단계5 : 대안적인 개입전략과 개입표적을 확인한다.

단계6 : 확인된 목표에 비추어 각 대안의 효과성과 효율성을 사정한다.

단계7 : 의사결정에 참여할 사람을 선택한다.

단계8 : 가장 적절한 전략을 선택한다.

단계9 : 선택된 전략을 실행한다.

단계10 : 실행을 검토하고 예기치 않은 결과에 특별한 주의를 기울인다.

단계11 : 결과를 평가하고 부가적인 문제를 확인하다.

또한 이와 관련한 윤리원칙의 우선 순위를 7가지로 제시하였다.

윤리원칙1 : 생명보호의 원칙

윤리원칙2 : 평등과 불평등의 원칙

윤리원칙3 : 자율성과 자유의 원칙

윤리원칙4: 최소 손실의 원칙

윤리원칙5: 삶의 질의 원칙

윤리원칙6 : 사생활과 비밀보장의 원칙

윤리원칙7 : 진실과 사실을 완전히 알 원칙

2) 「리머」의 윤리적 결정모델

라머의 윤리적 결정모델은 결정지침과 결정과정으로 설명하고 있다.

먼저 윤리적 결정 지침에 대하여 살펴보면,

① 인간행동의 필수적 전제조건(생명, 건강, 음식, 주거, 정신적 균형)에 대한 기본적인 이해를 막는 규칙은 거짓말을 하거나 비밀을 누설하거나, 여가, 교육 재산과 같은 부가재에 대한 위협과 위해를 막는 규칙보다 우선한다.

→ 개인을 폭력적인 해악으로부터 보호하는 것과 사생활을 보호하는 것 중 한 가지를 선택해야 한다면 개인을 폭력적인 해악으로부터 보호하는 것을 우선시해야 한다는 것이다.

이 결정지침은 클라이언트가 가족이나 동료와 같은 제3자에게 심각한 해를 입히는 것을 막기 위해서 사회복지사가 비밀정보를 공개하는 것을 정당화한다.

② 개인의 기본적 복지권(인간행위의 필수적인 조건 포함)은 타인의 자기결정권에 우선한다.

→ 이 결정지침은 다른 사람의 복지를 위협하지 않는 한 클라이언트의 자기결정권을 존중하는 사회복지의 전통적 신념과 일치한다. (개인의 자기결정 권리 인정)

③ 개인의 자기결정권은 그 자신의 기본적 복지권에 우선한다.

→ 이 결정지침은 클라이언트가 상황에 대한 인식이 있고 자료와 지식에 근거해서 자발적인 결정을 하며 또한 그 결정의 결과가 다른 사람의 복지를 위협하지 않는다면, 자기 파괴적인 행위를 선택할지라도 허용해야 한다는 것을 시사한다.

④ 자발적이고 자유롭게 동의한 법률, 규칙, 규정을 준수해야 하는 의무는 이들 법률, 규칙, 규정과 갈등을 일으키는 방식으로 행동하는 개인의 권리에 통상적으로 우선한다.

→ 사회복지사가 민주적 절차에 의해 제정되어 실행되고 있는 법을 의도적으로 위반하는 것은 비윤리적이다.(기관의 원칙이 낙태에 관해 논의하는 것을 금지한다면, 이러한 방침을 고의적으로 위반하는 것은 비윤리적이라는 것이다.)

⑤ 개인의 복지에 대한 권리가 자발적인 협회의 법률, 규칙, 규정, 협정과 상충될 때 개인의 복지권이 우선한다.

→ 이 결정지침에 의하면 법률, 규칙, 규정을 따를 의무는 절대적인 것이 아니며 한계가 있다는 것이다. 즉 개인의 기본적 복지권을 보호하기 위해서라면 법률 위반이 정당화될 수 있다는 것을 시사한다.

⑥ 기아와 같은 기본적인 위해를 예방하고 주택, 교육, 공공부조와 같은 공공재를 증진시킬 의무는 개인의 완전한 재산관리권에 우선한다.

→ 이 결정지침은 기본적 해를 예방하거나 사회적 서비스를 제공하기 위해서 조세나 강제력을 사용하는 것을 정당화한다.

다음으로 윤리적 결정과정

「리머」의 윤리적 의사결정과정은 사회복지사가 논의한 윤리적 의사결정 지침을 배경으로, 단계적으로, 의사결정과정으로 나아가도록 하며, 그 구체적인 내용은 다음과 같다.

① 사회복지 가치와 임무들의 상충을 포함하는 윤리적 쟁점들을 확인하다.

② 윤리적 결정에 의해 받을 가능성이 있는 개인, 집단, 조직을 확인한다.

③ 가능한 행동방침들과 각각의 방침에 포함되는 관계자 및 잠재적 이익과 위험을 시험적으로 확인한다.

④ 관련 사항들을 고려해 가능한 행동방침 각각에 대한 찬성과 반대 이유를 면밀히 검토한다.

i. 윤리이론, 원칙, 지침(예를 들어, 의무론이나 목적론-공리주의적 관점 및 그 관점에 근거한 윤리적 지침들)

ii 윤리강령과 법적 원칙

iii 사회복지실천이론과 원칙

iv 개인적 가치들(종교적 · 문화적 · 인종적 · 정치적 이념 포함), 특히 자신의 가치와 충돌되는 가치들

⑤ 동료나 적절한 전문가들에게 문의한다(기관의 직원, 수퍼바이저, 관리자, 변호사, 윤리학자 등).

⑥ 의사결정을 하고 결정과정을 기록한다.

⑦ 의사결정내용을 평가하고 문서화한다.

「리머」는 딜레마의 모든 면을 검토할 필요가 있으며, 이를 위해서는 일련의 단계를 거쳐 체계적으로 접근하는 것이 중요하다고 하였다. 명확하게 공식화된 일련의 과정에 따라 사회복지사들은 그들이 내리는 윤리적 결정의 질을 향상시킬 수 있으며, 이러한 과정들은 윤리적 딜레마를 해결하는 데 있어 매우 유용하다(이효선, 2005; 172-173).

3) 「양옥경」의 윤리적 결정모델

양옥경은 5단계 결정모델과 함께 사회복지사들이 실천과정 중 윤리적 판단을 내릴 때 고려해야 할 9개의 윤리적 원칙을 제시하였다(김상균 · 오정수 · 유채영, 2002; 154-155).

양옥경은 윤리적 의사결정의 원칙을 사회복지실천의 가치를 전제로 정하였다. 먼저 사회복지의 기본적인 전제를 인간의 존엄성, 자율성, 기회균등성, 사회적 책임성으로 규정하고 여기에 기반을 둔 보다 구체적인 사회복지실천 가치전제를 규정하였다. 그리고 이를 바탕으로 윤리적 의사결정 원칙을 정하였다(양옥경, 2005; 144-146).

〈사회복지실천의 기본 가치전제〉

사회복지 기본 가치전제	사회복지실천 가치전제	윤리적 결정원칙
인간의 존엄성	생명보호 삶의 질 보장	생명보호 원칙
인간의 자율성	자율과 자유와 독립(자기결정권) 개인의 사생활보장과 비밀보장 진실성 고수(진실을 알권리)	자기결정 원칙 비밀보장 원칙 진실성 원칙
기회의 균등성	균등한 기회제공 보장	균등 원칙
사회적 책임성	규칙준수	객관성 원칙 최소손실 원칙 효율성 원칙 규칙준수 원칙

〈윤리적 결정 원칙〉

① 윤리원칙 1 : 생명보호 원칙

→ 사회복지사는 개인이나 사회의 기본적인 생존 보장을 가장 중요하게 생각해야 한다. 생명을 보호하는 것 뿐 아니라 생명의 질적인 부분까지도 보장해 주는 것이 인간존엄성을 참되게 실천하는 것이다.

② 윤리원칙 2 : 자기결정 원칙

→ 사회복지사는 클라이언트의 자율과 자유와 독립성을 최대한 조성하여 사회복지를 실천해야 한다. 단 클라이언트가 자유로이 내린 결정이 자신 또는 타인의 생명에 위협을 줄 경우 사회복지사는 생명보호를 우선순위로 생각해야 한다.

③ 윤리원칙 3 :비밀보장 원칙

→ 사회복지사는 클라이언트가 제공하는 자신과 타인 및 단체에 관한 정보에 대해 비밀을 지켜야 할 의무가 있으며, 클라이언트가 자신의 사적 생활을 보호하고자 하는 자유의지 또한 보호해 주어야 할 의무가 있다. 단 클라이언트의 비밀보장 내용이 우선순위 1번인 생명보호에 위반될 때

에는 생명보호가 클라이언트의 비밀보장에 우선한다.

④ 윤리원칙 4 : 진실성 원칙

→ 사회복지사는 클라이언트가 진실을 알고자 할 때 그 권리를 보호해 주어야 한다.

⑤ 윤리원칙 5 : 균등의 원칙

→ 사회복지사는 모든 인간이 균등한 기회를 제공받을 수 있도록 하여야 한다.

⑥ 윤리원칙 6 : 객관성 원칙

→ 사회복지사는 개인적 가치관을 분명히 해야 한다. 사회복지사는 자신의 가치관을 공적으로 실행하는 사람이기 때문에 자신의 가치관 및 윤리관을 자세히 탐색하여 조심스럽게 규명하고 객관화하는 작업이 필요하다.

⑦ 윤리원칙 7 : 최소손실 원칙

→ 모든 선택 가능한 대안이 다 유해할 때, 또는 누구에게든지 유해할 때, 가장 최소한으로 유해한 것을 선택해야 하며, 가장 덜 영구적이고 쉽게 원상 복귀될 수 있는 대안을 선택해야 한다.

⑧ 윤리원칙 8 : 효율성 원칙

→ 효율성은 목적달성을 위한 비교가치, 즉 비용, 시간, 자원 등 목적달성을 위해 쓰인 자금에 관심의 초점을 둔다. 사회복지사는 문제해결방법을 결정할 때 경제적 효율성뿐 아니라 윤리적 효율성도 함께 고려해야 하는 것이다.

⑨ 윤리원칙 9 : 규칙준수 원칙

→ 사회복지사는 자신이 자발적으로 수용하는 규칙과 규정에 따라야 한다.

〈윤리적 결정과정〉

사회복지실천 과정의 각 단계마다 독특하게 또는 중복적으로 다양한 윤리적 측면을 고려해야 하는데 매 단계마다 윤리적 결정과정 9단계모델의 단계를 밟으면서 윤리적 결정과정에 접근할 수 있다(양옥경, 2005; 160-162).

① 1단계 : 쟁점 확인하기

→ 당면 문제에 어떤 윤리적 측면이 포함되어 있는가, 윤리적 쟁점이 무엇인지 확인한다.

② 2단계 : 관련 인물 및 수혜자 밝히기

→ 윤리적 갈등상황에 포함되어 있는 사람이 누구이며 진정한 수혜자가 누구인지 밝힌다.

③ 3단계 : 윤리기준에 의거한 결정안 마련하기

→ 당면한 상황에서 어떤 윤리적 기준을 적용하는 것이 가장 적합한지 정확하게 파악하는 것이 중요하다.

④ 4단계 : 우선순위 정하기

→ 다양한 윤리적 문제나 규칙 중에서 어떻게 그 우선순위를 정할 것인가는 매우 중요하다.

⑤ 5단계: 개인, 집단, 사회의 가치 및 전문가 가치 비교하기

→ 현재 기준으로 하는 가치관과의 관계를 설정하는 과정이 필요하다.

⑥ 6단계 : 다른 대인을 생각하고 그에 따른 결과 생각하기

→ 다른 윤리적 결정을 내린다면 어떤 결과가 가능한지 질문하고 답을 정리해 3단계에서 내린 1차 결정안과 비교해 보는 것이 좋다.

⑦ 7단계 : 동료 및 전문가의 자문 구하기

→ 1차 결정을 내리면 동료와 전문가의 자문을 구해 새로운 시각을 제공받는 것도 좋은 방법이다.

⑧ 8단계 : 결정하고 실행하기

→ 모든 사항을 다 고려했으면 결정하고 실행한다.

⑨ 모니터링 및 평가하기

→ 실행하는 내용에 대해 모니터링하고 평가한다.

사회복지사 윤리강령

〈전 문〉

사회복지사는 인본주의·평등주의 사상에 기초하여, 모든 인간의 존엄성과 가치를 존중하고 천부의 자유권과 생존권의 보장활동에 헌신한다. 특히 사회적·경제적 약자들의 편에 서서 사회정의와 평등·자유와 민주주의 가치를 실현하는 데 앞장선다. 또한 도움을 필요로 하는 사람들의 사회적 지위와 기능을 향상시키기 위해 저들과 함께 일하며, 사회제도 개선과 관련된 제반 활동에 주도적으로 참여한다.

사회복지사는 개인의 수체성과 자기결정권을 보장하는 데 최선을 다하고, 어떠한 여건에서도 개인이 부당하게 희생되는 일이 없도록 한다. 이러한 사명을 실천하기 위하여 전문적 지식과 기술을 개발하고, 사회적 가치를 실현하는 전문가로서의 능력과 품위를 유지하기 위해 노력한다.

이에 우리는 클라이언트·동료·기관 그리고 지역사회 및 전체사회와 관련된 사회복지사의 행위와 활동을 판단·평가하며 인도하는 윤리기준을 다음과 같이 선언하고 이를 준수할 것을 다짐한다.

〈윤리기준〉

Ⅰ. 사회복지사의 기본적 윤리기준

1. 전문가로서의 자세

1) 사회복지사는 전문가로서의 품위와 자질을 유지하고, 자신이 맡고 있는 업무에 대해 책임을 진다.
2) 사회복지사는 클라이언트의 종교·인종·성·연령·국적·결혼상태·성 취향·경제적 지위·정치적 신념·정신, 신체적 장애·기타 개인적 선호, 특징, 조건, 지위를 이유로 차별 대우를 하지 않는다.
3) 사회복지사는 전문가로서 성실하고 공정하게 업무를 수행하며, 이 과정에서 어떠한 부당한 압력에도 타협하지 않는다.
4) 사회복지사는 사회정의 실현과 클라이언트의 복지 증진에 헌신하며, 이를 위한 환경 조성을 국가와 사회에 요구해야 한다.
5) 사회복지사는 전문적 가치와 판단에 따라 업무를 수행함에 있어, 기관 내외로부터 부당한 간섭이나 압력을 받지 않는다.
6) 사회복지사는 자신의 이익을 위해 사회복지 전문직의 가치와 권위를 훼손해서는 안된다.
7) 사회복지사는 한국사회복지사협회 등 전문가단체 활동에 적극 참여하여, 사회정의 실현과 사회복지사의 권익옹호를 위해 노력해야 한다.

2. 전문성 개발을 위한 노력

1) 사회복지사는 클라이언트에게 최상의 서비스를 제공하기 위해, 지식과 기술을 개발하는 데 최선을 다하며 이를 활용하고 전파할 책임이 있다.
2) 클라이언트를 대상으로 연구하는 사회복지사는 저들의 권리를 보장하기 위해, 자발적이고 고지된 동의를 얻어야 한다.
3) 연구과정에서 얻은 정보는 비밀보장의 원칙에서 다루어져야 하고,

이 과정에서 클라이언트는 신체적, 정신적 불편이나 위험·위해 등으로부터 보호되어야 한다.

4) 사회복지사는 전문성을 개발하기 위해 노력하되, 이를 이유로 서비스의 제공을 소홀히 해서는 안 된다.
5) 사회복지사는 한국사회복지사협회 등이 실시하는 제반교육에 적극 참여하여야 한다.

3. 경제적 이득에 대한 태도

1) 사회복지사는 클라이언트의 지불능력에 상관없이 서비스를 제공해야 하며, 이를 이유로 차별대우를 해서는 안 된다.
2) 사회복지사는 필요한 경우에 제공된 서비스에 대해, 공정하고 합리적으로 이용료를 책정해야 한다.
3) 사회복지사는 업무와 관련하여 정당하지 않은 방법으로 경제적 이득을 취하여서는 안 된다.

II. 사회복지사의 클라이언트에 대한 윤리기준

1. 클라이언트와의 관계

1) 사회복지사는 클라이언트의 권익옹호를 최우선의 가치로 삼고 행동한다.
2) 사회복지사는 클라이언트에 대하여 인간으로서의 존엄성을 존중해야 하며, 전문적 기술과 능력을 최대한 발휘한다.
3) 사회복지사는 클라이언트가 자기결정권을 최대한 행사할 수 있도록 도와야 하며, 저들의 이익을 최대한 대변해야 한다.
4) 사회복지사는 클라이언트의 사생활을 존중하고 보호하며, 직무 수행 과정에서 얻은 정보에 대해 철저하게 비밀을 유지해야 한다.
5) 사회복지사는 클라이언트가 받는 서비스의 범위와 내용에 대해, 정확하고 충분한 정보를 제공함으로써 알 권리를 인정하고 존중해야

한다.

6) 사회복지사는 문서·사진·컴퓨터 파일 등의 형태로 된 클라이언트의 정보에 대해 비밀보장의 한계·정보를 얻어야 하는 목적 및 활용에 대해 구체적으로 알려야 하며, 정보 공개시에는 동의를 얻어야 한다.
7) 사회복지사는 개인적 이익을 위해 클라이언트와의 전문적 관계를 이용하여서는 안 된다.
8) 사회복지사는 어떠한 상황에서도 클라이언트와 부적절한 성적관계를 가져서는 안 된다.
9) 사회복지사는 사회복지 증진을 위한 환경조성에 클라이언트를 동반자로 인정하고 함께 일해야 한다.

2. 동료의 클라이언트와의 관계

1) 사회복지사는 적법하고도 적절한 논의 없이 동료 혹은, 다른 기관의 클라이언트와 전문적 관계를 맺어서는 안 된다.
2) 사회복지사는 긴급한 사정으로 인해 동료의 클라이언트를 맡게 된 경우, 자신의 의뢰인처럼 관심을 갖고 서비스를 제공한다.

Ⅲ. 사회복지사의 동료에 대한 윤리기준

1. 동 료

1) 사회복지사는 존중과 신뢰로서 동료를 대하며, 전문가로서의 지위와 인격을 훼손하는 언행을 하지 않는다.
2) 사회복지사는 사회복지 전문직의 이익과 권익을 증진시키기 위해 동료와 협력해야 한다.
3) 사회복지사는 동료의 윤리적이고 전문적인 행위를 촉진시켜야 하며, 이에 반하는 경우에는 제반 법률규정이나 윤리기준에 따라 대처해야 한다.

4) 사회복지사가 전문적인 판단과 실천이 미흡하여 문제를 야기시켰을 때에는, 적절한 조치를 취하여 클라이언트의 이익을 보호해야 한다.
5) 사회복지사는 전문직 내 다른 구성원이 행한 비윤리적 행위에 대해, 제반 법률규정이나 윤리기준에 따라 조치를 취해야 한다.
6) 사회복지사는 동료 및 타 전문직 동료의 직무 가치와 내용을 인정·이해하며, 상호간에 민주적인 직무관계를 이루도록 노력해야 한다.

2. 수퍼바이저

1) 수퍼바이저는 개인적인 이익의 추구를 위해 자신의 지위를 이용해서는 안 된다.
2) 수퍼바이저는 전문적 기준에 의해 공정하게 책임을 수행하며, 사회복지사·수련생 및 실습생에 대한 평가는 저들과 공유해야 한다.
3) 사회복지사는 수퍼바이저의 전문적 지도와 조언을 존중해야 하며, 수퍼바이저는 사회복지사의 전문적 업무수행을 도와야 한다.
4) 수퍼바이저는 사회복지사·수련생 및 실습생에 대해 인격적·성적으로 수치심을 주는 행위를 해서는 안 된다.

Ⅳ. 사회복지사의 사회에 대한 윤리기준

1) 사회복지사는 인권존중과 인간평등을 위해 헌신해야 하며, 사회적 약자를 옹호하고 대변하는 일을 주도해야 한다.
2) 사회복지사는 필요한 사회서비스를 개발하기 위한 사회정책의 수립·발전·입법·집행에 적극적으로 참여하고 지원해야 한다.
3) 사회복지사는 사회환경을 개선하고 사회정의를 증진시키기 위한 사회정책의 수립·발전·입법·집행을 요구하고 옹호해야 한다.
4) 사회복지사는 자신이 일하는 지역사회의 문제를 이해하고, 그것을 해결하는 일에 적극적으로 참여해야 한다.

Ⅴ. 사회복지사의 기관에 대한 윤리기준

1) 사회복지사는 기관의 정책과 사업 목표의 달성·서비스의 효율성과 효과성의 증진을 위해 노력함으로써, 클라이언트에게 이익이 되도록 해야 한다.
2) 사회복지사는 기관의 부당한 정책이나 요구에 대하여, 전문직의 가치와 지식을 근거로 이에 대응하고 즉시 사회복지윤리위원회에 보고해야 한다.
3) 사회복지사는 소속기관 활동에 적극 참여함으로써, 기관의 성장발전을 위해 노력해야 한다.

Ⅵ. 사회복지윤리위원회의 구성과 운영

1) 한국사회복지사협회는 사회복지윤리위원회를 구성하여, 사회복지윤리실천의 질적인 향상을 도모하여야 한다.
2) 사회복지윤리위원회는 윤리강령을 위배하거나 침해하는 행위를 접수받아, 공식적인 절차를 통해 대처하여야 한다.
3) 사회복지사는 한국사회복사협회의 윤리적 권고와 결정을 존중하여야 한다.

〈사회복지사 선서〉

나는 모든 사람들이 인간다운 삶을 누릴 수 있도록,
인간존엄성과 사회정의의 신념을 바탕으로,
개인·가족·집단·조직·지역사회·전체사회와 함께 한다
나는 언제나 소외되고 고통받는 사람들의 편에 서서,
저들의 인권과 권익을 지키고,
사회의 불의와 부정을 거부하면서,

개인이익보다 공공이익을 앞세운다.
나는 사회복지사 윤리강령을 준수함으로써,
도덕성과 책임성을 갖춘 사회복지사로 헌신한다.
나는 나의 자유의지에 따라 명예를 걸고 이를 엄숙하게 선서합니다.

참고문헌

김기덕(2002). 『사회복지윤리학』, 서울: 나눔의 집.
김상균 · 오정수 · 유채영(2002). 『사회복지윤리와 철학』, 서울: 나남출판.
서미경 · 김영란 · 박은미(2005). 『사회복지실천윤리』, 경기: 양서원.
고수현(2005). 『사회복지실천윤리와 철학』, 경기: 양서원.
양옥경(2005). 『사회복지윤리와 철학』, 서울: 나눔의집.
김상균외(2008). 『사회복지개론』, 서울:나남출판.
사회복지개론, 한국임상사회사업학회.
이경남 외(2008). 『사회복지실천론』, 서울:학지사.

14
chapter

사회복지의 변화와 과제

제 1 절 사회복지의 변화

사회복지는 사회를 구성하는 구성원들의 행복을 추구하기 위한 사회적 노력이라 할 수 있다. 따라서 시대적·사회적·역사적 환경에 따라 나타나게 되는 다양한 문제와 욕구를 해결하기 위한 다각적인 사회적·제도적·정책적 일련의 활동들이 사회구성원의 인간다운 삶을 보장해 주기 위하여 다루어지고 있다. 사회복지제도 또한 인간의 기본적인 삶의 질을 확보하기 위한 방안으로 제도화되었고, 다양한 제도들이 시대적·상황적 변화에 따라 나타나고 소멸되면서 현재까지 발달하고 있다고 할 수 있을 것이다.

최근 들어 사회적으로 관심이 고조되어 제도화된 노인장기요양보험제도, 기초노령연금제도 역시 현 사회적 상황의 변화에 따라 인간의 기본적인 삶을 보장하기 위한 제도로서 사회구성원들의 문제해결과 욕구에 부응하기 위한 방안으로 나타나고 있는 사회복지의 분야라 할 것이다.

이러한 최근 사회복지의 제도화는 우리나라는 무엇보다도 인구의 고령화, 가족의 기능변화, 사회복지에 대한 인식변화가 많은 영향을 미치고 있으며 앞으로 사회복지 영역의 확대를 주도할 것이다. 각각에 대하여 살펴보면 다음과 같다.

1. 인구고령화

우리나라는 지속적인 경제성장과 의료기술의 발달로 2006년 현재 총인구 중 65세 이상 고령인구의 비율이 9.5%로 고령화사회(aging society)로 진입하였으며, 2006년 통계청 자료에 의하면 2018년에는 노인인구비율이 14.3%로 고령사회(aged society), 2026년에는 노인인구가 20.8%가 되어 초고령사회(super-aging society)가 될 것으로 예정하고 있다(〈그림 14-1〉, 〈표 14-1〉 참조).

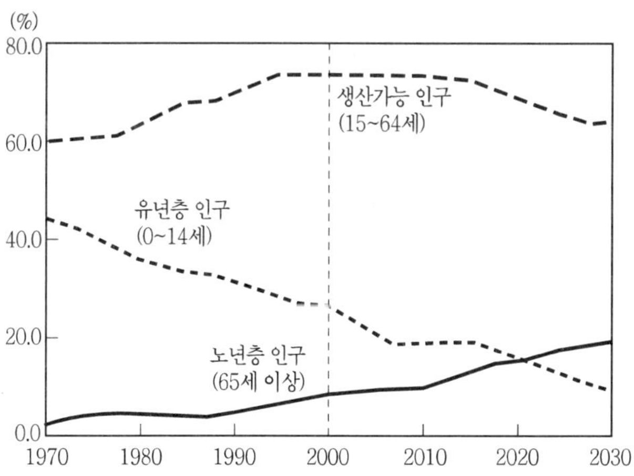

〈그림 14-1〉 연령계층별 인구구성비 추이

〈표 14-1〉 연령계층별 인구 및 구성비 추이

(단위: 천명, %)

구분	1980	1996	2000	2005	2006	2010	2018	2026
총인구	38,124	45,525	47,008	48,294	48,497	49,220	49,934	49,771
0~14세	12,951	10,403	9,911	9,240	9,026	8,013	6,495	5,796
15~64세	23,717	32,327	33,702	34,671	34,874	35,852	36,276	33,618
65세 이상	1,456	2,795	3,395	4,383	4,597	5,354	7,162	10,357
구성비	100.0	100.0	100.0	100.0	100.0	100.0	100.0	100.0
0~14세	34.0	22.9	21.1	19.1	18.6	16.3	13.0	11.6
15~64세	62.2	71.0	71.7	71.8	71.9	72.8	72.6	67.5
65세 이상	3.8	6.1	7.2	9.1	9.5	10.9	14.3	20.8

자료: 통계청, 2005.

이렇게 인구고령화가 급속히 촉진되고 있는 원인은 평균수명의 증가와 출산율의 급격한 저하 때문이라 할 것이다.

2003년 현재 평균수명은 전체 77.9세로 남자 73.9세, 여자 80.8세였으며, 이는 성별로 보면 평균수명은 남자 73.3세, 여자 80.8세로 여자가 남자보다 7.0년 더 오래 사는 것으로 나타났다. 또한 2005년 통계청 자료에 의하면 우리 나라 평균수명은 2010년 79.1세, 2020년에는 81.0세로 전망하고 있다.

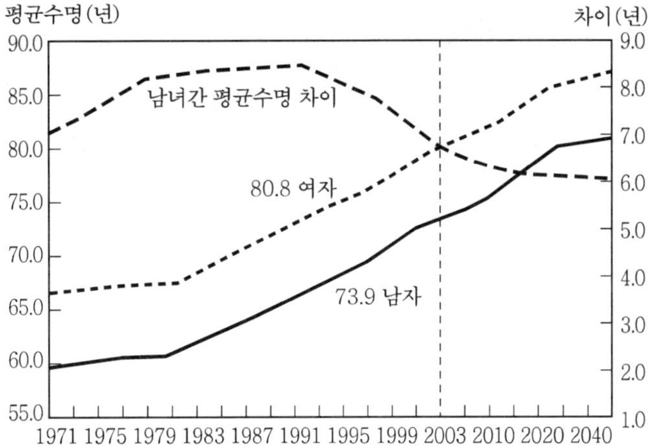

〈그림 14-2〉 평균수명 추이

〈표 14-2〉 평균수명 추이

(단위: 년)

구분	1981	1993	2002	2003	2010	2020	2030	2050
계	66.2	72.8	77.0	77.5	79.1	81.0	81.9	83.3
남자	62.3	68.8	73.4	73.9	76.2	78.2	79.2	80.7
여자	70.5	76.8	80.4	80.8	82.6	84.4	85.2	86.6
차(여-남)	8.3	8.0	7.1	7.0	6.4	6.2	6.0	5.9

자료: 통계청, 2005a; 통계청, 2005b.

우리나라의 인구고령화의 특징 중 하나는 그 속도가 어느 나라에서도 볼 수 없을 정도로 빠르게 진행되고 있다는 것이다. 〈표 14-3〉 인구고령화속도 국제비교에서 보는 바와 같이 프랑스는 노인인구가 7%에서 14%에 이르는 데 115년 걸렸고, 미국은 73년, 영국은 47년, 독일은 40년이 걸린 데 비해 우리나라는 고령화사회에서 고령사회로 진입하는 데 18년 정도로 예상하고 있다.

이러한 노인인구의 변화는 외국 선진국은 고령화에 대비할 수 있는 토대를 마련하였으나 우리나라는 최단시간에 고령화사회로 진입하게 됨으로써 고령화사회에 대비할 수 있는 여건은 미약하였고, 이는 결과적으로 노인인구의 고령화는 노인부양비의 증가와 사회보장비의 증가로 이어져

사회적 부담의 문제로 남게 되었다.

따라서 인구고령화는 사회보장의 재정적 지출증가는 피할 수 없게 되는 것이다. 그 외에도 사회복지 서비스와 고용·주택·교육 등의 비용도 대폭 증가할 것으로 추산되어 사회보장과 사회복지 그리고 관련제도로 지출되는 국민의 재정적 부담이 한층 더 무거워지게 될 것이다(박차상 외, 2005; 21).

〈표 14-3〉 인구고령화속도 국제비교

고령인구비율 / 국가	도달년도			증가소요년수	
	7%	14%	20%	7→14%	14→20%
프랑스	1864	1979	2019	115	40
스웨덴	1887	1972	2011	85	39
호주	1939	2012	2030	73	18
미국	1942	2014	2030	73	16
캐나다	1945	2010	2024	65	14
이탈리아	1927	1988	2008	61	20
영국	1929	1976	2020	47	44
독일	1932	1972	2010	40	38
일본	1970	1994	2006	24	12
한국	2000	2018	2026	18	8

자료: 이해영, 2006: 16 〈표 1-5〉 재인용.

2. 가족기능의 변화

가족은 사회를 이루는 가장 기본적인 제도로서 결혼과 혈연 및 입양을 토대로 이루어진 관계자들의 집단이며, 이들은 의식주의 해결을 공동으로 하고 정서적·정신적 유대와 공동체적 생활방식을 갖는 집단이라고 말할 수 있다(이원숙, 2006; 20 재인용). 이러한 전통적인 가족제도가 최근 급변하는 사회현상과 함께 가구의 축소와 1인가구의 증가 및 이혼·재혼가족의 증가 등 가족형태가 다양하게 변화되고 있으며, 이러한 변화는 가족이 수행하는 기능도 변화하게 되었다. 이러한 가족구조의 변화는 심각한 사회문제를 초래하였는데, 사회변혁에 동승한 핵가족화·소가족화·노인단독가구의 증가 등이 그 원인이 되었다. 이는 단순한 가족구조변화를 넘어 경노효친사상의 사회규범을 붕괴시켰다.

〈표 14-4〉 여성 경제활동참가율

연도	경제활동인구(천명)		경제활동참가율(%)	
	여성	남성	여성	남성
1985	5,975	9,617	41.9	72.3
1990	7,509	11,030	47.0	74.0
1995	8,410	12,435	48.4	76.4
2000	9,101	13,034	48.8	74.4
2001	9,299	13,172	49.3	74.3
2002	9,486	13,435	49.8	75.0
2003	9,418	13,539	49.0	74.7
2004	9,690	13,727	49.9	75.0
2005	9,860	13,883	48.4	74.6
2006. 6.	10,205	14,115	51.3	74.8

주: 1) 경제활동참가율 = 경제활동인구 / 15세 이상 인구 × 100
2) 2005년 6월부터 통계청에서 발표하는 실업률 기준이 '구직기간 1주'에서 '구직기간 4주'로 변경됨에 따라 2000년을 기준으로 변경된 내용을 기재.
자료: 통계청, 각 년도; 통계청 KOSIS DB.

전통사회에서는 노인은 공경의 대상으로 가족의 틀 안에서 보호되어 왔으나, 현대사회의 경우 경제적 부문에서의 능력저하는 사회적 지위에 있어서의 하락을 가져왔고, 그동안 사회의 공헌에 대한 적절한 보상을 해야 하는가와 관련하여 사회적인 논란의 대상으로 부각되어지고 있다. 또한 여성의 사회참여 확대 등으로 노인에 대한 보호와 부양은 전통사회에서는 가족의 고유한 기능에서 공백을 초래하게 되었다. 2005년 여성의 경제활동참가율은 48.4%에 이르고 있고, 사회발전과 더불어 점차 증가하고 있는 추세이다. 즉 여성의 사회참여의 확대와 가족핵가족화 등으로 가족의 역할이 한계에 도달하게 되었다.

3. 사회복지에 대한 인식의 변화

사회복지영역과 관련한 가장 큰 변화로는 가족 내에서 담당하였던 사회보장과 관련된 기능이 많은 부분 국가와 공존하는 형태로 변화하였다는 것이다. 즉 가족구성원 중 노인은 여성·아동·장애인과 더불어 사회복지영역의 중요한 대상이 되었고, 사회복지의 중요한 영역으로 다루어지고 있는 것이다. 즉 아동양육과 관련한 다양한 보육시설, 노인 케어와 관련한 노인들의 탁노소, 치매노인센터, 노인요양원, 장애인과 관련한 재활시설 등 사회복지 서비스 내에서의 확대 및 책임이 부각되고 있다.

이러한 서비스의 확대는 서비스를 이용하는 사람이 서비스를 스스로 선택할 수 있고, 서비스를 종합적이고 통합적으로 받을 수 있으며, 민간의 다양한 서비스를 개별적 접근에 의하여 제공받을 수 있게 사회복지적 환경이 변화하고 있다. 사회복지지 서비스와 관련한 다양한 제도가 도입됨으로써 서비스를 이용에 대한 접근성이 용이해졌으며, 효율적인 사회적 지원 시스템으로 사회복지적 개입은 가족들만 떠맡는 것이 아니라 사회전체의 책임으로 담당해야 하는 분야로의 인식전환으로 다양한 전문가에게 전문적 서비스를 받을 수 있는 환경으로 변화된 것이다.

제 2 절 사회복지 확대에 따른 과제

지금까지 우리나라의 사회복지는 내실을 기하기보다는 현실적으로 나타난 문제에 대한 대응책으로 발전해 왔다고 할 수 있으나. 위에서 제시한바와 같이 사회복지는 사회적 책임이라는 국민의식이 뿌리를 내리면서 양적인 확대뿐 아니라 서비스의 질 인간다운 삶을 보장하는 방향으로 전개되어야 할 것이다.

따라서 무엇보다 사회복지의 발전을 위한 과제에 대하여 살펴보면

첫째, 전문인력 구축으로 우리나라 사회복지교육은 최근 사회복지의 관심을 반영하듯 다양한 형태로 사회복지사의 양적인 확대가 이루어졌다고 할 수 있다. 이러한 양적 공급과잉은 사회복지현장에서 사회복지사에 대한 열악한 환경의 결과로 나타나게 되고, 또한 내실 있는 전문적인 교육과 연계되지 못하여 실천에서 전문화를 약화시키는 요인이 되기도 하였다.

현시점에서 사회복지사의 양적인 기반 구축보다는 전문직으로 안정된 사회역할을 수행할 수 있는 기반을 마련하는 것이 사회복지 발전을 가져오게 되는 중요한 요인이라 할 수 있다.

둘째, 사회복지공급체계의 확충으로 사회복지 공급체계가 안정화되고 전문화되려면 우선적으로 사회복지 재원이 확충되어야 하며 사회보험, 공적부조, 사회복지서비스와 같은 공급체계가 확충되어야 하다.

셋째, 사회복지 전달체계의 개선으로 사회복지 전달체계의 효율적인 운영을 위해서는 공공복지와 민간복지의 통합적인 연대노력으로 사회복지의 공급이 충분하고 효과적이며 책임성 있고 공평하게 전달될 수 있도록 하며, 새로운 욕구에 민감하게 대응할 수 있도록 하여야 한다. 또한 글로벌 시대의 사회복지에 초점을 맞추어 다문화적 접근, 국제적 접근이 이루어질 수 있도록 역량을 강화하는 것이 중요하리라 본다(윤철수 외, 2008; 483-489).

현대를 살아가는 우리로서 사회복지는 우리들의 생활일 것이다. 복지를 논하지 않아도 복지가 이루어진 사회가 우리가 희망하는 것이다. 이는 우리 모두의 노력으로 가능한 것일 것이다.

참고문헌

통계청(2006). 2005 고령자 통계.

이해영(2006). 『노인복지론』, 서울: 창지사.

박차상 외(2007). 『케어복지론』, 서울: 학지사.

이원숙(2006). 『가족복지론』, 서울: 학지사.

윤철수 외(2008). 『사회복지개론』, 서울: 학지사.

한국임상사회사업학회(2006). 『사회복지개론』, 서울: 신정.

김영모(2000). 『사회복지학』, 서울: 고헌출판.

김상균 외(2004). 『사회복지개론』, 서울: 나남출판.

장인협 외(2001). 『사회복지학』, 서울: 서울대학교 출판부.

찾아보기

[ㄱ]

[ㄴ]

[ㄷ]

[ㄹ]

[ㅁ]

[ㅂ]

[저자 소개]

• 김정기
국제대학 사회복지행정과 교수

• 이상주
오산대학 사회복지행정과 교수

• 김진원
원광디지털대학교 사회복지학과 교수

• 이은혜
한성대학교 행정학과 교수

• 문영규
경복대학 복지행정과 교수

• 최우진
동원대학 복지계열 사회복지학 전공 교수

• 신후경
동원대학 복지계열 사회복지 전공 교수

• 한재원
상지영서대학 사회복지과 교수

사회복지개론

2010년 2월 15일 인쇄
2010년 2월 20일 발행

저 자 김정기 · 김진원 · 문영규 · 신후경
이상주 · 이은혜 · 최우진 · 한재원
발행인 유 성 렬
발행처 **청목출판사**
서울특별시 영등포구 신길동 233-96
전화 (02) 849-6157(代) · 2820
FAX (02) 849-0817
등록 제318-1994-000090호

파본은 바꾸어 드립니다. 값 17,000원

http : //www.chongmok.co.kr

ISBN 978-89-5565-295-6